Forum Geschichte

Ausgabe Hessen

Band 1:
Von der Urgeschichte bis zum Ende des Römischen Reiches

Cornelsen

Forum Geschichte

Ausgabe Hessen

Band 1: Von der Urgeschichte bis zum Ende des Römischen Reiches

Herausgegeben von Hans-Otto Regenhardt

Band 1 wurde erarbeitet von
Frank Bärenbrinker, Essen
Markus Bente, Stuttgart
Christoph Jakubowski, Mülheim/Ruhr
Dr. Alfred Kastning, Witten
Hans-Otto Regenhardt, Braunschweig
unter Mitarbeit der Verlagsredaktion

Fachwissenschaftliche Beratung
Prof. Dr. Hans-W. Fischer-Elfert, Leipzig
Prof. Dr. Ludwig Reisch, Erlangen-Nürnberg
Prof. Dr. Winfried Schmitz, Bielefeld

Cornelsen online http://www.cornelsen.de

Verlagsredaktion: Birgit Hackfeld, Dr. Christine Keitz, Friederike Terpitz
Gestaltung und technische Umsetzung: László Szirmai
Grafiken und Karten: Thomas Binder, Carlos Borrell, Jochen Gebauer-Dieterle

1. Auflage Druck 4 3 2 1 Jahr 05 04 03 02

Alle Drucke dieser Auflage sind inhaltlich unverändert
und können im Unterricht nebeneinander verwendet werden.

Druck: CS-Druck Cornelsen Stürtz, Berlin

ISBN 3-464-64354-9

Bestellnummer 643549

Gedruckt auf säurefreiem Papier, umweltschonend hergestellt
aus chlorfrei gebleichten Faserstoffen.

Inhaltsverzeichnis

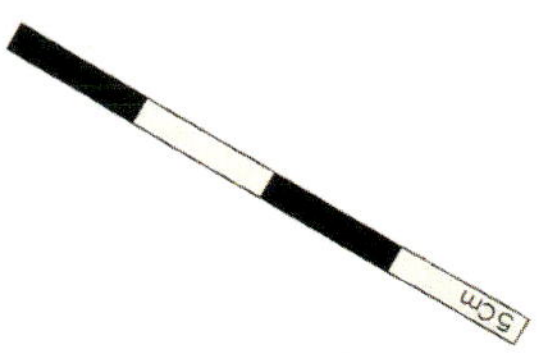

Ägypten – eine frühe Hochkultur 46–73

Das antike Griechenland 74–127

Inhaltsverzeichnis

Das Römische Reich 128–199

Liebe Schülerin, lieber Schüler!

Vor dir liegt das Buch **Forum Geschichte**, mit dem du in deinem neuen Fach Geschichte arbeiten wirst. Die Verfasserinnen und Verfasser des Buches haben für dich Texte, Bilder, Karten, Schaubilder und Tabellen zusammengestellt. Sie alle geben Auskunft darüber, was Menschen vor langer Zeit bewegt hat und womit sie sich heute noch beschäftigen.

Auftaktseiten

Jedes Kapitel beginnt mit einer Auftaktdoppelseite. Bilder und ein kurzer Text geben dir eine erste Vorstellung von den Themen und Fragen, um die es in den nächsten Geschichtsstunden gehen wird.

Themenseiten

Nach den Auftaktseiten folgen in jedem Kapitel die Themenseiten. Sie bilden den Kern des Kapitels. Zwei bis vier Seiten sind jeweils zu einer Themeneinheit zusammengefasst. In den Themeneinheiten kannst du immer ein wichtiges Problem aus der Geschichte erarbeiten. Dazu findest du **Materialien** wie schriftliche Quellen, Bilder, Karten, Schaubilder und Tabellen, die du mithilfe von **Arbeitsaufträgen** befragst und auswertest.

M1 M1 M1 M1

Alle **Textquellen** sind in blauer Schrift abgedruckt, ihre Materialpunkte haben unterschiedliche Farben: Gelb für Quellen aus vergangener Zeit und für Äußerungen von heutigen Zeitzeugen, rot für Darstellungen von heutigen Wissenschaftlern und grün für Texte, die auf der Grundlage von historischen Quellen erfunden wurden. Alle übrigen Materialien haben einen blauen Punkt.

1 2

Die **Arbeitsaufträge** erkennst du an einer blauen Zahl. Wie die Materialien sind sie innerhalb einer Themeneinheit durchnummeriert. Die **Darstellungstexte** vermitteln dir den Überblick über das Thema. Sie geben dir außerdem einen roten Faden in die Hand, der dich durch die Arbeit mit den Materialien leitet.

Die **Kästen**, die mit einem aufgeschlagenen Buch gekennzeichnet sind, informieren dich über wichtige Personen, Begriffe oder Ereignisse.

Auf vielen Themenseiten findest du **Aktivitätskästen.** Hier schlagen dir die Verfasserinnen und Verfasser vor, wie du dich einmal auf ganz andere, abwechslungsreiche Weise mit einem geschichtlichen Thema beschäftigen kannst. Einen Aktivitätskasten erkennst du an dem roten Punkt mit der kleinen Figur.

Zu einigen Themen findest du einen **Lesetipp** für ein Buch oder eine Internetseite. Achte auf den blauen Punkt mit dem Bücherstapel.

Workshopseiten

In jedem Kapitel findest du Werkstattseiten und Methodenseiten.
Auf den **Methodenseiten** kannst du lernen, mit welchem „Handwerkszeug“ du aus den Materialien Erkenntnisse und Urteile gewinnst. Du findest hier Arbeitsschritte, mit deren Hilfe du zum Beispiel ein Bild, eine Karte oder eine schriftliche Quelle auswertest.
Auf den **Werkstattseiten** kannst du immer etwas selber machen. Du kannst unter anderem eine Hieroglyphen-Inschrift herstellen, eine Besichtigung planen oder ein Kartenspiel basteln.

Zusammenfassungen

Jedes Kapitel hat am Schluss eine Zusammenfassung. Ein kurzer **Text** fasst noch einmal das Wichtigste aus dem Kapitel zusammen. Auf Karteikarten stehen die Begriffe und Methoden, die du dir unbedingt merken solltest. Immer findest du ein Spiel oder ein Rätsel, mit dem du testen kannst, wie viel dir aus dem Kapitel in Erinnerung geblieben ist.
Vorschlag: Stelle dir deine eigene **Geschichtskartei** her, indem du die Begriffe auf Karteikarten überträgst. Auf die Rückseite schreibst du die Erklärung des Begriffs, die im Kasten auf der angegebenen Seite abgedruckt ist. Bei den Methoden solltest du die einzelnen Arbeitsschritte notieren. Ergänze deine Kartei nach jedem Kapitel.

Anhang

Lexikon

Auf den Themenseiten sind manche Wörter mit einem * gekennzeichnet. Diese Begriffe werden im Lexikon erklärt.

Register

Das alphabetische Register am Ende des Buches hilft dir, Informationen über Personen, Ereignisse und wichtige Begriffe im Buch schnell zu finden.
Damit du beim Lesen und Untersuchen Zusammenhänge schneller finden kannst, gibt es auf den Themenseiten und im Lexikon manchmal Querverweise (siehe S.).

Zeitbogen

In jedem Kapitel kannst du dich mithilfe von Zeitbögen über den zeitlichen Ablauf der wichtigsten Entwicklungen und Ereignisse orientieren. Du findest sie auf den Auftakt- oder Zusammenfassungsseiten.

Einführung in die Geschichte

Die Wissenschaftlerin beugt sich vorsichtig über die Fußspuren. Wieder und wieder sieht sie sich an, was sie mit ihren Kollegen und Kolleginnen in Laetoli in Ostafrika ausgegraben hat: Fußabdrücke in erkalteter Vulkanasche von Menschen, die vor 4 Millionen Jahren gelebt haben! Wer war hier entlanggegangen? Die Begegnung mit Spuren und Überresten von Leben, das vor uns stattgefunden hat, macht uns neugierig und wir wollen möglichst viel darüber erfahren:
Woher kamen eigentlich die ersten Menschen? Wie sahen sie aus? Wie haben die Menschen in früheren Zeiten zusammengelebt? Hatten sie Werkzeuge? Welche Techniken kannten sie? Wie sind sie mit der Natur und ihrer Umwelt umgegangen?

1 Tragt zusammen, was ihr über die Geschichte der Menschen schon einmal gehört habt.
2 Auf der rechten Seite sind Abbildungen von Werkzeugen aus verschiedenen Zeitaltern zu sehen. Beschreibt die Abbildungen und findet heraus, wie die kleinen Bilder mit dem großen Bild zusammenhängen.

INTERNET
WWW

Unseren Vorfahren auf der Spur

M1 **Unterricht in einer Dorfschule 1848,** Gemälde von Albert Anker, 1896

Begegnungen mit der Geschichte

Geschichte – ein Streitgespräch

„Hey, Klara, schau mal, das alte Bild da vorne mit der Schulklasse!", sagt der zwölfjährige Selim zu seiner Mitschülerin und macht schnell ein Foto. „Scheint ja damals ein strenger Unterricht gewesen zu sein."
Klara interessiert das Schulmuseum, das sie heute mit der Klasse besuchen, überhaupt nicht. Auch geht ihr Selim mit seinem Fotografieren auf die Nerven. „Mein Großvater hat mir etwas ganz anderes erzählt", erwidert sie. „Er und sein Freund hätten den Lehrern immer Streiche gespielt und viele Hausaufgaben hätte es auch nicht gegeben. Außerdem, sagt mein Großvater, wäre er meist von jungen Lehrerinnen unterrichtet worden – und nicht von solchen alten Opas wie da auf dem Bild."
Klara und Selim können sich über ihre Ansichten zum Schulunterricht in früheren Zeiten nicht einigen. Wieder zurück in der Schule, diskutieren sie ihre Fragen in der Klasse. Sie kommen überein, dass sie sich nach dem Museumsbesuch ein Buch besorgen werden, in dem Geschichtsforscherinnen und -forscher Genaueres über die Geschichte der Schule geschrieben haben. Forscher, so erklärt die Geschichtslehrerin, suchen, sammeln und werten viele Quellen aus, bevor sie ihre Ergebnisse niederschreiben.

Geschichte und ihre Quellen

Die Überlieferungen, aus denen wir historische Erkenntnisse gewinnen, werden „historische Quellen" oder kurz „Quellen" genannt. Dies können Überreste wie zum Beispiel Gemälde, Fotos oder Urkunden sein, aber auch mündliche Überlieferungen wie zum Beispiel die Erinnerungen von Klaras Großvater.
Wir sind überall von Quellen umgeben, nicht nur im Gespräch mit älteren Menschen oder im Museum. Rathäuser, Denkmäler, Familienfotos – alle diese Quellen sind Spuren aus der Vergangenheit.
Allerdings „verraten" uns Quellen nur dann etwas, wenn wir Fragen an sie stellen: Was „sagen" uns zum Beispiel die Materialien M1 bis M4 über Kinder in den vergangenen 150 Jahren?
Ohne Quellen gibt es kein sicheres Wissen über die Geschichte. Doch auch bei der Arbeit mit Quellen müssen wir wie ein Detektiv ständig auf der Hut sein. Zum einen, weil jede Quelle nur einen Ausschnitt aus der Vergangenheit vermittelt; das Foto M4 sagt uns nicht, wie der Junge und der Mann wohnten. Zum Zweiten, weil Quellen unterschiedliche Zeitpunkte beleuchten: Das Gemälde M1 sagt etwas über Schule vor über hundertfünfzig Jahren, während die Erlebnisse von Klaras Großvater nur etwa fünfzig Jahre zurückliegen.

M2 **Puppenküche,** erbaut um 1890

M3 Lebenserinnerungen

Eine Bergmannsfrau erzählt im Jahr 1988 über die Zeit um 1930:

Früher hatten wir ja noch keine Teppiche. Bis weit nach dem Ersten Weltkrieg waren noch die schneeweißen Holzfußböden mit Schmierseife blank zu scheuern. Die mussten jeden Tag gescheuert werden. Unsere Mama hat jeden Tag, meistens abends nach dem Abendbrot, auf den Knien gelegen und immer stückweise den Boden in der Wohnküche geputzt und gescheuert, mit der Scheuerbürste.

Jutta de Jong (Hg.), Kinder, Küche, Kohle – und viel mehr!, Essen (Klartext) 1991, S. 230.

M4 **Junge beim Kuhführen,** Foto, um 1900

1 Kläre mithilfe des Begriffskastens unten auf dieser Seite, wie du Erkenntnisse über die Vergangenheit gewinnen kannst.

2 Lege eine Tabelle mit vier Spalten an: Gegenstand/Gemälde/Foto/mündliche Quelle. Ordne jetzt M1 bis M4 jeder Spalte richtig zu.

3 Zeichne einen Zeitstrahl nach dem Muster M5 in dein Geschichtsheft und trage die Quellen M1 bis M4 zeitlich richtig ein. Notiere zu jeder Quelle in Stichworten, was du zum Leben von Kindern in den letzten 150 Jahren erfahren kannst.

4 Sammle Quellen zu einem Thema, das dich interessiert, z. B. die Geschichte der Verkehrsmittel (Eisenbahn, Auto) oder der Mode (Kleidung, Möbel). Schreibe auf, welche Erkenntnisse dir deine Materialien liefern. Bleiben Fragen offen?

M5 **Zeitstrahl**

Quellen: Überreste – Traditionen

Geschichtliche (= historische) Quellen sind Überlieferungen, aus denen wir Kenntnisse über das Vergangene gewinnen können. Es gibt verschiedene Arten von Quellen:
- Überreste, z. B. Gebäude, Schmuck, Werkzeuge
- schriftliche Quellen, z. B. Urkunden, Akten, Briefe, Großmutters Kochbuch
- mündliche Quellen, z. B. erzählte Lebenserinnerungen, Sagen, Volkslieder
- Bildquellen, z. B. Gemälde, Zeichnungen, Fotos, Filme, Videos, CD-ROM
- Traditionen, z. B. religiöse Feste, Volksfeste, Bräuche

Familiengeschichte erforschen

a) Frage zu Hause nach alten Fotos, Urkunden, Familienstammbüchern und alten Gegenständen. Notiere wichtige Ereignisse und Jahreszahlen.
b) Bitte deine Eltern, Großeltern oder Freunde der Eltern, dass sie dir etwas aus der Zeit erzählen, als sie in deinem Alter waren.
c) Ordne das Material und gestalte daraus eine Familiengeschichte: Schreibe Texte, male Bilder und fertige Fotokopien von Fotos usw. an.

M1 **Freilegung eines Grabes aus der Vorgeschichte,** Foto, 1997

M2 **Funde antiker Gefäße,** Foto, 1998

„Früher" – wann war das?

Jahreszahlen und Epochen in der Geschichte

Wer sich mit der Geschichte beschäftigt, muss das, was „früher" war, genau ordnen. Die wichtigsten Ordnungshilfen sind Jahreszahlen und Epochen.
Im christlichen Europa stellt die Geburt von Jesus Christus den Festpunkt dar, von dem aus gezählt wird: Wir rechnen in Jahren „vor Christi Geburt" (v. Chr.) und „nach Christi Geburt" (n. Chr.). Andere Kulturen* haben andere Festpunkte. Der jüdische Kalender beginnt mit der Weltschöpfung, die er in das Jahr 3761 v. Chr. legt. Im Islam beginnt die Zeitrechnung mit der Flucht Mohammeds aus Mekka 622 n. Chr.
Auf der Grundlage des christlichen Zählsystems haben die Forscher die Geschichte in vier große Epochen eingeteilt: Vorgeschichte, Antike, Mittelalter, Neuzeit. Die Millionen Jahre bis zum Auftauchen erster schriftlicher Zeugnisse – in Ägypten zum Beispiel um 3000 v. Chr – nennen wir „Vor"-geschichte. Die Vorgeschichtsforschung stützt sich vor allem auf Bodenfunde wie Grabanlagen, Siedlungen und Höhlen.

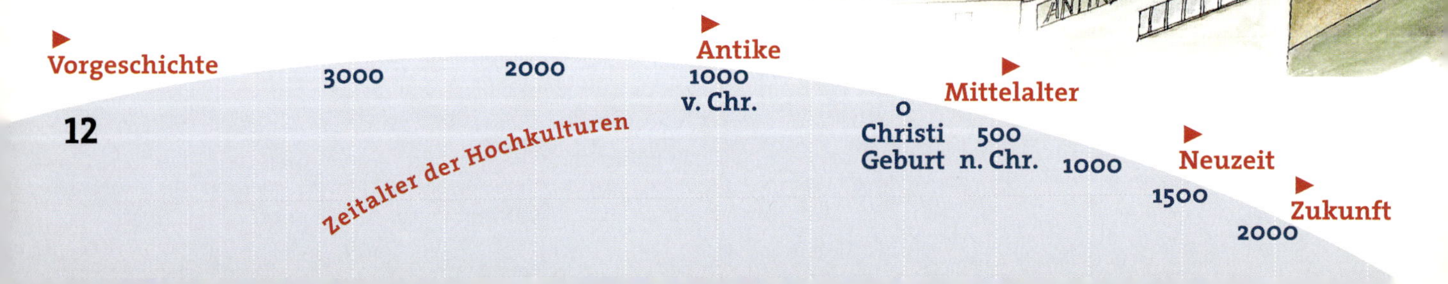

M3 **Blick in eine mittelalterliche Küche,** Miniaturmalerei, um 1500

M4 **Arbeit in einer Maschinenbaufabrik,** Stahlstich, 1849

M6 **Blick auf eine moderne Stadt,** Zeichnung, 1999

M5 **Entwurf des neuen Dortmunder Hauptbahnhofs,** Computerzeichnung, 1998

1 Beschreibe M1 bis M6 und ordne die Abbildungen den verschiedenen Zeitaltern im Zeitbogen S. 12 unten zu. Übertrage deine Ergebnisse mit dem Zeitbogen in dein Geschichtsheft.

2 Stelle in einer Tabelle zusammen, welche Erkenntnisse sich aus den historischen Quellen M1, M2, M3 und M4 gewinnen lassen.

3 Suche in deinem Wohnort nach Überresten (z. B. Gebäude, Stadtmauer, Inschriften, Denkmäler). Stelle deren Alter fest und ordne sie den Zeitaltern zu (siehe Zeitbogen). Hilfe kannst du beim Museum und beim Stadtarchiv finden.

Vom Ursprung der Menschen – Mythen und Funde

Die Suche nach Adam und Eva

M1 **„Das Paradies“**, Gemälde von Lucas Cranach dem Älteren, um 1530

Woher kommen die Menschen?

Irina, Cemal, Julian und Hannah diskutieren über die Frage der Entstehung der Menschen:

Irina: Die Menschen wurden von Gott erschaffen, zuerst Adam und dann Eva. Die Schöpfung der Erde hat sieben Tage gedauert. Das steht so in der Bibel.

Cemal: Also, die alten Griechen erklärten sich die Sache anders: Der Gott Prometheus schuf gegen den Willen des obersten Gottes Zeus die Menschen aus Lehm. Später brachte er ihnen das Feuer.

Julian: Das sind doch nur Erzählungen! Die Menschen stammen vom Affen ab. Das sieht man doch: Wenn Affen wollen, können sie aufrecht gehen – wie wir.

Hannah: Nein, gestern gab es eine Fernsehsendung darüber. Unsere Vorfahren waren menschenaffenartige Tiere, von denen sich ein Teil zu Menschen entwickelte und ein anderer Teil zu modernen Menschenaffen, also zu Gorillas, Orang-Utans und Schimpansen. Das war vor vielen Millionen Jahren.

M2 Erschaffung des Menschen in der Bibel

In der Schöpfungsgeschichte der Bibel (1. Buch Mose, Kap. 1) heißt es:

Am Anfang schuf Gott Himmel und Erde. Und die Erde war wüst und leer und es war finster auf der Tiefe; und der Geist Gottes schwebte auf dem Wasser …
Und alle die Sträucher auf dem Felde waren noch nicht auf Erden und all das Kraut auf dem Felde war noch nicht gewachsen; denn Gott der Herr hatte noch nicht regnen lassen auf Erden und kein Mensch war da, der das Land bebaute; aber ein Nebel stieg auf von der Erde und feuchtete alles Land. Da machte Gott der Herr den Menschen aus Erde vom Acker und blies ihm den Odem [Hauch] des Lebens in seine Nase. Und so ward der Mensch ein lebendiges Wesen.

Württembergische Bibelanstalt (Hg.), Die Bibel, Stuttgart 1965.

Schöpfung

In vielen Religionen (Christentum, Judentum, Islam, Naturreligionen) gibt es Schöpfungsgeschichten, die versuchen die Entstehung der Erde und des Menschen zu erklären. Meistens ist die Schöpfung das Werk eines Gottes, der wie ein Handwerker (z. B. Töpfer oder Schmied) die Erde und die Lebewesen formt oder die Entstehung der Erde durch seine Worte bewirkt („Es werde Licht“).

1 Lies dir die Diskussion (siehe links) zwischen Irina, Cemal, Julian und Hannah durch. Stelle fest, wie sie den Ursprung der Menschen erklären und vergleiche die Meinungen.

2 Nimm zu den Auffassungen Stellung. Ziehe deine eigenen Kenntnisse über den Ursprung der Menschen mit heran.

3 Beschreibe anhand von M2, wie der Ursprung der Menschen in der christlichen Schöpfungsgeschichte erklärt wird.

4 Kläre den Begriff „Schöpfung“ (siehe Kasten). Gib die Bedeutung des Begriffs mit eigenen Worten wieder.

5 Informiere dich in einer Bibel genauer, wie dort die Entstehung des Lebens auf der Erde erklärt wird (1. Buch Mose).

Mythos und Wissenschaft

Menschen haben immer wieder über die Entstehung der Welt und ihre eigene Herkunft nachgedacht. Darüber sind aus verschiedenen Kulturen und Religionen viele Geschichten überliefert, die „Mythen" genannt werden. Mythen werden von Generation zu Generation mündlich weitergegeben. Sie erzählen zum Beispiel von der Entstehung der Welt, von Göttern und ihrer Macht, ihren Taten und Schöpfungen.
Aus der Sicht der Wissenschaft werden Mythen als „Geschichten" betrachtet, die nicht beweisbar sind. Für die Menschen in der Geschichte hatten sie aber durchaus große Bedeutung. Mit ihrer Hilfe konnten sie sich die Welt besser erklären und waren sich sicher von bestimmten Göttern beschützt zu werden.
Bei der Suche nach Erklärungen für die Entstehung der Menschen wurden Mythen immer mehr durch wissenschaftliche Erklärungen verdrängt, die auf historischen Quellen beruhen. Mehr darüber steht auf Seite 16 bis 25.

M3 **„Der Feuerbringer"**, Gemälde von Piero di Cosimo, um 1510. Prometheus erschafft den ersten Menschen aus Lehm.

M4 Wie sich ein Indianervolk in Nordamerika die Schöpfung vorstellte

In einem Ausstellungskatalog (von 1997) finden wir den Schöpfungsmythos eines Indianervolkes.

Am Anfang saß der Schöpfer der Erde im leeren Raum. Als er merkte, dass nichts existierte, begann er zu weinen. Die Tränen rollten über seine Wangen und fielen vor seine Füße. Als er nach einer Weile nach unten blickte, sah er, dass sich aus seinen Tränen die Großen Seen gebildet hatten. Der Schöpfer sagte sich: So wie meine Tränen zu Seen geworden sind, reicht es aus, dass ich mir etwas wünsche. Dann wird es so, wie ich es mir denke.
Also wünschte er sich, dass es Licht werde. Er wünschte sich, dass die Erde sei. Und die Erde war da. Er betrachtete sie und fand sie schön … Der Schöpfer dachte: Da ja alles nach meinen Wünschen Form annimmt, werde ich ein Wesen nach meinem Ebenbild schaffen. Er nahm ein Stück Ton und formte es nach seinem Ebenbild. Er betrachtete es und sprach zu ihm. Aber es hatte weder Geist noch Sprache noch eine Seele. Der Schöpfer der Erde gab ihm all dies und sprach erneut zu ihm. Das Stück Ton antwortete ihm, aber er konnte es nicht verstehen. Also hauchte er in seinen Mund, sprach zu ihm und sein Ebenbild antwortete mit klaren Worten. So erschien der Mensch auf der Welt.

Bärbel Auffermann / Gerd-Christian Weniger, Zeitreise. Texte und Bilder aus dem Neanderthal-Museum, Mettmann (Neanderthal-Museum) 1997, S. 104 f.

6 Kläre den Begriff „Mythos" anhand des Darstellungstextes.

7 Beschreibe die Entstehung des Menschen in M4. Vergleiche deine Ergebnisse mit M2.

8 Irina und Cemal (siehe S. 14) vertreten Meinungen über die Entstehung des Menschen, die du in M1 bis M3 wieder findest. Ordne die Meinungen den Materialien richtig zu.

9 Gibt es heute noch Dinge, die wir nicht erklären können (z. B. Krankheiten)?

M1 Die Leiche des Gletschermannes am Fundort, Foto, 1991

Der Mann aus dem Eis – ein Fund

Die Entdeckung des Gletschermannes

„Das ist ein Mensch!", rief Frau Simon, als sie mit ihrem Mann am 19. September 1991 in einer Gletschersenke in den Ötztaler Alpen eine Leiche entdeckte. Auch die herbeigerufene Polizei glaubte an einen Unfall – vielleicht ein Bergsteiger, der vor einigen Jahrzehnten hier ums Leben gekommen war. Aber bei der Leiche lagen rätselhafte Dinge.
Als der Archäologe Konrad Spindler von der Universität Innsbruck die Leiche und die Fundstücke sah, war ihm sofort klar: Dies war kein verunglückter Bergsteiger, sondern ein Mann, der vor mindestens fünftausend Jahren gestorben war. Nach seinem Fundort in den Ötztaler Alpen wurde er in den Medien bald liebevoll „Ötzi" genannt.

Archäologe, Archäologin
Wissenschaftler, die nach Überresten graben und aus diesen Funden Kenntnisse gewinnen. Sie haben Spezialgebiete: Einige graben zur Vorgeschichte, andere zur Antike oder zum Mittelalter.

1 Beschreibe anhand von M1 und M2 Fundort, Aussehen und Zustand des Gletschermannes.
2 Notiere Fragen, die dir zu dem Fund einfallen.

M2 Der Fundort in den Ötztaler Alpen

M3 Aus Spuren Schlüsse ziehen

Archäologen gehen bei ihrer Arbeit ähnlich vor wie Detektive: Sie finden Spuren und müssen daraus Schlüsse ziehen. Bei Ötzi gingen sie folgendermaßen vor:

Spuren	Schlüsse
Kupferspuren an den Haaren	Tätigkeit als Schmelzer und Verarbeiter von Kupfer; Spuren vom Schärfen und Polieren seines Kupferbeils
zwei Gerstenkörner in den Fellbüscheln der Kleidung, Reste von Weizen in einem der Birkenrindengefäße	Hinweise auf die Verwendung bestimmter Getreidearten; Aufenthalt in einer Siedlung, in der gerade geerntet wurde
stark abgewetzte Zähne	hohes Alter; häufiges Kauen von Leder um es geschmeidig zu machen; unsauberes Mehl, zum Beispiel durch Sand, der in das gemahlene Mehl geriet
blaue Tätowierungen mit Holzkohle am Rücken, am Knie, an den Beinen, an Füßen und Knöcheln	Röntgenaufnahmen zeigen Abnutzungen und Erkrankungen der Gelenke. Die Tätowierungen könnten eine Art Behandlung gewesen sein, mit der die Schmerzen aus den Gelenken genommen werden sollten.

Zusammengestellt nach: Shelley Tanaka/Laurie McGaw, Die Welt des Gletschermanns, Hamburg (Carlsen) 1997, S. 16 und 20.

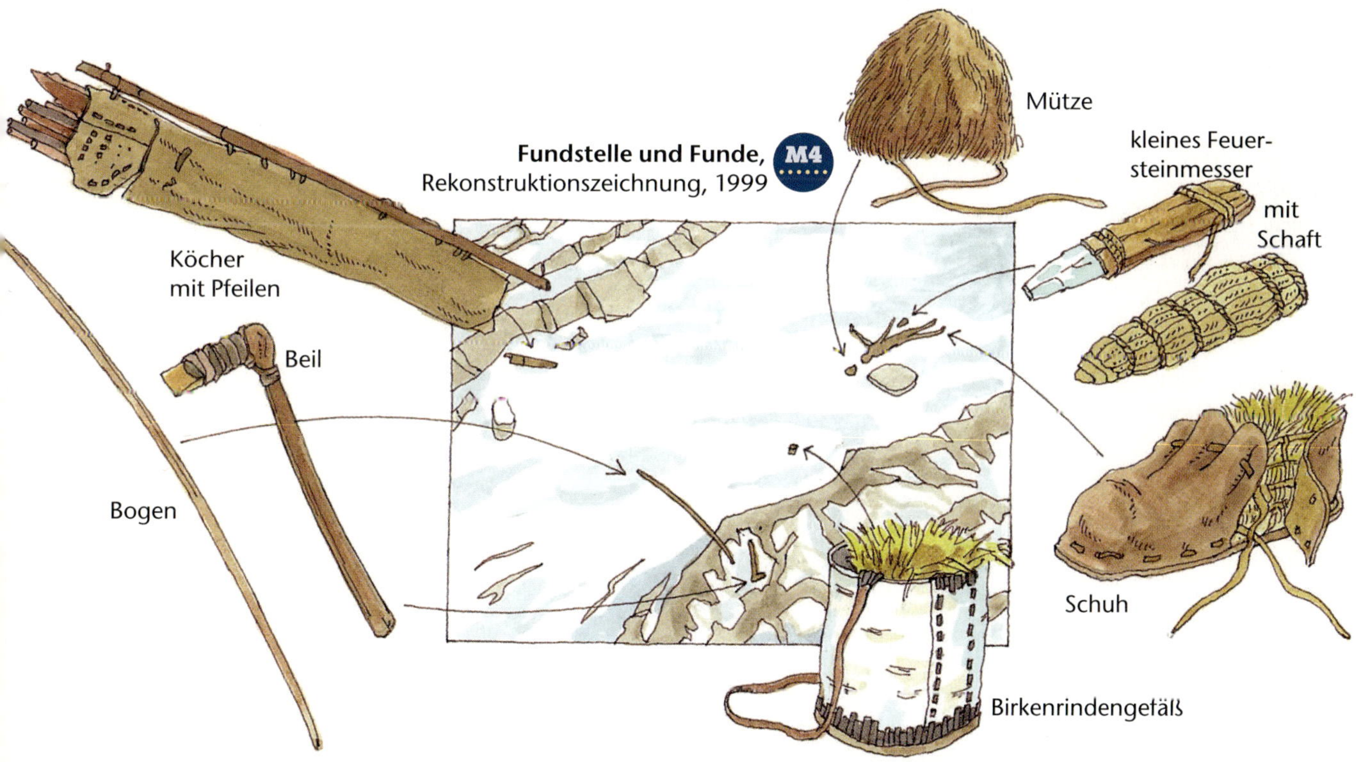

Fundstelle und Funde, **M4**
Rekonstruktionszeichnung, 1999

3 Beschreibe die Funde in M3 und stelle zusammen, welche Schlüsse sich daraus auf die Lebensweise des Mannes ziehen lassen. Ziehe deine Fragen aus Aufgabe 2 mit heran.

4 Ergänze deine Schlüsse zur Lebensweise des Gletschermannes aus Aufgabe 3 mit den Informationen aus M4.

Vom Ursprung der Menschen – Mythen und Funde

Wer war Ötzi? – Vermutungen

Die Funde geben keine genaue Auskunft über den „Beruf" des Gletschermannes. Er könnte ein Hirte gewesen sein, aber auch ein Jäger oder ein Metallsucher. Vielleicht war er ein religiöser Führer, der zum Gebet auf den Berg stieg.
Möglicherweise war er nicht allein unterwegs. Begleiter könnten überlebt haben oder ebenfalls gestorben sein. Ihre Körper wurden vielleicht vom Gletscher zermahlen oder sie liegen noch im Eis. Der Gletschermann starb möglicherweise, als er seinen täglichen Geschäften nachging.

Lesetipp
Shelley Tanaka, Laurie McGaw, Die Welt des Gletschermannes, Hamburg (Carlsen) 1997.
In einem informativen Bild- und Textband wird nicht nur die Entdeckung des Gletschermanns geschildert, sondern auch das Leben der Menschen in der Zeit vor etwa 5000 Jahren.

Offizieller Name:	Jungneolithische Mumie aus dem Gletscher vom Hauslabjoch in den Ötztaler Alpen/Tirol (3200 m)
Alias:	Ötzi, Eismann, Frozen Fritz
Alter:	5196 bis 5296 Jahre
Todesalter:	ca. 45 Jahre
Größe (heute):	159 cm
Lebensgröße:	ca. 157 bis 161 cm
Gewicht (der Leiche):	11,5 kg
Lebensgewicht:	ca. 40 kg
Haare:	zurzeit ohne, früher dunkelbraun bis schwarz
Herkunft/Geburtsort:	unbekannt
Nationalität:	Europäer
Aufenthaltsort:	seit 1998 Museum Landeshauptstadt Bozen, Südtirol
Beruf:	unbekannt (Hirte, Jäger, Feuersteinhändler?)
Todesursache:	unbekannt (Erfrierung, Herzstillstand?)
Besondere Kennzeichen:	Nase und Oberlippe stark nach oben versetzt, Tätowierungen
Fahnder:	Wissenschaftler aus aller Welt

M5 **„Steckbrief" des Gletschermannes,** zusammengestellt nach dem Erkenntnisstand von 1999

5 Schreibe mithilfe des „Steckbriefs" M5 einen Bericht über den Gletschermann.

6 Begründe, warum bei dem Gletschermann von einem „Zufallsfund" gesprochen werden kann und warum er für die Wissenschaft von großer Bedeutung ist.

7 Vergleiche: Was unterscheidet den Darstellungstext „Wer war Ötzi?" von dem „Steckbrief" M5?

8 Der Gletschermann verabschiedet sich von seiner Familie zum Weg ins Gebirge. Schreibe eine Erzählung über das weitere Geschehen. Finde eine passende Überschrift.

Der Fund im Neandertal

Der „Neandertaler"

Am 9. September 1856 berichtete das „Barmer Bürgerblatt" von einem geheimnisvollen Fund im Neandertal bei Mettmann in der Nähe von Düsseldorf. Im August 1856 hatten Steinbrucharbeiter in einer Höhle Skelettreste gefunden. Der Steinbruchbesitzer hielt sie für Knochen eines Höhlenbären. Aber der herbeigerufene Lehrer und Naturforscher Johann Carl Fuhlrott erkannte, dass es sich um menschliche Knochen handelte. Denn sie waren anders geformt als Tierknochen. Allerdings sah der Schädel nicht wie der eines „modernen" Menschen aus: Er hatte kräftige Augenwülste und war flacher. Nach dem Fundort wurde dieser Menschentyp „Neandertaler" genannt. Der Fund war über 30 000 Jahre alt.

M1 **Der Neandertalfund,** Foto, 1996

Probleme der Forschung: Der Neandertaler – ein Mensch wie wir?

Der „Gletschermann" ist einer unserer direkten Vorfahren. Er gehört wie wir zu den modernen Menschen, das heißt zur Gruppe der Jetztzeitmenschen. Aber wie ist das mit dem Neandertaler?
Seit 1997 Ergebnisse über eine Analyse des Erbgutes (= Genanalyse) aus dem Neandertalfund veröffentlicht wurden, steht fest: Der Neandertaler unterscheidet sich vom modernen Menschen genetisch so stark, dass er mit großer Wahrscheinlichkeit nicht unser Vorfahre war, sondern zu einer Menschenart gehörte, die vor etwa 30 000 Jahren ausgestorben ist.
Viele Fragen bleiben aber offen: Warum sind die Neandertaler ausgestorben? Hat der moderne Mensch sie verdrängt oder gar ausgerottet?

1 Beschreibe den Fund vom Neandertal in M1. Was spricht für ein menschenähnliches Skelett?
2 Lies die Darstellungstexte durch und zeige, wie sich unser Wissen über den Neandertaler in letzter Zeit verändert hat. Was bleibt ungeklärt?
3 Überlege, was die Rekonstruktion M2 über Aussehen und Lebensweise der Neandertaler aussagt.
4 Der Lehrer Fuhlrott und der Besitzer des Steinbruchs streiten über den Fund im Neandertal (siehe Darstellungstext). Spielt diese Szene.

M2 **Rekonstruktion einer Neandertalerin und eines Neandertalers,** Foto, 1998

Ausgrabung – Geschichtsforschung mit Maurerkelle und Bandmaß

Archäologen bei der Arbeit

„Bau der Straßenbahntrasse zunächst gestoppt! Ausgrabungen haben Vorrang!“ So oder ähnlich lauten hin und wieder Schlagzeilen in den Tageszeitungen. Manchmal heißt es aber auch: „Archäologen kamen zu spät! Bagger war schneller!“
Immer geht es dabei um die Arbeit der „Archäologie“. Ursprünglich stand in dieser Wissenschaft die Erforschung der Antike im Vordergrund.

Heute suchen Archäologinnen und Archäologen auch nach Überresten aus der Vorgeschichte. An ihre Untersuchungsgegenstände gelangen sie vor allem durch Ausgrabungen.
Aber: Woher sollen sie wissen, an welchen Stellen Überreste verborgen sind? Häufig ergänzen sich zufällige Entdeckungen und systematisches, detektivisches Suchen.

Maurerkelle – ein Allzweckwerkzeug

Pinsel zum Säubern der Objekte

Spitzhacke – ein wichtiges Grabwerkzeug

Senkblei

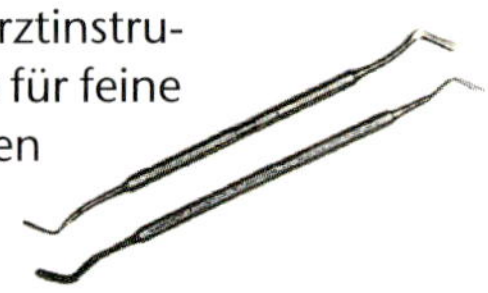
Zahnarztinstrumente für feine Arbeiten

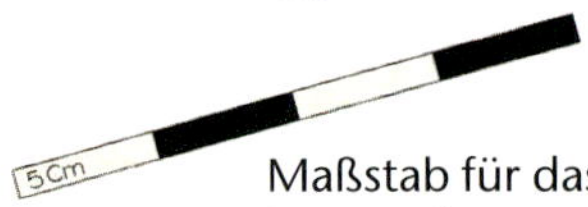

Maßstab für das Fotografieren kleiner Objekte

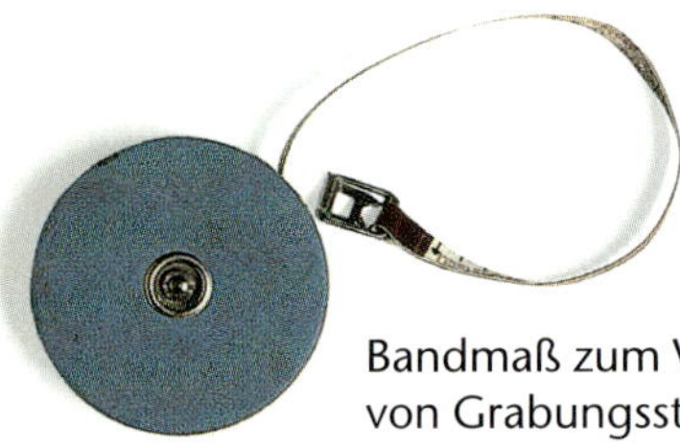
Bandmaß zum Vermessen von Grabungsstätten

Werkzeuge in der Archäologie M1

Archäologinnen und Archäologen bei einer Ausgrabung in der Osteifel, Foto, 1989 M2

1 Beschreibe den Fundplatz (M2) und die Tätigkeiten der Archäologen und Archäologinnen. Nimm M1 zu Hilfe.

Arbeitsschritte Ausgrabung

1. Schritt: Suchen und Finden
Zunächst muss die Fundstelle festgestellt und beschrieben werden. Häufig geben Zufallsfunde beim Haus- oder Straßenbau erste Hinweise. Eine Ausgrabung wird dann systematisch vorbereitet (Personal, Werkzeuge usw.).

2. Schritt: Graben
Die Durchführung der Ausgrabung muss sehr vorsichtig erfolgen: Grabungsgelände vermessen, Schicht für Schicht des Bodens abtragen, vermessen, fotografieren, genaue Lage von Gegenständen eintragen (Grabungstagebuch, Fundprotokoll führen).

3. Schritt: Auswerten
Beschreiben, Datieren, Funktion der Funde klären; eventuell Biologen, Geologen, Kunsthistoriker heranziehen.

4. Schritt: Bewahren, Ausstellen
Funde reinigen, restaurieren, ergänzen; für Besichtigung (Ausstellung) vorbereiten.

M3 **Luftbildarchäologie,** Luftaufnahme der Mauerreste der Hünenburg von Borchen, Kreis Paderborn, 1993. Bei tief stehender Sonne werfen sogar geringe Unebenheiten in der Landschaft deutlich erkennbare Schatten.

Archäologen wollen wie in der Eisenzeit leben

Experiment: Ein Winter ohne Seife und Heizung

Eindhoven. Für zwei lange Wintermonate wollen sich sieben Archäologen in die Eisenzeit zurückversetzen. Am 16. Januar werden sie für einen Monat in ein rekonstruiertes Bauernhaus ohne Strom, Heizung und Wasseranschluss auf dem Gelände des Prähistorischen Freilichtmuseums in Eindhoven einziehen … Zwei Jahre lang ist die Zeitreise vorbereitet worden. Sie soll unter anderem die Frage beantworten, wie viele Kalorien ein Mensch in der Eisenzeit nötig hatte. In der Speisekammer des Hauses lagern bereits Säcke mit Korn, Bohnen, Erbsen und getrockneten Äpfeln. Außerdem sollen zwei Schafe geschlachtet werden …
Tagsüber werden die Teilnehmer des Experiments nach essbaren Wurzeln graben, Brot backen und einen Baumstamm aushöhlen, um daraus ein Kanu zu bauen. Sobald es dunkel wird, werden sie sich im Haus um die Feuerstelle setzen.

Wetzlarer Neue Zeitung vom 23.12.1994. Zit. nach Geschichte lernen, Heft 53, Seelze (Friedrich) S. 18

M4 **„Experimentelle Archäologie“** ist eine Möglichkeit etwas über das Leben von Menschen in früheren Kulturen herauszufinden. In einem Experiment wird überprüft, ob eine bestimmte Erklärung der Funde auch tatsächlich zutreffen kann.

2 Erläutere die Möglichkeiten der Luftbildarchäologie (M3).

3 Beschreibe, wie die Archäologen in M4 während ihrer „Zeitreise“ leben wollen.

4 Überlege, ausgehend von M4, was Forscher durch ein archäologisches Experiment herausfinden könnten.

5 Sieh dir noch einmal M2, M3 und M4 an und benenne die unterschiedlichen Möglichkeiten der Archäologie. Bei welcher archäologischen „Aktion“ würdest du gerne mitmachen?

6 Erkundigt euch bei der Stadt- (Gemeinde-)verwaltung oder im Museum nach Ausgrabungen und Funden in der Umgebung. Organisiert einen Besuch.

Der Junge vom Turkanasee

Millionen Jahre alten Menschen auf der Spur

Auf der Suche nach dem Ursprung des Menschen sind der „Gletschermann" und der Neandertalfund mit 5000 und 30 000 Jahren recht „junge" Funde. Einmal das vollständige Skelett eines Millionen Jahre alten Menschen zu finden, davon träumen viele Archäologen. Was wie ein spannendes Abenteuer aussieht, ist aber auch ein Stück harte Arbeit, denn die Archäologen und Archäologinnen müssen bei ihren Grabungsexpeditionen auf die Annehmlichkeiten eines bequemen Lebens verzichten. Weit entfernt von ihrem eigentlichen Arbeitsplatz mit einem gut ausgestatteten Labor suchen sie nach Überresten – immer auf der Suche nach einer Antwort auf die Frage: Auf welche Weise sind die Menschen zu dem geworden, was sie heute sind. Die Archäologen Richard und Meave Leakey hatten Glück – 1984 in Kenia in Afrika …

M1 Der Fund am Turkanasee

Richard Leakey schrieb 1997 in seinem Buch „Die ersten Spuren":

Im Spätsommer 1984 … erlebten meine Kollegen und ich, wie jener Traum [von der Entdeckung eines vollständigen Skeletts] allmählich Gestalt annahm … Am 23. August erspähte Kamoya Kimeu, mein ältester Freund und Kollege, ein kleines Fragment eines alten Schädels zwischen Kieseln auf einem Abhang in der Nähe der schmalen Rinne, die in der Regenzeit Wasser führte. Sorgfältig begannen wir mit der Suche nach weiteren Bruchstücken des Schädels und fanden bald mehr, als wir zu hoffen gewagt hatten … Wir entdeckten, was sich schließlich als das praktisch vollständige Skelett eines Individuums herausstellte, das am Ufer des alten Sees vor über 1,5 Millionen Jahren gestorben war. Von uns auf den Namen Turkana-Knabe getauft, war es zum Zeitpunkt des Todes knapp neun Jahre alt; die Ursache des Todes bleibt im Dunkeln … Noch nie war aus der Vorzeit des Neandertalers … etwas so Vollständiges wie dieses fossilierte[1] Skelett gefunden worden.

Richard Leakey, Die ersten Spuren, München (Bertelsmann) 1997, S. 12.

1 Fossil: versteinerter Überrest aus der Frühgeschichte der Pflanzen, Tiere und Menschen

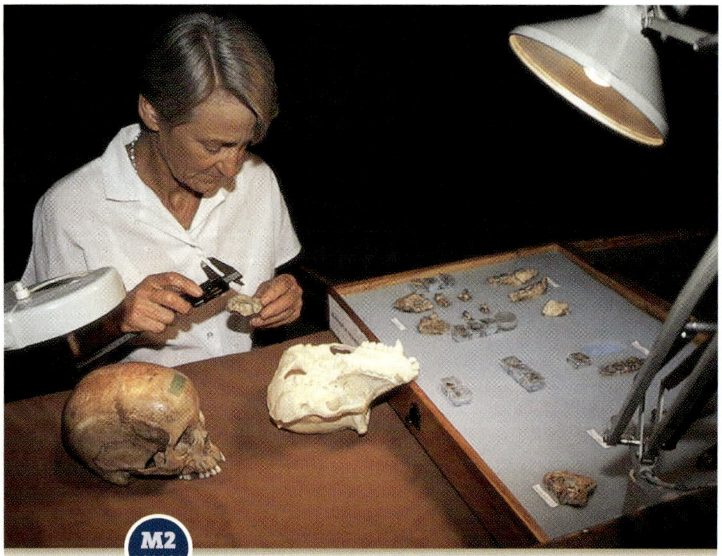

M2 **Sortieren von Knochenfunden**, Foto, 1984. Meave Leakey mit Schädeln vom Homo sapiens und vom Schimpansen.

1 Berichte anhand von M1 über die Bedingungen, unter denen der Fund vom Turkanasee gemacht wurde.
2 Schlage in einem Atlas nach, wo der Turkanasee liegt. Beachte dabei, dass er früher Rudolfsee genannt wurde.
3 Bewerte die Bedeutung des Fundes.

M3 Ein Vorgänger des modernen Menschen

Richard Leakey schrieb 1997 über die Einordnung des Turkanasee-Jungen in die Menschheitsgeschichte:

Der Turkana-Knabe gehörte zur Art Homo erectus[1] – einer Art, die in der Geschichte der menschlichen Evolution[2] eine entscheidende Rolle gespielt hat. Aufgrund von Belegen … wissen wir, dass sich die erste menschliche Art vor etwa sieben Millionen Jahren entwickelt hat. Als Homo erectus vor fast zwei Millionen Jahren die Bühne betrat, war die Vorgeschichte der Menschheit schon ziemlich weit gediehen. Die menschliche Vorgeschichte nahm vor zwei Millionen Jahren offenbar eine entscheidende Wendung. Homo erectus war die erste menschliche Spezies[3], die Feuer benutzte; die erste, welche die Nahrungsbeschaffung zu einem wesentlichen Teil durch die Jagd bestritt; die erste, deren Vertreter wie heutige Menschen laufen konnten und nach einem bestimmten gedanklichen Modell Steinwerkzeuge herstellten … Wir können erkennen, dass der frühe Homo erectus hoch gewachsen war … knapp 1,80 Meter groß … athletisch und sehr muskulös. Selbst der stärkste Berufsringer von heute hätte gegen einen durchschnittlichen männlichen Homo erectus wenig ausrichten können.

Richard Leakey, Die ersten Spuren, München (Bertelsmann) 1997, S. 14 f. und 114 f.

1 „der aufrecht gehende Mensch"
2 Entwicklung, kontinuierliche Veränderung
3 Begriff aus der Biologie: Art, Gruppe gleicher Lebewesen

4 Stelle fest, worin Leakey die „entscheidende Wendung" in der menschlichen Entwicklung sieht (M3).
5 Richard und Meave Leakey wollen ihren Freunden von dem Fund berichten. Schreibe einen Brief.
6 Feuer und Faustkeil: Fasse ihre Bedeutung für die Urmenschen zusammen (M3, M4 und Darstellungstext).

Urmenschen: Leben mit Feuer und Faustkeil

Der Urmensch (= Homo erectus), zu dessen ältesten Vertretern der Junge vom Turkanasee zählt, entdeckte als erste Menschenform die Verwendung des Feuers. Das bezeugen Funde von Ascheresten. Mit dem Feuer konnte er seine Behausungen erwärmen sowie Speisen erhitzen und haltbar machen. In der Dunkelheit spendete das Feuer Licht und hielt wilde Tiere ab. Aus der Notwendigkeit das Feuer zu erhalten und zu kontrollieren schließen Forscher, dass die Urmenschen in Gruppen lebten.

Aus Funden von Steinwerkzeugen, Schnittspuren und Abfällen ziehen sie weitere Schlüsse: Die Menschen gingen zur Jagd und erbeuteten auch Großwild. Mit Steinwerkzeugen zerlegten sie die Beute und teilten sie an festen Rastplätzen auf. Vielleicht gab es in den Gruppen schon Spezialisten, zum Beispiel für die Herstellung von Fallen oder Faustkeilen. Der fein bearbeitete Faustkeil – der durch Abschlagen von Splittern scharfe Kanten erhielt – war ihr wichtigstes Werkzeug. Der Urmensch verließ als erste Menschenart das warme Klima Afrikas in Richtung Asien und Europa.

M4 **Feuer entzünden wie die Urmenschen,** Foto, 1989. Noch heute beherrschen einige Ureinwohner Australiens die Technik des Feuermachens mit einfachen Mitteln.

Vom Ursprung der Menschen – Mythen und Funde

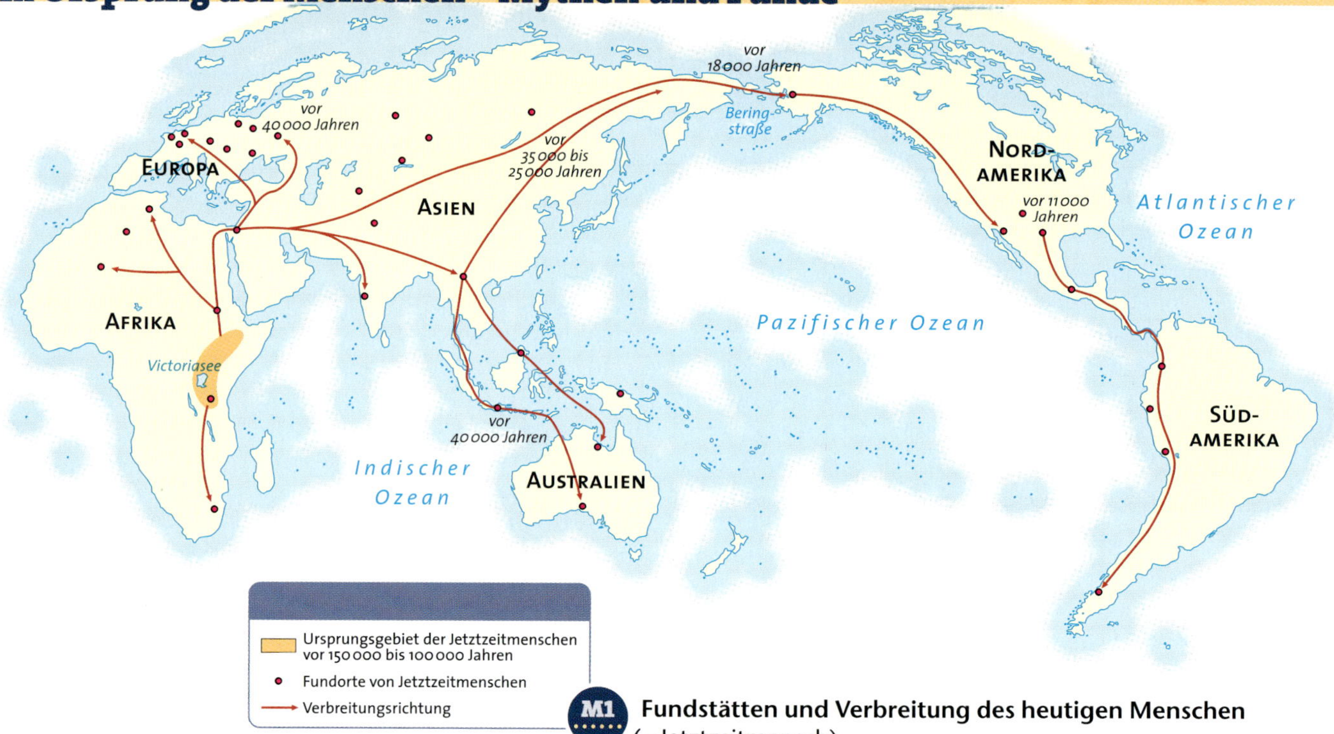

M1 **Fundstätten und Verbreitung des heutigen Menschen** (= Jetztzeitmensch)

Der Jetztzeitmensch

Afrika – Wiege des heutigen Menschen?

„Eva war Afrikanerin", hieß es 1987 in den Medien. Archäologen hatten in Ostafrika weibliche Knochenreste entdeckt und herausgefunden: Nicht nur der Ur-, auch der Jetztzeitmensch (= Homo sapiens sapiens) stammt aus dem warmen Klima Afrikas. Er hatte sich dort vor 150 000 Jahren entwickelt und dann in der Welt ausgebreitet. Diese Vermutung (= Hypothese) wird „Out-of-Africa"-Hypothese genannt. Europa mit seinem kühlen Klima erreichte der Jetztzeitmensch vor ca. 40 000 Jahren.

1 Erläutere die „Out-of-Africa"-Hypothese.

2 Schau dir M2 an. Was wollte Searcy mit ihrer Verwandlung zeigen?

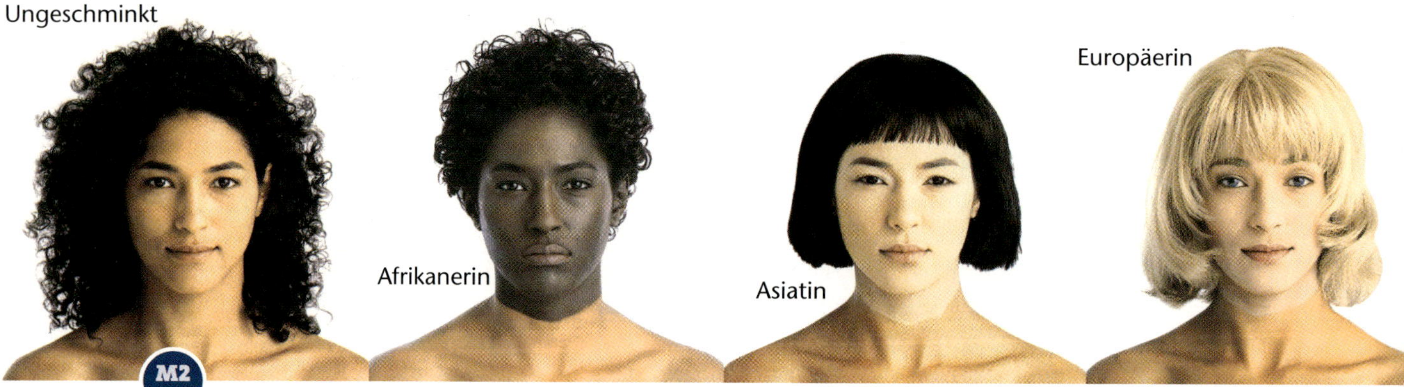

M2 **Der moderne Mensch,** Fotos, 1993. Die Afroindianerin Andrea Searcy verwandelte sich mithilfe von Perücke, Make-up und Kontaktlinsen in Angehörige verschiedener moderner Völker.

Stationen in der Entwicklung des Menschen

Vormensch = Australopithecus
Lebte vor 4,5 bis 1 Million Jahren in Afrika; aufrechter Gang, aber die Einordnung als Mensch ist wegen seines kleinen Gehirns umstritten; Größe 120–150 cm; stellte keine Werkzeuge her; ernährte sich vor allem von Pflanzen; „Australopithecus" heißt „Südaffe".

Frühmensch = Homo habilis
Lebte vor 2,5 bis 1,5 Millionen Jahren in Afrika; Größe 120–150 cm; stellte einfache Werkzeuge her, daher der Artname „habilis" (= geschickt); ernährte sich von Pflanzen und Tieren.

Urmensch = Homo erectus
Lebte vor 2 Millionen bis 40 000 Jahren, erst in Afrika, später in Asien und Europa, Größe 160–180 cm; stellte fein bearbeitete Faustkeile her, nutzte das Feuer und jagte; ernährte sich von Pflanzen und Tieren; der Beiname „erectus" (= aufrecht) stammt von älteren Forschern, die die aufrecht gehenden Vor- und Frühmenschen noch nicht kannten.

Neandertaler = Homo sapiens neanderthalensis
Lebte vor 130 000 bis 30 000 Jahren in Europa; seitdem ausgestorben; Größe 160 cm; stellte zahlreiche Steinwerkzeuge her; verwendete Farbstoffe; bestattete die Toten und legte ihnen Grabbeigaben zu; lateinisch „sapiens" = wissend.

Jetztzeitmensch = Homo sapiens sapiens
Entwickelte sich vor 150 000 bis 100 000 Jahren in Ostafrika; weltweite Besiedlung; Größe 180 cm; stellte Werkzeuge und Waffen aus Stein, Holz und Knochen her; glaubte an göttliche Mächte; weitere Funde: Schmuck, Höhlenmalereien, kleine Figuren, Nähnadeln; lateinisch „sapiens sapiens" = verständig.

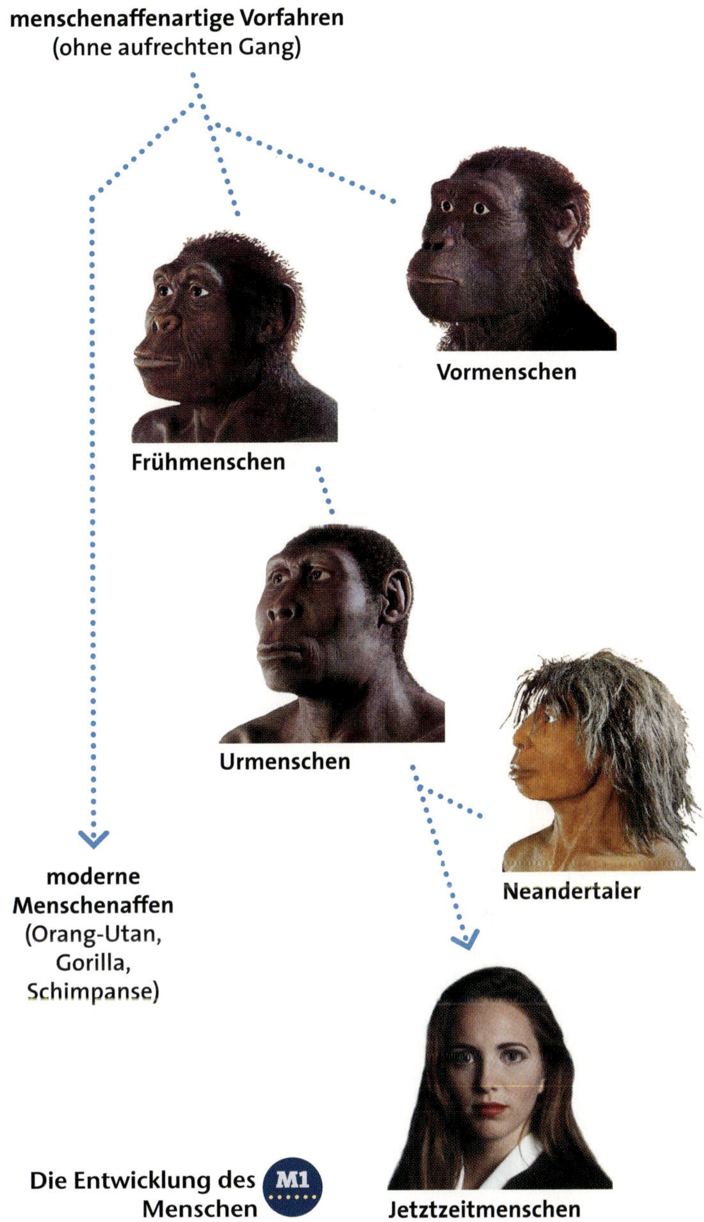

Die Entwicklung des Menschen **M1**

1 Lege eine Tabelle an: Trage in die obere Zeile die verschiedenen Menschenarten ein, die auf dieser Seite genannt werden. Schreibe zu jeder Art, was du über Lebenszeiten, Verbreitung, Größe, Fähigkeiten und Ernährung jeweils auf dieser Seite findest.

2 Du hast Ötzi und den Jungen vom Turkanasee kennen gelernt. Zu welchen Menschentypen gehören sie? Begründe deine Zuordnung.

3 Die Einordnung des Australopithecus als Menschenart ist umstritten. Warum?

Leben in Europa in der Altsteinzeit

Von Afrika ins kühle Europa

Die ersten Menschen in Europa

Der Urmensch (= Homo erectus), den wir in Form des afrikanischen „Turkanasee-Jungen" kennen gelernt haben, ist der erste Menschentyp, der Afrika in Richtung Norden verlassen hat. Aber erst vor 800 000 Jahren ist er im östlichen Europa aufgetaucht, bei uns in Mitteleuropa vor 600 000 Jahren. Das war in der Epoche der Altsteinzeit, die von rund 2 Millionen Jahren bis um 10 000 v. Chr. dauerte.

Umwelt im Europa der Altsteinzeit: Kaltzeiten und Warmzeiten

Woran lag es, dass Europa erst so spät von den Urmenschen besiedelt wurde? Vereinfacht kann man antworten: In Europa war es kühler als in Afrika.
Genauer gesagt: Vor rund 2,5 Millionen Jahren hatte in den nördlichen Regionen der Erdkugel das „Eiszeitalter" begonnen. Im „Eiszeitalter" wechselten sich Kalt- und Warmzeiten immer wieder ab. Mindestens 7 Warm- und 7 Kaltzeiten gab es allein während der letzten 700 000 Jahre. Eine Warm- bzw. eine Kaltzeit konnte zwischen zehn- und hunderttausend Jahren dauern.
Während einer Kaltzeit war es in Europa viel kälter und trockener als heute. Zwar lagen die Temperaturen im Hochsommer nur wenig unter den heutigen Werten, doch waren die Sommer wesentlich kürzer. Die Winter dauerten dagegen erheblich länger und die Temperaturen der kältesten Monate waren um bis zu 17 Grad unter die heutigen Monatsmittelwerte abgesenkt. Es bildeten sich bis zu 3000 Meter dicke Eisschichten, die ganz Nordeuropa bedeckten und zeitweilig bis weit über die Elbe bis an den Nordrand der Mittelgebirge reichten. Auch die Alpen und die Pyrenäen waren vereist.
Wurde es gegen Ende einer Kaltzeit wärmer, schmolz das Eis und die Gletscher zogen sich zurück. Es entstanden wieder Wälder, Tiere und Menschen rückten wieder in die verlassenen Gebiete vor. Eine Warmzeit herrschte zum Beispiel vor 125 000 bis 115 000 Jahren. Die letzte Warmzeit begann um 9000 v. Chr. In ihr befinden wir uns heute noch.

M1 Europa im Eiszeitalter

1. Welches waren die ersten Menschen in Europa (Darstellungstext)?
2. Warum wurde Europa so spät besiedelt (Darstellungstext)?
3. Beschreibe mithilfe von M1 und der Darstellung den Zustand Europas im Eiszeitalter.
4. Überlege, wie sich Kalt- und Warmzeiten auf das Leben der Menschen auswirkten.

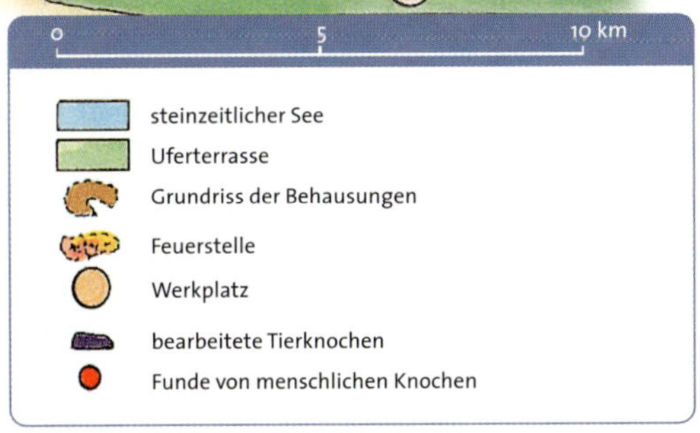

M2 Der Siedlungsort von Bilzingsleben, Plan mit Fundstellen

Die Urmenschen von Bilzingsleben

In dem thüringischen Ort Bilzingsleben haben Archäologen 1969 einen Lagerplatz ausgegraben, der vor ca. 350 000 bis 400 000 Jahren von Urmenschen (= Homo erectus) besiedelt war. Er ist typisch für das Leben im Europa der Altsteinzeit, als die Menschen ein nomadenhaftes Leben als Jäger und Jägerinnen, Sammlerinnen und Sammler führten.
Der Platz lag auf der Uferterrasse eines kleinen Quellsees. Bislang wurden etwa 500 000 Objekte aus Stein, Geweih und Holz ausgegraben, ferner Menschenknochen sowie Tierskelette aus der Jagdbeute.

M3 Die Menschen von Bilzingsleben und ihre Umwelt

Der Leiter der Grabungen von Bilzingsleben, Dietrich Mania, berichtete 1998:

[Die Fundstellen] lagen … in der Regel am Wasser. Uferrandsiedlungen oder der Aufenthalt auf Schwemmkegeln an der Mündung von Fließgewässern in größere Altwässer oder Seen sind die typischen Standorte. Wasser war für den Menschen lebensnotwendig wie auch für das Wild. Dieses stellte sich in den Niederungen zur Tränke ein … Ihm folgten die Beutegreifer und Aasfresser, aber auch der Mensch … Wenn wir die Jagdbeute der … Fundstellen untersuchen, lässt sich feststellen, dass zwar vorwiegend Herdentiere gejagt wurden, aber unter diesen kaum eine Art besonders bevorzugt wurde … Beobachtungen am Befund haben ergeben, dass der Lagerplatz von Bilzingsleben längere Zeit ohne Unterbrechung genutzt wurde … [Er lag] in einem größeren Gebiet, dessen äußere Grenzen mindestens in der Entfernung lagen, die an einem Tage hin und zurück bewältigt werden konnten. Das sind etwa 10 bis 15 km. Somit hatte dieses so genannte Schweifgebiet einen Durchmesser von etwa 20 bis 30 km.

Dietrich Mania, Die ersten Menschen, Stuttgart (Theiß) 1998, S. 36 f.

5 Beschreibe anhand von M2 die Lage des Siedlungsortes von Bilzingsleben. Vermute, warum die Menschen diesen Platz auswählten.

6 Die Forscher haben auch Feuerstellen gefunden. Was kannst du daran erkennen?

7 Lies dir M3 durch und überprüfe deine Vermutungen aus Frage 5.

8 Kläre mithilfe der Darstellungstexte S. 26 und 27, ob zur Zeit der „Bilzingslebener" in Europa eine Warm- oder eine Kaltzeit herrschte.

Leben in Europa in der Altsteinzeit

M4 **Lebensbild des altsteinzeitlichen Siedlungsplatzes von Bilzingsleben,** Rekonstruktionszeichnung, 1999

M5 „Waldelefant zum Frühstück" – über die Funde in Bilzingsleben

Der Journalist Michael Best berichtete 1998 über die zahlreichen Funde von der Lagerstätte Bilzingsleben:

Bilzingsleben erlaubt heute einen Blick in den Alltag des Urmenschen … Im Boden ruhen Hölzer, Bohrer, Kratzer oder kleine Messer aus Feuerstein. Man kann Kleidungsstücke und Reste zeltartiger Behausungen finden. Davor Feuerstellen, an denen sich noch heute Holzkohlenreste und in der Hitze gerissene „Kochsteine" finden. Bei den Hütten dann Schaber und Ambosse, auf denen Knochen zertrümmert wurden. In Ufernähe deuten Tierknochen darauf hin, dass hier die Jagdbeute zerlegt wurde: Waldelefanten, Nashörner, Hirsche, Pferde, Bären und Wildrinder. Auffällig die kreisförmige Fläche von neun Meter Durchmesser. Sie ist regelrecht gepflastert … Vielleicht ein Ort für Riten[1] oder Religion. Und man findet Knochen, in die mit dem Feuersteinmesser regelmäßige Linien eingeritzt wurden. „Für mich" [sagt der Grabungsleiter Mania], „die ältesten Beweise für die Übermittlung eines menschlichen Gedankens."

Michael Best, Waldelefant zum Frühstück, in: Rheinischer Merkur vom 18. 09. 1998, S. 34.

1 Regelmäßige Handlungen und Formeln religiösen Ursprungs, zum Beispiel zur Anrufung von Göttern

9 Notiere, was du dem Bild M4 über das Leben von Urmenschen entnehmen kannst.

10 Stelle fest, welche Funde in M5 beschrieben und welche Schlüsse daraus gezogen werden. Vervollständige deine Ergebnisse aus Aufgabe 9.

11 Schau dir M6 genau an. Beschreibe und deute den Fund mithilfe von M5. Was sagt er über die Entwicklung der Menschheit in der Altsteinzeit?

M6 **Knochenfund aus Bilzingsleben,** Foto, 1984. Aus einem großen Knochensplitter stellten die Menschen ein Beil her.

Die Tiere von Bilzingsleben – ein Poster

Die Archäologen haben in Bilzingsleben viele Knochenreste von Tieren gefunden: darunter Großwildtiere wie Waldelefant, Wildrind, Bär, Pferd, Nashorn und Kleinwildtiere wie Hirsch, Wildschwein, Löwe, Biber, Reh, Wolf, Wildkatze, Dachs, Fuchs. Gestaltet ein Poster für euren Klassenraum, auf dem ihr die genannten Tiere selbst einzeichnet oder mithilfe von Fotokopien oder Fotografien aufklebt. Hilfe findet ihr in (Tier-)Lexika.

Wandel der Arbeitsteilung am Ende der Steinzeit?

Die Funde von Bilzingsleben und anderen Orten deuten darauf hin, dass die Nahrungsgrundlage der Menschen in der Altsteinzeit durch die Jagd und das Sammeln von Wildfrüchten, Wurzeln, Eiern, Bienenhonig und Ähnlichem gedeckt wurde. Die Menschen lebten in Gruppen von etwa 25 bis 30 Personen.
Wie war die Arbeit zwischen ihnen aufgeteilt? Bisher wurde angenommen, dass es eine Arbeitsteilung gab, bei der die Jagd Aufgabe der Männer und das Sammeln, Feuerhüten, Kinderbetreuen und Kochen Aufgabe der Frauen war. Neuere Funde aus der Zeit um 9000 v. Chr., in der Forschung „Mittelsteinzeit“ genannt, zeigen Abdrucke von Textilresten, die Netze darstellen. Sie könnten – so folgern Forscherinnen und Forscher – zum Jagen von Fischen und Wildtieren gedient haben, wahrscheinlich auch schon gegen Ende der Altsteinzeit (um 10 000 v. Chr.). Eine solche Netzjagd war eine Gemeinschaftsaktion, an der auch Frauen teilnahmen. Als sicher wird angenommen, dass der „Einzelkämpfer“ mit Pfeil und Bogen oder Speer nicht genügend Nahrung für die Gruppe beschaffen konnte. Durch die Teilnahme an der Jagd und das Sammeln trugen Frauen sogar überwiegend zur Ernährung der Gruppe bei.

M7 **Faserabdrücke auf Funden in Tschechien,** Foto 1998. Textilgewebe-Rekonstruktion (unten), Zeichnung, 1998

Nomadentum

Lebens- und Wirtschaftsweise von Jäger- und Hirtenvölkern. Sie wohnen an keinem festen Ort und leben von Wildtieren oder Zuchtviehherden. Das Nomadentum war die bestimmende Lebensweise der Menschen in der Altsteinzeit.

12 Erläutere die zwei Forschungsmeinungen, die im Darstellungstext über die Arbeitsteilung zwischen Männern und Frauen in der Alt- und Mittelsteinzeit angesprochen werden.

13 Kläre mithilfe des Darstellungstextes und M7, warum die Forscherinnen und Forscher ihre bisherige Meinung über die Arbeitsteilung am Ende der Altsteinzeit und in der Mittelsteinzeit neu überdenken.

14 Erläutere, was Forscher mithilfe von Funden über die Jagd herausgefunden haben.

15 Fertige eine Zeichnung an, in der du das Leben der Menschen am Ende der Altsteinzeit nach der neueren Forschungsmeinung darstellst. Einige Anregungen kannst du M4 entnehmen.

Faustkeile – selbst gemacht

Der Faustkeil – ein typisches Werkzeug der Altsteinzeit

Der Faustkeil war vermutlich das erste Werkzeug der Menschen in der Altsteinzeit. Die altsteinzeitlichen „Bilzingslebener“ (siehe S. 27 bis 29) verfügten schon über sehr feine Techniken der Steinbearbeitung. Sie erstellten für bestimmte Arbeiten spezielle Werkzeuge: einen flachen Schaber zum Schnitzen oder einen keilförmigen Stein zum Spalten von Holzstäben. Speerspitzen stellten sie aus Feuerstein her, denn der war besonders hart.

Aus den Werkzeugfunden schließen die Forscher, dass die „Bilzingslebener“ sehr weit entwickelte Urmenschen waren. Sie konnten schon sehr gut denken und planten z. B. die Herstellung ihrer Werkzeuge sehr genau.

Achtung beim Steinschlagen: Schutzbrille tragen!

Einen Faustkeil kannst du selbst herstellen. Suche dir zunächst einen nicht zu harten Stein, den du bearbeiten willst, sowie einen Schlagstein. M2 zeigt dir, wie du vorgehen musst. Beachte: den weichen Stein auf einen festen Untergrund legen; dann mit dem zweiten Stein die Splitter abschlagen, bis die gewünschte Form stimmt. Wenn du eine scharfe Kante bekommen willst, musst du kleine Splitter von einem der Ränder abschlagen. – Schutzbrille tragen!

Faustkeil aus Feuerstein, Foto, 1995 **M1**

Herstellen eines Faustkeils, Zeichnung, 1999 **M2**

1 Versuche nach der Anleitung oben selbst einen Faustkeil herzustellen.

2 Beschreibe, welche Probleme du bei der Faustkeilherstellung gehabt hast.

3 Beurteile nach deinen eigenen Versuchen die Entwicklungsstufe, die die Altsteinzeitmenschen aus Bilzingsleben erreicht haben (lies dir auch den Darstellungstext links oben durch).

M1 Felsmalerei in der Höhle von Lascaux, Frankreich, um 15 000 v. Chr. Die Künstler benutzten Holzkohle und Tonerde in braunen, gelben und rötlichen Farben, die sie pulverförmig gegen den Fels bliesen oder mit Öl anrührten.

Felsmalerei

Leben in der Altsteinzeit – mehr als „Arbeit" und „Technik"?

Vier Jungen entdeckten 1940 auf dem Gutshof Lascaux in Südfrankreich durch Zufall eine Höhle, die tief im Innern mit Felszeichnungen bedeckt war. Sofort eilten Archäologen an die Fundstelle. Ihr Ergebnis: Die Bilder stammten aus der Zeit um 15 000 v. Chr. Damit hatten die Jungen Spuren der ersten europäischen Jetztzeitmenschen entdeckt, die gegen Ende der Altsteinzeit von Afrika aus eingewandert waren.
Gemalt hatten die Künstler der Altsteinzeit vor allem Großwildtiere, manchmal Vögel und Fische, Menschen nur selten. Warum sie diese Werke anfertigten, ist unter Forschern umstritten. Manche meinen, dass sie Glück bei der Jagd bringen sollten, andere sagen, dass Schutzgeister angerufen werden sollten. Unbestritten ist, dass sie eine „Zeichensprache" darstellen, die die Menschen damals verstanden.
Die Felsbilder zeigen, dass sich das Denken und die Lebensweise der Höhlenmenschen von Lascaux im Vergleich mit den Urmenschen Afrikas stark weiterentwickelt hatte. Sie dachten über Tiere und Natur nach, über Götter und Tod. Vorangetrieben hat diese Entwicklung wahrscheinlich das kühle Klima Europas, das die Menschen immer wieder vor neue Herausforderungen stellte: Wo hause ich, wenn es kalt ist? Wie ernähre ich mich, wenn ich im Winter keine Pflanzen sammeln kann? Und wie verständige ich mich über diese Fragen mit meinen Mitmenschen?

Ein Höhlenbild für den Klassenraum

Ihr benötigt folgende Materialien: eine Rolle Packpapier, geeignete Farben (braun, schwarz, rot, gelb), Pinsel und Kohlestifte.
Zeichnet mit dem Kohlestift die Umrisse auf das Packpapier. Hinweise auf geeignete Motive findet ihr auf dieser Seite. Malt die Umrisse mit Farbe aus. Schneidet eure „Gemälde" aus, klebt sie auf eine Bahn aus Packpapier und hängt sie in eurem Klassenzimmer auf.

1. Beschreibe M1. Überlege, was die Zeichnungen ausdrücken sollen.
2. Begründe, warum das Leben der Menschen in der Steinzeit mehr als „Arbeit" und „Technik" war. Ziehe dazu den Darstellungstext und die Abbildung M1 heran.
3. Sieh dir auf einem Computer die Symbole in der Menüleiste an. Zeichne sie ab und schreibe dazu, welche Bedeutung sie haben.
4. Überlege, ob „Zeichensprache" auch heute noch für uns bedeutsam ist. Nenne Beispiele.

Informationen sammeln in einer Bibliothek

Mehr Wissen ...

In den ersten Abschnitten dieses Buches hast du einen kleinen Einblick in die Geschichte der Steinzeit bekommen. Wenn du mehr über die Steinzeit erfahren möchtest, musst du dir weitere Informationen selbst beschaffen.
Informationen findest du am besten in Büchern. Bücher kann man in Büchereien einsehen und sehr oft auch ausleihen. In vielen Schulen gibt es eine Schülerbibliothek und in den meisten Städten eine Stadtbibliothek.

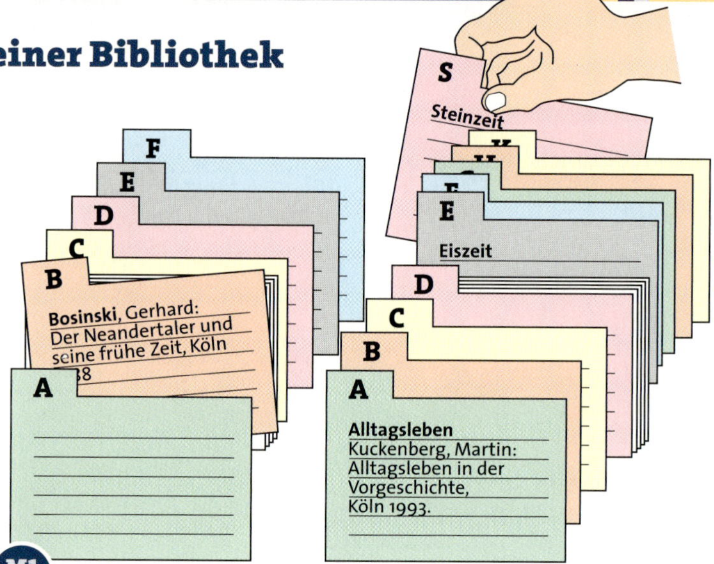

M1 **Kataloge zur Suche von Buchtiteln in einer Bibliothek.** Alphabetischer Autorenkatalog (links) und Schlagwortkatalog (rechts)

Arbeitsschritte **Benutzung einer Bibliothek**

1. Schritt: Besuch vorbereiten
Erkundigt euch nach den Öffnungszeiten. Fragt nach Leseausweis und Leihgebühr.

2. Schritt: Titel suchen
Alle Bücher einer Bibliothek sind in einem „Katalog" verzeichnet. Erkundigt euch bei eurem ersten Besuch, wie man die Kataloge benutzt. Der Katalog enthält Titel und Signatur (Buchstaben/Zahlenkombination), die nötig sind, um die Bücher zu finden. Häufig gibt es einen Extrakatalog für CD's, Videos und Kassetten.

3. Schritt: Kataloge benutzen
Es gibt immer einen Autoren- und einen Schlagwortkatalog. Der Autorenkatalog hilft, wenn euch der Autor des Buches oder der CD bekannt ist. Der Schlagwortkatalog erleichtert den Einstieg in ein Thema, z. B. Steinzeit, Ritter, Hexen. Wenn ihr die gewünschten Bücher oder anderen Medien im Katalog gefunden habt, notiert euch die Signaturen.

4. Schritt: Buch ausleihen
Entnehmt die Bücher oder andere Medien dem Regal, wo ihr häufig weitere Bücher/Medien zum selben Thema findet.

Tipp: Informationen festhalten
Bücher und andere Medien müsst ihr nach einer bestimmten Zeit zurückgeben. Notizen aus den Büchern, Fotokopien, Skizzen usw. solltet ihr deshalb nach Stichwörtern ordnen und z. B. in einem Hefter oder auf Karteikarten sammeln.

M2 **In der Bibliothek,** Foto, 1995. Schülerinnen und Schüler suchen Bücher am alphabetischen Autorenkatalog.

1 Erkundige dich nach Büchereien und Bibliotheken in deinem Wohn- oder Schulort. Sammle Adressen und Telefonnummern.
2 Suche zunächst nach Jugendbüchern zum Stichwort „Steinzeit" und notiere die Titel. Entscheide dann, welche Bücher du ausleihen willst.
3 Veranstaltet in eurer Klasse eine Lesestunde zum Thema „Leben in der Steinzeit".

Die „Revolution“ auf dem Acker

Eine neue Lebensweise in der Jungsteinzeit

Mit dem Rückzug der Gletscher Ende der letzten Kaltzeit um 10 000 v. Chr. erwärmte sich die Erde und Mitteleuropa wurde alsbald von dichten Wäldern bedeckt. Waren die Menschen in der Altsteinzeit jagend und sammelnd umhergezogen, entwickelten sie jetzt, in der Jungsteinzeit, eine neue Lebensweise.
Aus dem Vorderen Orient kam sie zu uns …

M1 **Lebensbild der jungsteinzeitlichen Siedlung von Kückhoven-Erkelenz um 5000 v. Chr.,** Rekonstruktionszeichnung, 1999

Der Fund von Kückhoven-Erkelenz

Die Menschen der Altsteinzeit haben mit ihrer nomadisierenden Lebensweise das genutzt, was sie in der Natur vorfanden. Wenn an einem Ort die Nahrungsgrundlage knapp wurde, zogen sie in andere Gegenden. Für ihre zeitlich begrenzten Aufenthalte bevorzugten sie Plätze mit Wasservorrat wie Seen und Flüsse. Steinzeitforscher waren daher überrascht, als 1964 bei Kückhoven-Erkelenz im Rheinland ein Siedlungsplatz ausgegraben wurde, bei dem weit und breit kein Gewässer lag. Warum hatten die Menschen trotzdem hier gesiedelt? Ein besonderer Fund, den Forscher erst 1991 bis 1994 ausgruben, löste das Rätsel: ein Brunnen! Er war die „Wasserquelle“ – gefertigt aus Eichenholz und sehr gut erhalten.
Bei den weiteren Ausgrabungen wurden mehr als 70 Hausgrundrisse freigelegt. In den Abfallgruben fanden sich Geräte aus Stein, Holz und Keramik, zum Beispiel Hacken und Gefäße, auch Spaten aus Ahornholz und zwei Taschen aus Eichenrindenbast. Der Brunnenfund wurde auf 5090 v. Chr. datiert. 2001 soll er im Rheinischen Landesmuseum Bonn ausgestellt werden.

1 Beschreibe anhand von M1 die Lebensweise der Menschen.
2 Vergleiche sie mit der Lebensweise der „Bilzingslebener“ in M4, S. 28 und notiere, worin sich beide unterscheiden.
3 Aus welchen Gründen könnte sich deiner Meinung nach die Lebensweise der Menschen in M1 verändert haben? Halte deine Vermutungen fest.
4 Erläutere mithilfe des Darstellungstextes links die Bedeutung des Brunnens für die Lebensweise der Menschen in der Jungsteinzeit.
5 Überprüfe mithilfe des Darstellungstextes links, welche Details der Rekonstruktionszeichnung M1 auf Funden basieren.

Leben in der Jungsteinzeit

M2 **Lebensbild aus der Jungsteinzeit,** Rekonstruktionszeichnung, 1999

Eine bäuerliche Gesellschaft entsteht

Der Brunnen von Kückhoven-Erkelenz ist ein Beleg für eine neue Lebensform, die mit der Jungsteinzeit aufkam: die sesshafte, bäuerliche Lebensweise. Der Übergang vom Nomadentum zur bäuerlichen Sesshaftigkeit dauerte „nur" wenige Jahrtausende. Weil aber der Umbruch im Vergleich zur Altsteinzeit, die zwei Millionen Jahre umfasste, sehr rasch erfolgte, bezeichnen Geschichtswissenschaftler sie als eine Revolution: die „Neolithische Revolution" (siehe Kasten). Die Menschen lebten jetzt nicht mehr „mit" der Natur, sondern begannen die Natur für ihre Zwecke und Ziele zu nutzen: Sie trieben Ackerbau und züchteten Pflanzen und Tiere aus Wildformen. Das älteste Haustier ist der Hund. Er begleitet den Menschen schon seit dem Ende der Altsteinzeit auf seinen Jagdzügen. Erst nach der Neolithischen Revolution züchteten die Menschen auch Schafe, Ziegen, Rinder und Schweine. Grundrisse von festen Gebäuden und große Gräberfelder zeigen, dass die Menschen in dörflichen Siedlungen lebten und allmählich Eigentum bildeten.

Neolithische Revolution

Die Epoche der Jungsteinzeit (= Neolithikum) begann nach dem Ende der letzten Kaltzeit um 9000 v. Chr. In der Jungsteinzeit änderte sich das Leben der Menschen grundsätzlich. Die Menschen lebten nicht nur vom Sammeln und Jagen, sondern ernährten sich von Ackerbau und Viezucht. Sie wurden zunehmend sesshaft und wohnten in festen Siedlungen. Diese radikale Änderung der Lebensweise wird Neolithische Revolution genannt.

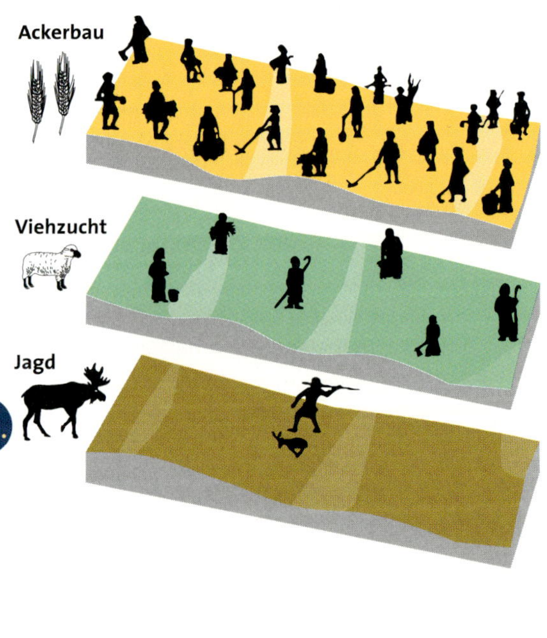

M3 **Wirtschaftsweisen beeinflussen das Leben der Menschen in der Steinzeit.** Dargestellt ist die Zahl der ernährten Menschen pro Quadratkilometer.

Werkzeuge, Arbeitstechniken, Arbeitsteilung

In der Jungsteinzeit veränderte sich das Arbeitsleben der Menschen nachhaltig. Der hölzerne Hakenpflug, den die Menschen erfanden, verbesserte den Feldanbau. Zu den Errungenschaften in der Vorratshaltung zählten Gefäße aus Ton. Andere Erfindungen waren das Spinnen, das Weben und die Steinbohrung.
Die Arbeit mit den neuen Werkzeugen erforderte viel Geschick, sodass sich die Menschen auf bestimmte Tätigkeiten des Ackerbaus und der Viehzucht spezialisierten. Auch musste das Leben in der Familie, in der Sippe und im Dorf geregelt werden. Wie es organisiert war, darüber wissen die Forscher aber nur wenig: Gab es zum Beispiel einen Dorfvorsteher oder eine Dorfvorsteherin?

6 Liste anhand von M2 Merkmale jungsteinzeitlicher Lebensweise auf.

7 Erläutere, wie sich mit der „Neolithischen Revolution" das Verhältnis der Menschen zur Natur veränderte (siehe Darstellungstext und Kasten).

8 Fasse die Aussagen von Schaubild M3 zusammen. Welche Schlüsse kannst du aus deinen Befunden über die Entwicklung der Menschen in der Jungsteinzeit ziehen?

9 Beschreibe die Geräte in M4. Stelle in einer Tabelle zusammen, wofür man sie verwenden kann.

10 Was kannst du aus M4 über die Arbeit in der Jungsteinzeit ableiten?

Neue Techniken und Geräte in der Jungsteinzeit, Rekonstruktionszeichnung, 1999 **M4**

Leben in der Jungsteinzeit

M5 Bau eines Hauses in der Jungsteinzeit, Rekonstruktion aufgrund von Fundergebnissen. Die verschiedenen Arbeitsgänge werden hier zu gleicher Zeit gezeigt; tatsächlich wurden sie nacheinander ausgeführt (Errichten der Tragpfosten in Gruben, Verlegen der Dachkonstruktionen, Herstellen der Flechtwände, Decken des Daches mit Schilf und Verputzen der Wände mit Lehm).

M6 Frauen- und Männerarbeit in der frühbäuerlichen Gesellschaft – ein Fortschritt?

6A Die Prähistorikerin[1] Brigitte Röder schrieb 1998 in einem Aufsatz „Jungsteinzeit – Frauenzeit?“:

Das tägliche Arbeitspensum war um ein Vielfaches gestiegen, weil Ackerbau und Viehzucht wesentlich zeitaufwändiger sind als eine Nahrungssicherung durch Sammeln, Jagen und Fischen … Zur Arbeit in der Landwirtschaft kam eine Vielzahl neuer Tätigkeiten hinzu … Zu nennen ist beispielsweise die Herstellung zahlreicher neu entwickelter Werkzeuge und Geräte sowie das Weben von Textilien aus Pflanzenfasern. Nicht zu unterschätzen ist auch der Zeitaufwand für den Bau und die Instandhaltung der Häuser. Ein völlig neuer, ebenfalls arbeitsintensiver Bereich war die Vorratshaltung …
Der Anstieg von Arbeitsbelastung und Arbeitsteilung wirkte sich auch auf das Geschlechterverhältnis aus, da offenbar neu ausgehandelt werden musste, welche Arbeiten Frauen und Männer jeweils zu übernehmen hatten … Untersuchungen … an den Knochen … zeigen, dass [jungsteinzeitliche] Frauen ausgesprochen hart und schwer arbeiteten.

Brigitte Röder, Jungsteinzeit – Frauenzeit?, in: Bärbel Auffermann/Gerd-Christian Weniger (Hg.), Frauen Zeiten Spuren, Mettmann (Neanderthal-Museum) 1998, S. 244 f. und 261.

6B Der Prähistoriker[1] Hansjürgen Müller-Beck schrieb ebenfalls 1998 in seinem Buch „Die Steinzeit“:

Der … Feldbau und die … Tierhaltung verursachen zwar Arbeit. Aber diese neue Art von Arbeit ist … besser zu planen und bietet bei konsequenter Anstrengung vor allem größere Sicherheit …
Damit werden die Frauen von ihrer mit zunehmender Entfernung vom Lager immer gefährlicher werdenden und auch enorme Tragleistungen erzwingenden Sammeltätigkeit entlastet. Dabei ist zu beachten, dass die Mütter ihre kleineren Kinder wegen des Stillens mit sich tragen müssen … Die Neolithisierung machte vor allem zunächst den Frauen das Leben leichter … Sie können sich jetzt stärker den Kindern widmen. In den stabileren Häusern und bei regelmäßigerem Leben in langfristiger belegten Bauten sinkt die Kindersterblichkeit auffallend.

Hansjürgen Müller-Beck, Die Steinzeit, München (Beck) 1998, S. 102.

1 Archäologe/in mit der Fachrichtung Ur- und Frühgeschichte

11 Erarbeite die in M6 vertretenen Meinungen zur Rollenverteilung zwischen Männern und Frauen. Vergleiche beide Auffassungen und nimm dazu Stellung.

12 Schreibe deiner Freundin/deinem Freund einen Brief, in dem du über das Leben in der Jungsteinzeit berichtest. Was interessiert dich am meisten? Nimm die Seiten 33 bis 36 zu Hilfe.

M7 Zentren der neolithischen Revolution zwischen 9000 und 3000 v. Chr.

Zerstörung der Natur in der Jungsteinzeit?

Als sesshafte Bauern gingen die Menschen der Jungsteinzeit anders mit der Natur um als ihre sammelnden und jagenden Vorfahren aus der Altsteinzeit. Vor allem holzten sie große Waldflächen ab, da sie für die Anlage von Feldern und den Bau von Siedlungen viel Platz und große Mengen Holz benötigten. War ein Ackerboden erschöpft, schlugen sie neue Lichtungen. Die „Jungsteinzeitler" regulierten auch erstmals Flussläufe um Wasser für die Feldbewässerung zu nutzen. Überall, wo sich die bäuerliche Lebensweise zwischen 9000 und 3000 v. Chr. ausbreitete, hat sich das „Gesicht" der Natur seither stark verändert.

Botaniker Burkhard Frenzel

Vorzeitlicher Landverbrauch

Bauern vor rund 6000 Jahren rangen dem Boden ihr täglich Brot nur unter großem Landverbrauch ab. Weil sie noch keine Düngung kannten, mussten sie ständig neues Ackerland erschließen. Diese Vermutung von Vorgeschichtsbotanikern konnte Burkhard Frenzel von der Universität Hohenheim nach jahrelangen Anbauversuchen mit den damaligen Ackerpflanzen bestätigen. Schon der prähistorische Feldbau verursachte starke Umweltveränderungen: Ödlandbildung, Erosion, Hochwasser und Vermoorung.

M8 **Historische Umweltforschung**
Artikel aus einer Zeitschrift, 1997

Kampf mit der Natur: die ersten Bauern

13 Stelle fest, in welchen Erdteilen bzw. heutigen Staaten während der Jungsteinzeit bäuerliche Lebensformen entstanden (M7).

14 Erkläre mithilfe von M7, was mit dem Begriff „Neolithisierung der Erde" gemeint ist.

Begegnung von Jägern und Sesshaften – ein Rollenspiel

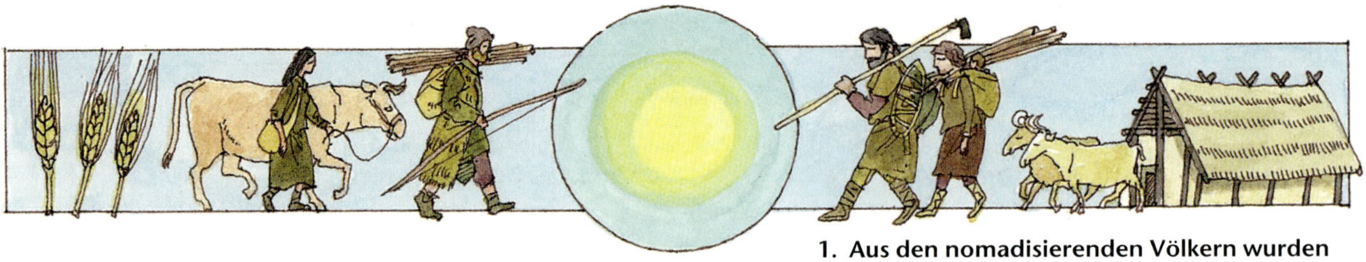

1. Aus den nomadisierenden Völkern wurden allmählich sesshafte Bauern.

2. Eindringende Siedler überzeugten durch ihre Lebensweise die nomadisierenden Völker.

3. Die Siedler verdrängten die Nomaden gewaltsam und nahmen das Land für den Ackerbau in Besitz.

M1 **Modelle des Übergangs vom Nomadenleben zur Sesshaftigkeit,** Rekonstruktionszeichnung, 1999. Das Modell basiert auf Forschungsergebnissen aus dem Raum Süddeutschland.

Rollenspiele – warum?

Wie Menschen in der Geschichte in bestimmten Situationen gefühlt, gedacht und gehandelt haben, wissen wir nicht genau. Das gilt besonders dann, wenn Überlieferungen nur sehr dürftig sind oder ganz fehlen. In einem Rollenspiel sollen schwierige Situationen nachgespielt werden um über Lösungen eines Problems nachzudenken. Es kann Ergebnisse der Forschung nicht ersetzen, bietet aber die Möglichkeit sich in die Lage der Menschen aus der Vergangenheit zu versetzen. Versucht einmal euch in die Zeit zu versetzen, als die Jäger und Sammlerinnen allmählich zu sesshaften Bauern wurden. Bei der Organisation eines Rollenspieles zu diesem Thema helfen euch die folgenden Arbeitsschritte.

Arbeitsschritte Ein Rollenspiel organisieren

1. Schritt: Die Ausgangslage auf eine Situationskarte schreiben
Auf der Situationskarte wird festgehalten, welche Situation nachgespielt werden soll. Die Ausgangssituation wird kurz beschrieben. Welche Personen sind an dem Spiel beteiligt? Welche Probleme gibt es? Ein Beispiel für eine Situationskarte findest du auf dieser Seite. Anregungen für weitere Situationen sind in M1 dargestellt.

2. Schritt: Rollen verteilen
Auf den Rollenkarten werden die spielenden Personen beschrieben: Beruf, Eigenschaften, Verhalten und ihre Ziele. Diejenigen, die eine Rolle übernehmen, müssen sich an die Vorgaben ihrer Rollenkarten halten. Sie dürfen aber auch eigene Vorstellungen von der darzustellenden Person einbringen, sofern sie den Vorgaben nicht widersprechen.

3. Schritt: Spiel vorbereiten
Die Spielerinnen und Spieler hängen sich ein Schild mit ihrer Rollenkennzeichnung um. Sie besprechen die Situation (Situationskarte) und die Rollen (Rollenkarten) untereinander.

4. Schritt: Spiel beobachten und auswerten
Sinnvoll ist der Einsatz von Spielbeobachtern, die sich während des Spiels Notizen zu den einzelnen Rollen machen. Sie sollen das Spiel bewerten und ihre Meinung begründen. Wurden die Rollen glaubhaft gespielt? Welche Argumente wurden genannt? Passten sie in die Situation und die Zeit? Was war gut, was könnte verbessert werden?

Situationskarte

Stellt euch vor, ihr wäret Siedler. Um eure Siedlung zu vergrößern rodet ihr gerade einen Wald, der bisher von einem Stamm der Jäger und Sammlerinnen als Jagdgebiet genutzt wurde. Die Jäger sind empört. Ihnen droht ein Teil der Nahrungsgrundlage verloren zu gehen. Denn wenn die Wildtiere verdrängt würden, müssten sie über große Entfernungen weiterziehen. Um die Situation zu besprechen kommen einige Siedler und eine Abordnung des Jäger- und Sammlerinnenstammes zusammen.

Rollenkarte 1

Der Dorfälteste
Er ist 40 Jahre alt und ein Bauer mit großem Besitz. Er möchte die Siedlung vergrößern. Die jungen Leute in seinem Dorf drängen aber darauf, mehr Land zu bekommen, damit sie ihre Familien ernähren können.

Rollenkarte 2

Der Anführer des Jäger- und Sammlerinnenstammes
Er ist 25 Jahre alt, jung und kräftig. Er sieht überhaupt nicht ein, dass er und sein Stamm die Gegend verlassen sollen. Schließlich waren sie schon lange vor den Bauern in der Gegend. Je nach Jahreszeit und Tierbestand verlegten sie ihren Rastplatz in diese Umgebung.

Rollenkarte 3

Ein Töpferhandwerker
Er wohnt in der Siedlung und sieht in den Jägern und Sammlerinnen neue Käufer für seine Töpferwaren.

Rollenkarte 4

Ein Jäger
Er ist 35 Jahre alt und Spezialist für das Aufarbeiten von Tierfellen. Er bewertet das Auftauchen der Siedler eher positiv. Schließlich könnte er in Notzeiten seine Felle gegen getötete Tiere der Bauern eintauschen.

Rollenkarte 5

Eine Frau, die sammelt und jagt
Sie ist 20 Jahre alt und Mutter von zwei Kindern. Ihr gefällt das Leben der Bäuerinnen besser, weil diese sich mehr um ihre Kinder kümmern können. Sie möchte lieber in den Häusern wohnen und nicht mehr umherziehen.

Spuren der Industriegesellschaft

Die Metallzeit

M1 Erzbergbau in der Metallzeit, Rekonstruktionszeichnung, 1999

Kupfer, Bronze, Eisen

Unsere Reise durch die Vorgeschichte endet in einem Zeitraum, in dem wir bereits Spuren unserer heutigen Industriegesellschaft finden: Metalle. Metalle kommen in bestimmten Gesteinen (= Erze) vor, die in der Erde lagern und in Bergwerken abgebaut werden. Bei hohen Temperaturen werden aus den Erzen die Metalle herausgeschmolzen. Anschließend können sie in Formen gegossen, geschmiedet, gewalzt und mechanisch bearbeitet werden.

Kupfer war das erste Metall, das Menschen herstellten, und zwar im Vorderen Orient im 4. Jahrtausend v. Chr. Da aber Kupfer relativ weich war, suchten die Menschen bald nach anderen Möglichkeiten und fanden heraus, dass eine Mischung aus Kupfer und Zinn im Verhältnis neun zu eins ein härteres Metall ergab: die Bronze. In Mitteleuropa gab es sie seit 1700 v. Chr. („Bronzezeit"). Ein noch härteres Metall war das Eisen, mit dem um 800 v. Chr. die „Eisenzeit" begann.

Neue Unterschiede in der Gesellschaft

Die neuen Techniken der Metallzeit haben die bäuerlichen Stammesgesellschaften der Jungsteinzeit stark verändert. So entwickelten sich erstmals „Handwerksberufe" wie Bergmann oder Schmied. „Händler" wiederum übernahmen den Transport und Tausch von Erzen, Eisengeräten und Bronzeschmuck. Als Fernhändler reiste mancher schon quer durch Europa. Einige Bauernfamilien, die viel mehr anbauten als sie verbrauchten, sowie einzelne Händler brachten es zu Reichtum und Macht. Auch das veränderte das Zusammenleben, weil sich häufig der Mächtigste als „Fürst" oder „Häuptling" an die Spitze eines Stammes stellte. Außerdem, so schließen Forscher aus Funden, bildeten die Stämme in der Eisenzeit erstmals größere Gemeinschaften, die „Völker". Sehr bekannt waren in Europa die Germanen* und die Kelten*.

1. Nenne Vor- und Nachteile wichtiger Werkstoffe aus der Steinzeit (Steine, Holz, Knochen). Vergleiche mit den Eigenschaften der Werkstoffe aus der Metallzeit (Darstellungstext links oben und M2).
2. Beschreibe mithilfe von M1 den Abbau von Erzen in der Metallzeit.
3. Erläutere anhand des Darstellungstextes rechts oben, inwiefern sich die Gesellschaft in der Metallzeit gegenüber der Jungsteinzeit verändert hat.
4. Überlege, wofür Metalle heute benötigt werden.

M2 Funde aus der Bronzezeit, Foto, 1996

Das Industriezeitalter

M1 Näherinnen in einer Hutfabrik, Foto, 1909

Neue Technik und industrielle Arbeit

Die Einführung der industriellen Produktionsweise, die heute unser Leben bestimmt, begann in der zweiten Hälfte des 18. Jahrhunderts. Sie war ein ähnlich großer Wandel wie die Durchsetzung der bäuerlichen Lebensweise in der „Neolithischen Revolution".
Die Industrielle Revolution begann in England mit wichtigen technischen Erfindungen wie dem Bau funktionsfähiger Dampfmaschinen und Textilmaschinen. Zur Produktion der Waren wurden Fabriken gebaut, wo Männer, Frauen und Kinder unter harten Bedingungen arbeiteten. Die Licht- und Luftverhältnisse waren oft sehr schlecht. Die Arbeitszeit stieg im Laufe des 19. Jahrhunderts auf fast 90 Wochenstunden (heute sind es etwa 40 Stunden). Die Löhne – vor allem für Frauen und Kinder – waren sehr niedrig. Die Fabrikanten forderten von den Arbeitenden die Unterordnung unter eine strenge Fabrikordnung. Dazu kam die Anpassung an den Rhythmus der Maschinen.

1 Beschreibe M1 und M2 und erläutere die Tätigkeiten. Was lässt sich über die Aufgabenverteilung zwischen Frauen und Männern erkennen?

2 Notiere in Stichworten die Arbeitsbedingungen in der frühen Industriezeit und nimm Stellung.

3 Ein Historiker hat gesagt, die Neolithische und die Industrielle Revolution seien „zwei Bahn brechende Ereignisse" in der Geschichte. Suche im Darstellungstext links und auf S. 34 nach Merkmalen beider Gesellschaften und nimm Stellung.

M2 Lokomotiv-Montagehalle, Gemälde von Paul Meyerheim, 1875

Aufgabenverteilung in der Industriegesellschaft

In den alten, von Handwerk und Landwirtschaft geprägten Gesellschaften lagen Wohnung und Arbeitsplatz meist „unter einem Dach". Frauen und Männer konnten dadurch die Aufgaben im Betrieb, im Haushalt und bei der Kinderbetreuung relativ gut einteilen und miteinander vereinbaren.
Mit der industriellen Produktionsweise hingegen sind viele Arbeitsplätze entstanden, die weit entfernt von der Wohnung liegen. Dadurch sind berufstätige Männer und Frauen meist den ganzen Tag von zu Hause fort, um in Werkstätten und Büros ihren Berufen nachzugehen. Für Frauen bedeutet das häufig immer noch eine dreifache Belastung durch Berufsarbeit, Hausarbeit und Kinderbetreuung.

M3 **Frauen- und Männerarbeit in der Industriegesellschaft,** Fotos, 1990er-Jahre

M4 **Roboter sucht Arbeit,** Karikatur von Horst Haitzinger, 1985

Probleme der industriellen Produktion heute

Die Industrialisierung hat den meisten Menschen Vorteile gebracht: Sie können sich gesund ernähren und gut wohnen, die Wäsche bequem in der Waschmaschine waschen und im Urlaub verreisen. Wer genauer hinsieht, erkennt aber, dass die industrielle Produktionsweise auch neue Probleme geschaffen hat …

M5 **Arbeitsplätze schaffen,** Karikatur von Erik Liebermann, 1981

4 Erläutere mithilfe des Darstellungstextes S. 42, wie sich die industrielle Produktionsweise auf die Aufgabenverteilung von Frauen und Männern zu Hause auswirkt.

5 Sieh dir M3 an und beschreibe, wie die Aufgaben in diesen Beispielen verteilt sind.

6 Vergleiche mit der Aufgabenverteilung in der Jungsteinzeit (siehe M6, S. 36).

7 Überlege anhand von M4, welche Verbindungen in der Karikatur zum Thema Arbeitslosigkeit hergestellt werden.

8 Welche Probleme der Industriegesellschaft sprechen M5 und M6 an? Schreibe einen Bericht und beziehe auch M4 mit ein.

M6 **Kohlekraftwerk,** Foto, 1992

Einführung in die Geschichte – ein Überblick

Epochen in der Geschichte

Historiker ordnen die unendliche Menge von Themen und Quellen mithilfe von Zeitrechnungen.
Die Vorgeschichte beginnt mit den Anfängen der Menschheit und endet mit den ersten Funden schriftlicher Überlieferungen (um 3000 v. Chr.).
Dann folgt die Antike (bis etwa 500 n. Chr.). Sie umfasst vor allem die griechische und die römische Geschichte.
Das *Mittelalter* steht zwischen Antike und Neuzeit (ca. 500 n. Chr. bis 1500 n. Chr.). Die *Neuzeit* beginnt um 1500 und reicht bis in die Gegenwart.

Spuren unserer Vorfahren

Die ältesten Spuren des Menschen sind rund vier Millionen Jahre alt. Der heutige Mensch (= Jetztzeitmensch oder Homo sapiens sapiens) entwickelte sich allerdings erst vor 150 000 Jahren im warmen Klima Afrikas. Nach Europa kam er vor etwa 40 000 Jahren.

Leben in der Altsteinzeit: Sammeln und Jagen

In der Altsteinzeit, die vor ungefähr zwei Millionen Jahren begann, lebten die Menschen von dem, was die Natur ihnen bot. In die Natur griffen sie kaum ein. Sie sammelten Essbares, jagten Tiere und lebten als Nomaden. Sie nutzten als Erste das Feuer und stellten Werkzeuge aus Stein, Knochen und Holz her. In dieser Epoche der Menschheitsgeschichte wechselte das Klima mehrmals zwischen Warm- und Kaltzeiten. Mit dem Ende der letzten Kaltzeit um 9000 v. Chr. ging auch die Altsteinzeit zu Ende.

Leben in der Jungsteinzeit: Ackerbau und Viehzucht

Seit etwa 9000 v. Chr. veränderten die Menschen ihre Lebensweise und wurden sesshafte Ackerbauern und Viehzüchter. Warum sie das machten, ist nicht bekannt. Die jungsteinzeitliche Lebensweise entstand im Vorderen Orient und veränderte als Erste die Natur: Die „Jungsteinzeitler" rodeten Wälder, legten Moore trocken, züchteten Tiere und Pflanzen und siedelten in Dörfern. Ihre Weide- und Ackerflächen dehnten sie auf Kosten der Wälder immer mehr aus. Den Wandel bezeichnen Forscher als „Neolithische Revolution".

Leben in der Jungsteinzeit – ein Rätsel

Im folgenden Text über das Leben in der Jungsteinzeit sind eine Reihe von Buchstaben ausgelassen. Wenn du sie findest und die richtigen Buchstaben nacheinander aufschreibst, erhältst du als Lösungswort einen wichtigen Schritt in der Entwicklung der Menschen.

Auf dem Speisezettel st■nden Erdbeeren, Himbeeren, Brombeeren, Haselnüsse ■nd Walnüs■e, Bucheckern und Eicheln, Kastanien und Äpfel. In Tongefäßen fand man Hirse und Gerste. Diese wurden ■edoch nicht nur geb■cken, sond■rn auch zu Bier ver■oren. Emm■r, Dinkel und Weizen e■gaben Getreidebreie und Flade■brote. Dem grob gemahlenen Korn setzten die Fra■en wohl Lei■samen aus Flachs zu. Man musste sicher gehörig auf ■iesen Fladen herumkauen, die in heißer A■che geb■cken wurden. Öl gewann ■an aus Mohn. Erbsen, Bohnen und Linsen ergänzten den Bedarf an wichtigen Aufbaustoffen. Sicher gab es auch gebratenes, gekochtes und geröstetes Fleisch auf de■ „Mittagstisch". Mit Ho■zspaten und Hack■n, hölze■nen Hauwerkzeugen und S■cheln, dere■ Schneide■ aus gezähnten Feuerstein■n waren, bearbeitete■ die Menschen den Boden. Die Familien lebten zusammen mit Schafen, Ziegen, Schweinen, Rin-

Wir wiederholen zentrale Begriffe und Methoden

Von der Metallzeit zur Industriegesellschaft heute

In der Metallzeit, die im Vorderen Orient im 4. Jahrtausend v. Chr. begann, verarbeiteten Menschen erstmals Metalle, teilten die Arbeit in viele Berufe auf und organisierten einen Fernhandel. In der Metallzeit finden wir erste Spuren unserer Industriegesellschaft, die sich seit der Industriellen Revolution vor etwa 200 Jahren herausgebildet hat. Das Leben in der Industriegesellschaft hat uns viele Vorteile gebracht – zugleich „nagt" es aber an den Grundlagen unserer Existenz: Viele Pflanzen und Tiere sind ausgestorben, Wasser, Boden und Luft verunreinigt. – Wird der Homo sapiens sapiens die Erde für alle bewohnbar halten?

Quellen–Überreste–Traditionen S. 11

Schöpfung S. 14

Archäologin/Archäologe S. 16

Nomadentum S. 29

Neolithische Revolution S. 34

Ausgrabungen S. 20 f.

Informationen sammeln S. 32

Ein Rollenspiel organisieren S. 39

dern. Knochen und Ge■eihe von Hirsch, Elch ■nd Reh, Ur und Wisent sowie Zähne von Bä■en und Wölfen zeigen, ■ass die jungsteinzeitlich■n Menschen auf Jagd ginge■. Bestimmt trugen sie im Winter stolz den Pelz von Luchs, Dachs oder Wolf. Schön gearbeitete Pfeile, ■ogen aus Eichenholz, Speere, Beilhämmer und Doppeläxte waren ihre Waffen. Die Fr■uen benutzten einfache Geräte zum Spinnen, zum Sp■len des Garns und zum Weben. Sie wollt■n wohl ihre Familie nicht meh■ in Tierfelle kleide■.

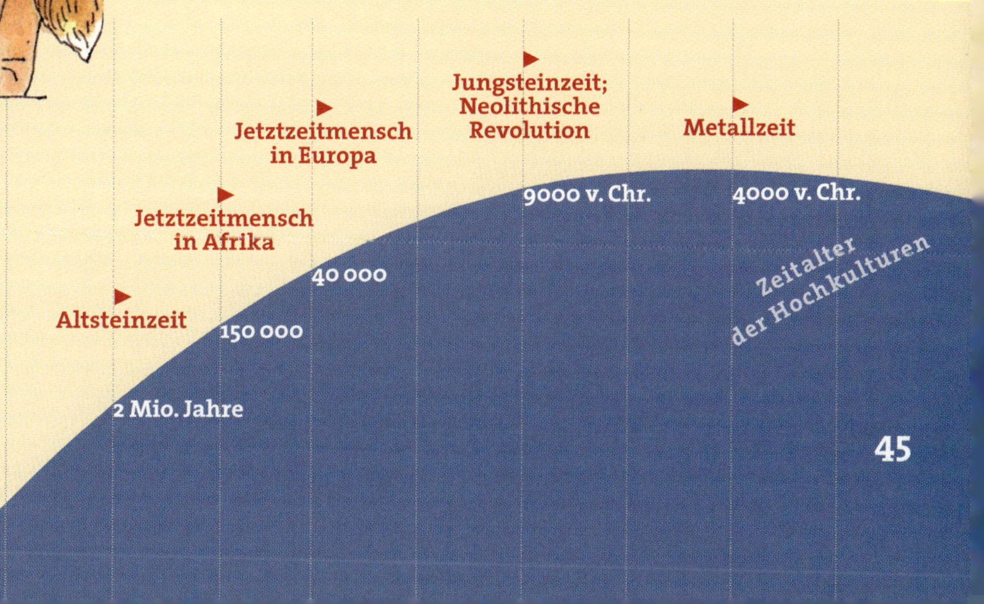

Ägypten – eine frühe Hochkultur

Stellen wir uns vor, der libysche Beduinenjunge Nimrot trifft in Oberägypten das ägyptische Mädchen Nefru. Gemeinsam beobachten sie den Transport einer Statue, von dem uns das Bild einen Eindruck vermittelt.

Nimrot: Warum wirbeln denn hier so viele Menschen umher? Solche Massen kenne ich gar nicht.

Nefru: Die sind alle bei der Arbeit. Sie transportieren die Statue zu unserem Tempel. Und damit alles klappt, müssen alle helfen und jeder hat seine besondere Aufgabe. Schau, da rechts, die vielen Arbeiter. Sie ziehen die Figur.

Nimrot: Und wer sind die Herren da links?

Nefru: Das sind Beamte. Sie führen die Aufsicht und lassen sich dabei von den Soldaten helfen – du siehst sie da hinten in Reih und Glied stehen.

Nimrot: Und wen stellt die große Figur dar?

Nefru: Das ist unser Gaufürst. Er regiert unseren Bezirk und über ihm ist nur noch unser Pharao. Unseren Pharao verehren wir wie einen Gott …

Nimrot: … also so etwas wie unser Stammesältester?

Nefru: Ich weiß nicht, wie das bei euch ist. Aber unser Pharao steht an der Spitze unseres Staates und hat eine Verwaltung und Beamte – solche Herren wie da links eben. Wir brauchen sie, weil bei uns viele Menschen auf dem engen Raum an den Ufern des Nil zusammenleben. Da muss alles gut organisiert sein. Wie auch beim Bau der Pyramiden.

Nimrot: Was sind denn Pyramiden?

Nefru: Die wirst du bei uns auch noch sehen.

Nimrot: Also irgendwie ist das bei euch alles anders …

1 Beschreibe, was auf der Abbildung zu sehen ist und stelle Vermutungen über das Leben der alten Ägypter an. Nimm das Gespräch zwischen Nimrot und Nefru zu Hilfe.

2 Formuliere Fragen, die sich für dich aus der Bildbeschreibung und dem Gespräch ergeben.

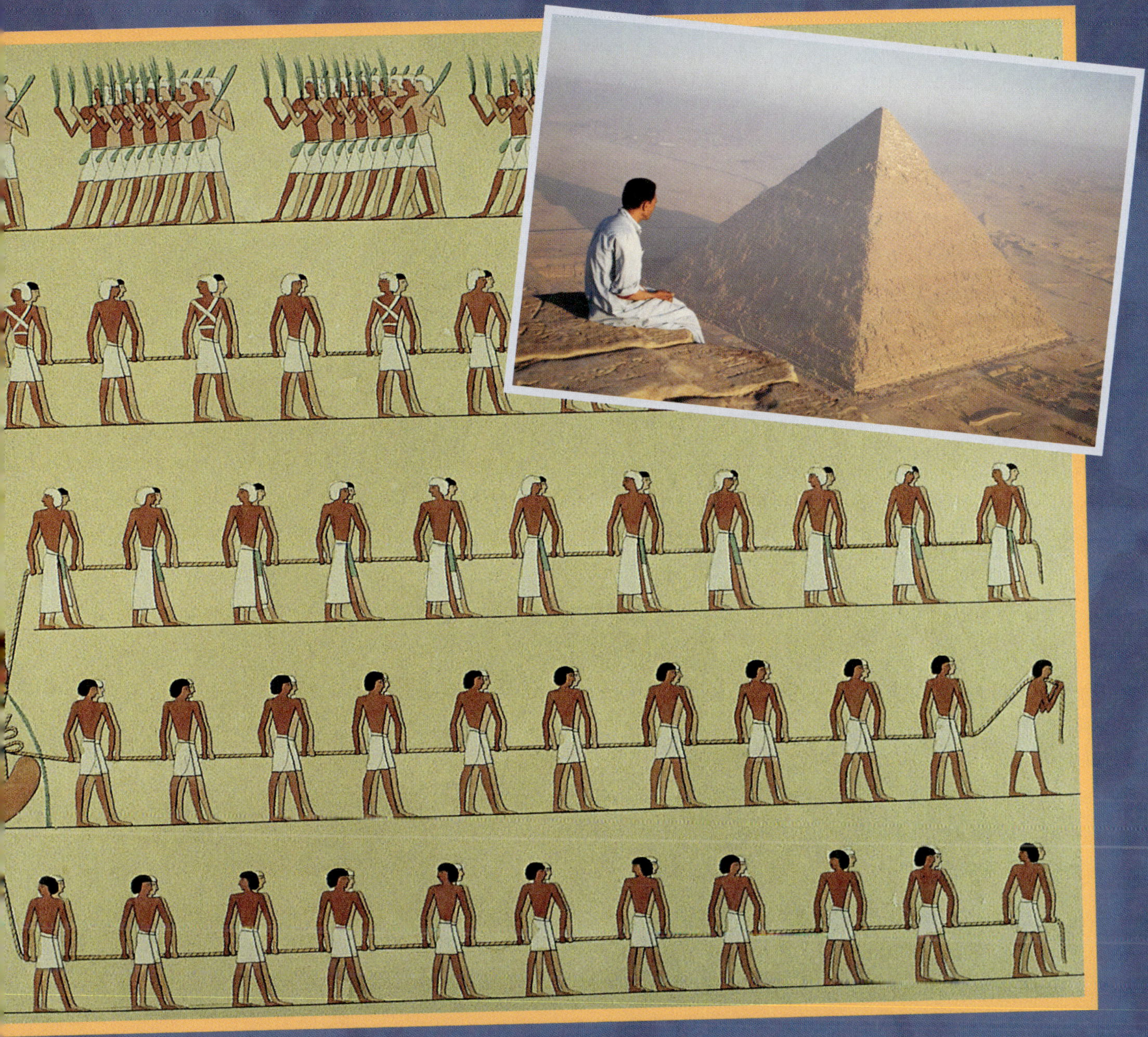

◄ Frühe Hochkulturen in Ägypten und Mesopotamien

◄ Bau der Pyramiden in Ägypten

Der ägyptische Staat gerät ► unter die Herrschaft des Römischen Reiches

3000 v. Chr.

2500 v. Chr.

2000 v. Chr.

1500 v. Chr.

1000 v. Chr.

30 v. Chr.

Der Nil – Leben nach den Regeln des Flusses?

Das Niltal wird besiedelt

ALs vor etwa 9000 Jahren die Warmzeit begann, trockneten große Teile Nordafrikas allmählich aus und wurden zur Wüste. Einige Menschen passten sich diesen erschwerten Lebensbedingungen an und lebten mit ihren Viehherden als Nomaden in diesen kargen Gebieten. Die meisten Menschen verließen die Wüste und ließen sich als Bauern an den wasserreichen Ufern des Nil nieder.
Während der Regenzeit im Juni strömten in Afrikas tropischen Gebieten ungeheure Wassermassen zum Nil. In dieser Zeit stieg der Nil um etwa 5 bis 7 Meter. Ende September, wenn er in sein Flussbett zurückgekehrt war, blieb zu beiden Seiten des Ufers eine Schlammschicht zurück. Die Menschen erkannten schnell, dass diese Schlammschicht sehr fruchtbar war und sich besonders gut als Ackerboden eignete. Sie pflügten und wässerten die Äcker, säten Getreide und bauten vielerlei Pflanzen an. Vier Monate später konnten das Korn geschnitten, Linsen, Bohnen, Trauben, Datteln und Feigen geerntet werden. Von März bis Juni lag das Land brach.
Die Höhe der Flut entschied über die „fetten" und die „mageren" Jahre. Oft machte eine zu große Überschwemmung die Ernte zunichte, eine zu geringe hatte eine Hungersnot zur Folge. So konnte der Nil zum Segen, aber auch zum Verhängnis werden.
Um sich von den Unwägbarkeiten des Nil unabhängiger zu machen mussten die Menschen Deiche, Kanäle und Staudämme bauen. Dazu war es notwendig, dass die Ägypter ihr Zusammenleben genau organisierten und die Arbeit untereinander aufteilten.
Im Lauf der Zeit entdeckten die Ägypter, dass es von einer Nilüberschwemmung bis zur nächsten 365 Tage dauerte. Aus dieser Erkenntnis entwickelten sie einen Kalender, der im Prinzip noch heute Gültigkeit hat.

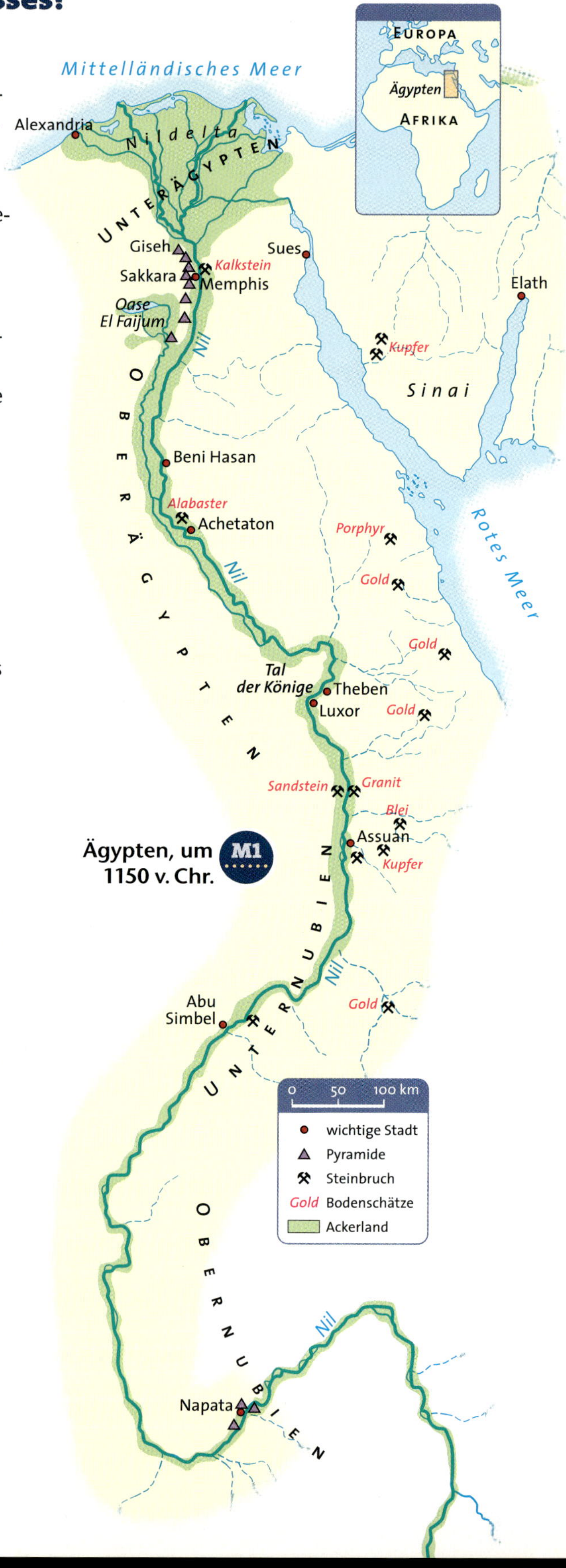

M1 Ägypten, um 1150 v. Chr.

1 Beschreibe mithilfe von M1 und M4, unter welchen Bedingungen die Menschen am Nil lebten.

2 Finde mithilfe des Darstellungstextes heraus, warum sich die Menschen am Nil angesiedelt haben.

3 Wie haben die Ägypter die Regeln des Nil für ihr Überleben genutzt?

M2 **Bauern bei der Bewirtschaftung des Niltales,** Malerei aus dem Grab des Nacht, um 1425 v. Chr.

M3 Der Nil bestimmt das Leben

Ein Lied über den Nil aus dem 2. Jahrtausend v. Chr.:

Sei gegrüßt, Nil, hervorgegangen aus der Erde,
gekommen um Ägypten am Leben zu erhalten!
Herr der Fische, der die Zugvögel stromauf ziehen
lässt, der Gerste schafft und Bohnen entstehen lässt.
Wenn er faul ist, dann werden die Nasen verstopft
und jedermann verarmt.
Wenn er habgierig ist, ist das ganze Land krank,
Große und Kleine schreien.
Beständig an Regeln kommt er zu seiner Zeit
Ober- und Unterägypten zu füllen.
Der die Menschen kleidet mit dem Flachs[1],
der den Webergott seine Erzeugnisse herstellen lässt
und den Salbengott sein Öl.
Alle Erzeugnisse werden aus ihm hervorgebracht.
… Fließe, Nil! Man opfert dir.
Komm nach Ägypten! Auf, Verborgener!
Der Menschen und Tiere am Leben erhält
mit seinen Gaben des Feldes.

Zit. nach Jan Assmann (Hg.), Ägyptische Hymnen und Gebete (Kohlhammer) Zürich 1975, S. 500 ff. Bearb. d. Verf.

1 Pflanze zur Herstellung von Leinen

M4 **Nillandschaft heute,** Foto, 1994

4 Der Nil war Segen und Verhängnis der Ägypter. Begründe dies anhand des Darstellungstextes und M3.

5 Beschreibe die Tätigkeiten und Werkzeuge in M2. Vergleiche die Werkzeuge mit denen der Bauern in der Jungsteinzeit (siehe S. 34/35).

6 Informiere dich anhand eines Lexikons über die Geschichte des Kalenders.

7 Stellt euch vor, die letzte Nilüberschwemmung hat einen großen Teil eurer Ernte vernichtet. Bildet einen Dorfrat und überlegt, wie ihr die Überschwemmung im nächsten Jahr besser in den Griff bekommt.

M1 **Bauern werden bei der Arbeit auf dem Feld von einem Schreiber beaufsichtigt,** Malerei aus dem Grab des Nacht, um 1425 v. Chr.

Der Aufbau der ägyptischen Gesellschaft

M2 Zwei Sichtweisen – Ein Bauer und ein Schreiber berichten aus ihrem Leben

Die folgenden Berichte sind frei erfunden. Sie könnten aber, wie wir aus Quellen wissen, um 2500 v. Chr. so ähnlich entstanden sein.

Ein ägyptischer Bauer berichtet aus seinem Leben:

2A Meine ganze Familie arbeitet in der Landwirtschaft. Wir beackern als Pächter das Land, das dem Pharao gehört. Den größten Teil der Ernte müssen wir in den staatlichen Speichern abgeben. In einem guten Jahr können wir zweimal ernten. Schlimm ist es, wenn wir nach einer schlechten Ernte nicht genügend Getreide abliefern können. Dann kann es Prügel vom Aufseher geben oder wir müssen unmenschliche Arbeit in den Bergwerken verrichten – wie die Sklaven. Während der Überschwemmung des Nil sind unsere Äcker überflutet. Dann müssen wir beim Pyramiden- oder Tempelbau mitarbeiten. Unsere tägliche Lebensmittelration bekommen wir in der Zeit vom Staat.

Verfassertext

Ein ägyptischer Schreiber hat Folgendes aufgeschrieben:

2B Nur wenige Menschen bei uns können lesen, schreiben und rechnen. Deshalb sind wir Schreiber sehr angesehen. Wir gehören zur gesellschaftlichen Schicht der Beamten und handeln im Auftrag des Pharaos. Bei der Verwaltung unseres Staates erfüllen wir wichtige Aufgaben: Wir vermessen das Land, kontrollieren die Viehbestände und Getreidevorräte, sorgen für die pünktliche Abgabe der Steuern und halten alles schriftlich fest. Zu unseren Aufgaben gehört es auch, die Arbeit der Bauern auf dem Feld zu beaufsichtigen. Ihnen gegenüber haben wir Macht und Verantwortung. Von unserer Zuverlässigkeit hängt das Wohl des ganzen Landes ab.

Verfassertext

1 Beschreibe die Szenen in M1. Achte besonders auf die Tätigkeiten und die Gegenstände.

2 Überlege, was an M1 über die Stellung der Bauern in der ägyptischen Gesellschaft zu erkennen ist. Notiere deine Überlegungen.

3 Beschreibe anhand von M2 die Tätigkeiten des Bauern und des Schreibers und erkläre, wie sie miteinander zusammenhängen.

4 Vergleiche deine Notizen aus Aufgabe 2 mit den Aussagen des Bauern und des Schreibers aus M2. Gibt es Unterschiede?

5 Stellt euch folgende Situation vor: Der Aufseher behauptet, die Bauern seien träge und faul. Der Bauer behauptet, die Aufseher seien überflüssig. Entwerft Gespräche zwischen beiden und spielt sie durch. Zieht M1 mit heran.

Arbeiter in einem Kornspeicher, Modell aus der Zeit um 2200 v. Chr. M3

Die Ägypter – eine ungleiche Gesellschaft?

Die große Mehrheit der ägyptischen Gesellschaft bestand aus Bauern und Bäuerinnen. Die Landwirtschaft war die Lebensgrundlage der Bevölkerung. Die erwirtschafteten Nahrungsüberschüsse wurden in Vorräten angelegt. Sie sicherten auch das Überleben der Menschen, die nicht in der Landwirtschaft arbeiteten. Dadurch war es möglich geworden, dass sich Menschen auf bestimmte Aufgaben spezialisierten. Handwerker stellten zum Beispiel Geräte für die Landwirtschaft her. Arbeiter und Arbeiterinnen waren in Spinnereien, Webereien, im Hafen, in Speichern und vor allem beim Bau der Kultstätten wie zum Beispiel Pyramiden und Tempel beschäftigt. Architekten und Landvermesser bereiteten den Bau von Tempeln und Pyramiden vor. Mathematiker entwickelten die dafür nötigen Grundlagen der Geometrie. Händler kauften und verkauften Produkte innerhalb und außerhalb des Landes. So entstand eine Arbeitsteilung zwischen Landwirtschaft, Handwerk, Handel und Wissenschaft. Für den Schutz dieser Gruppen und deren Versorgung in Notzeiten, wie zum Beispiel bei Hungerkatastrophen oder in Kriegen, sorgten Menschen in Heeres- und Verwaltungsstellen. Zu ihrer Versorgung mussten Abgaben (Steuern) von den Berufsgruppen geleistet werden, die etwas herstellten. Es entstand eine „Abgaben- und Vorratswirtschaft".

Arbeitsteilung und Kooperation

Arbeitsteilung bezeichnet die Gliederung der Gesellschaft in verschiedene Berufe (zum Beispiel Bauern, Handwerker, Händler). Diese Form des Zusammenlebens bildete sich in Ägypten um etwa 3000 v. Chr. heraus. Sie ist ein typisches Merkmal der frühen Hochkulturen.

Kooperation bezeichnet die planvolle Zusammenarbeit von Menschen um ein bestimmtes Ziel, zum Beispiel die Versorgung der gesamten Gesellschaft mit Lebensmitteln, zu erreichen. Kooperation und Arbeitsteilung gehören eng zusammen.

M4 **Müllerin,** Kalksteinfigur, um 2600 v. Chr. Das Mahlen kleinerer Getreidemengen war grundsätzlich Frauenarbeit.

6 Zeige an M3, inwieweit die ägyptische Gesellschaft von Arbeitsteilung und Kooperation geprägt war. Nimm den Kasten zu Hilfe.

7 Stelle die im Darstellungstext genannten Gruppen und ihre Tätigkeiten zusammen und erkläre, wie gesellschaftliche Unterschiede in Ägypten entstanden sind.

Staat und Gesellschaft

Der Staat, der Pharao und seine Helfer

Die ägyptischen Könige wurden Pharaonen genannt. Pharao bedeutet „großes Haus" und war die ursprüngliche Bezeichnung für den Königspalast. Die Pharaonen standen an der Spitze des Staates, der nach seiner Ausdehnung als Flächenstaat bezeichnet wurde. Die Pharaonen waren für die Bewässerung, die Nahrungs- und Vorratsbeschaffung und den Frieden im Inneren des Landes und nach außen verantwortlich.

So viele Fähigkeiten konnte nach Auffassung der Ägypter nur ein übermenschliches Wesen besitzen. Daraus ergab sich, dass die Ägypter den Pharao als Gott verehrten. Seit etwa 2500 v. Chr. trugen die ägyptischen Könige den Titel „Sohn des Re". Der Gott Re war für die Ägypter der Sonnengott, der die Welt erschaffen hatte und sie beherrschte. Alle Bewohner Ägyptens waren dem Gottkönig untergeben, hatten seinen Weisungen zu gehorchen und damit dem Land einen Dienst zu leisten. Alle waren Untertanen, aber nicht alle waren gleichgestellt.

Herrschaft

Bezeichnung für die Ausübung von Macht über Untergebene und Abhängige. Im ägyptischen Staat bedeutete das zum Beispiel, dass der Pharao die Macht hatte allen Menschen in seinem Reich Befehle zu erteilen. Die Menschen erkannten seine Herrschaft an, weil er eine gottähnliche Stellung hatte.

Staat, Verwaltung

Als Staat wird eine Form des Zusammenlebens bezeichnet, bei der eine Gruppe von Menschen – das Volk – in einem abgegrenzten Gebiet nach einer bestimmten Ordnung lebt. Der ägyptische Staat gilt als einer der ersten Staaten, die wir kennen.

In jedem Staat gibt es Menschen, die den Staat verwalten. Die Verwaltung des ägyptischen Staates übernahmen Beamte. Sie trieben zum Beispiel Steuern ein und überwachten den Bau der Tempel. Auch wir haben eine Verwaltung mit Dienststellen (Behörden) und Staatsbediensteten (Beamte, Angestellte).

M5 **Pharao Tutanchamun.** Ausschnitt aus seinem goldenen Sarkophag, um 1330 v. Chr.
Als Herrschaftszeichen trägt er den Krummstab und die Geißel wie der Gott Osiris.

8 Schildere deinen Eindruck bei der Betrachtung von M5. Worin zeigen sich Macht und Herrschaft? Nimm die Bildlegende zu Hilfe.

9 Untersuche mithilfe des Darstellungstextes, worin sich die Macht der Pharaonen zeigte.

Wie entstand die staatliche Hierarchie?

Die Verwaltung des Landes erforderte unterschiedliche Tätigkeiten, die von Beamten, wie den Schreibern, ausgeführt wurden. Hohes Ansehen genossen Priester und hohe Beamte, die für den Bau und die Verwaltung der religiösen Kultstätten, wie die Tempel, verantwortlich waren. Hatten hohe Beamte auch noch militärische Aufgaben zu übernehmen, gelangten sie oft zu großer Macht. Der höchste Beamte des Staates war der Wesir. Er handelte als Stellvertreter des Pharaos.
Als Lohn für ihre Dienste erhielten die hohen Amtsträger landwirtschaftliche Güter und villenähnliche Wohnanlagen, die ihnen ein luxuriöses Leben ermöglichten. Sie herrschten über Bauern, Arbeiter, Handwerker und die in Ägypten sehr geringe Zahl von Sklavinnen und Sklaven. In Staat und Gesellschaft entstand eine hierarchische Ordnung.

Hierarchie
griechisch: „heilige Herrschaft". Eine Rangfolge oder stufenmäßig aufgebaute Ordnung, in der Befehle von oben nach unten gegeben und von der nächstniedrigeren Stufe ausgeführt werden müssen.

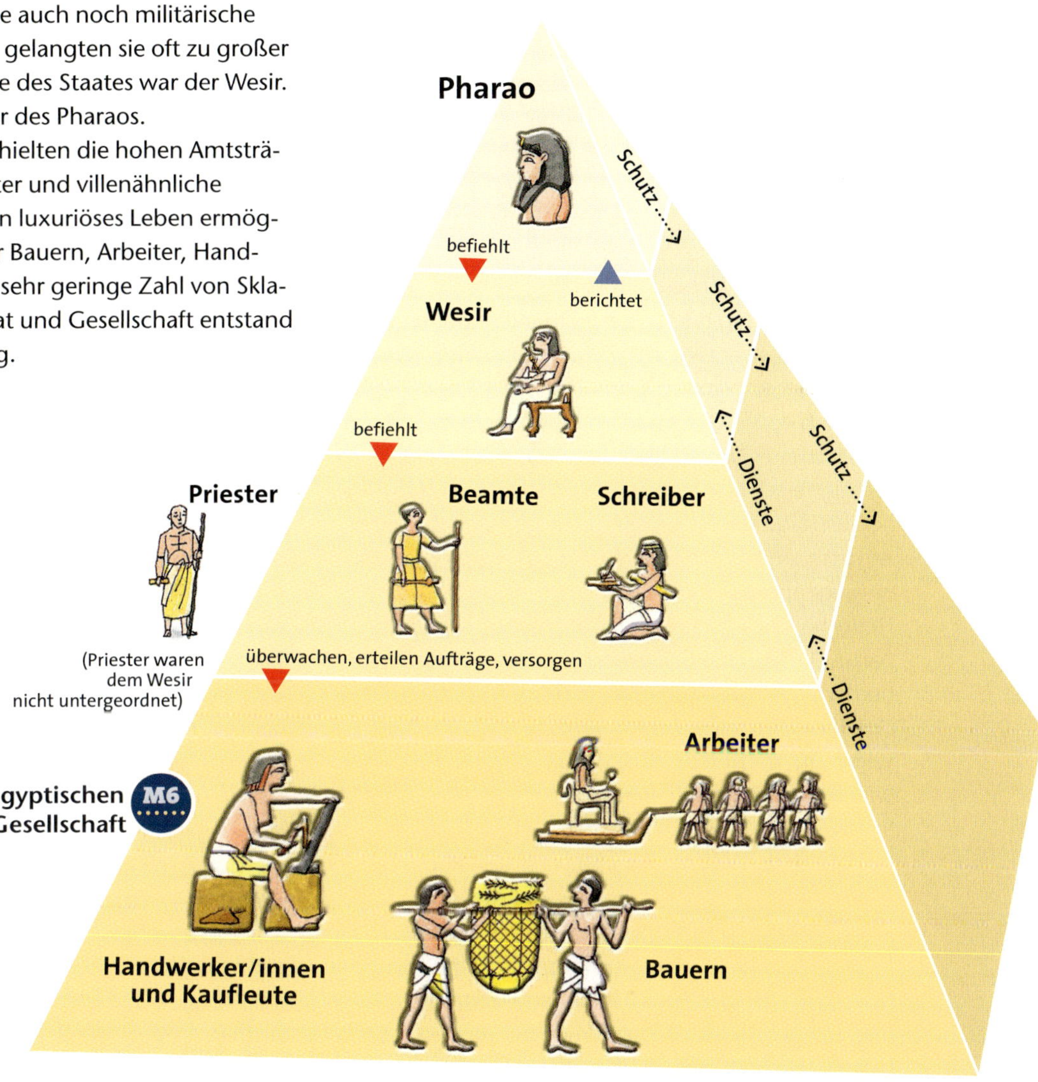

M6 Der Aufbau der ägyptischen Gesellschaft

10 Erarbeite anhand des Darstellungstextes, wie sich eine hierarchische Ordnung im ägyptischen Staat herausgebildet hat. Nimm den Kasten zu Hilfe.

11 Beschreibe M6. Präge dir die gesellschaftlichen Gruppen ein. Berichte deinem Nachbarn, deiner Nachbarin über den Aufbau der Gesellschaft.

12 Fasse den Aufbau der ägyptischen Gesellschaft schriftlich zusammen. Verwende dabei die Begriffe Staat, Verwaltung, Herrschaft und Hierarchie (siehe Kästen).

13 Entwerft und spielt alltägliche Dialoge zwischen Mitgliedern der verschiedenen gesellschaftlichen Gruppen. Nehmt M2 auf Seite 50 zu Hilfe.

Frauen in der ägyptischen Gesellschaft

M1 **Der Zwerg Seneb, Vorsteher der Weberei, mit seiner Frau und seinen Kindern,** Sandstein, um 2250 v. Chr. Die helle Hautfarbe vieler Frauendarstellungen weist darauf hin, dass sich die meisten Frauen mehr im Haus aufgehalten haben als die Männer.

Frauen in der Öffentlichkeit

„Bei ihnen sitzen die Weiber zu Markte und handeln, die Männer aber bleiben zu Hause und weben", schrieb der griechische Geschichtsschreiber Herodot, als er um 450 v. Chr. Ägypten besuchte. Nirgendwo sonst hatte er Frauen gesehen, die ihm so gleichberechtigt erschienen. Und deshalb kam er zu der Schlussfolgerung, „fast alle Sitten und Gebräuche in Ägypten sind der Lebensweise der anderen Menschen entgegengesetzt".

Heute wissen wir, dass Herodot richtig beobachtet hatte. Die Frauen im alten Ägypten waren den Männern im gesellschaftlichen und privaten Leben weitgehend gleichgestellt. Frauen vertraten sich vor Gericht selbst und durften eigenes Vermögen besitzen. Sie waren in vielen Berufen vertreten. So arbeiteten sie als Spinnerinnen, Perückenmacherinnen, Tänzerinnen, Richterinnen, Hebammen und vereinzelt auch als Ärztinnen.

Zu öffentlichen Ämtern wurden die Frauen jedoch fast nie zugelassen. Ob es Beamtinnen und Schreiberinnen gab, ist umstritten. Nur in Ausnahmefällen konnten Frauen Priesterin oder Pharao werden. Insgesamt verfügten sie aber über größere Freiheiten als später die Frauen im antiken Griechenland und im Römischen Reich.

Die „Herrin des Hauses"

Nach Auffassung der alten Ägypter war Hausarbeit klar und eindeutig Frauenarbeit. Hausmänner gab es nicht. Die verheiratete Frau trug den begehrten Titel „Herrin des Hauses". Ihre Aufgabe war es, zuverlässig dafür zu sorgen, dass der Alltag im Haus ihrer Familie reibungslos ablief. Damals wäre niemand auf den Gedanken gekommen diese Form der Arbeitsteilung innerhalb der Familie infrage zu stellen. Besonders in ärmeren ägyptischen Familien mussten die Frauen alle im Haus anfallenden Arbeiten wie Kornmahlen, Brotbacken, Wäschewaschen, Kleidernähen und Schafescheren selbst verrichten. Ihr halfen nur die unverheirateten Töchter und andere nahe weibliche Verwandte.

Andere Möglichkeiten hatten dagegen die Frauen in wohlhabenderen Familien. Sie konnten sich Diener und Dienerinnen für die Hausarbeit leisten, deren Arbeit sie selbst einteilen und beaufsichtigen mussten.

1 Schildere deinen Eindruck von der Darstellung des Ehepaares in M1. Wie ist das Verhältnis zwischen Mann und Frau wiedergegeben?

2 Erarbeite anhand der drei Abbildungen auf dieser Doppelseite, welche Berufe Frauen in Ägypten ausübten. Ziehe auch den Darstellungstext heran.

3 Prüfe anhand des Darstellungstextes, in welchen Berufen die ägyptischen Frauen nicht oder nur selten vertreten waren. Überlege, warum das so war.

4 Erkläre den Begriff „Herrin des Hauses" anhand des Darstellungstextes.

Hatschepsut – eine Frau wird Pharao

Standbild der Hatschepsut, um 1465 v. Chr. Sie trägt einen künstlichen Bart, ein gestreiftes Königskopftuch und ein Diadem mit einer aufgerichteten Kobra auf der Stirn. Damit war sie die einzige Frau, die sich in der Kleidung der männlichen Pharaonen darstellen ließ.

Nur von drei Frauen wissen wir genau, dass sie Ägypten als Königinnen regiert haben. Eine von ihnen war Hatschepsut, die Erste der Edlen Frauen, wie ihr Name sagt. Sie regierte 22 Jahre von 1490 bis 1468 v. Chr. Nach dem Tod ihres Gemahls Tuthmosis II. übernahm sie die Regierung stellvertretend für ihren minderjährigen Stiefsohn. Nach zwei Jahren ließ sie sich selbst zum „weiblichen Pharao" krönen. Den Begriff Pharaonin gab es bei den Ägyptern nicht. Hatschepsut gab ihrem Sohn das Amt nicht zurück, als er volljährig wurde.

Wir wissen aus Quellen, dass Hatschepsut bei ihrem Volk sehr angesehen war. Ein Regierungsbeamter schrieb nach ihrem Tod über sie: „Das Volk arbeitete für sie und Ägypten neigte das Haupt vor ihr." Während ihrer Regentschaft gab es keinen Krieg. Stattdessen ließ Hatschepsut Handels- und Erkundungsreisen durchführen. Die bekannteste Expedition* führte in das Land Punt, das heutige Somalia. Von dort brachten ihre Kundschafter kostbare Öle, wohlriechende Hölzer, Gold und Elfenbein mit nach Ägypten.

M2 Ägyptischer Ratschlag für die Männer

Der ägyptische Wesir Ptah-Hotep erteilte um 2000 v. Chr. folgenden Rat:

Wenn du weise bist, so behalte dein Heim, liebe deine Frau und streite nicht mit ihr. Ernähre sie, schmücke sie, salbe sie. Liebkose sie und erfülle alle ihre Wünsche, solange du lebst, denn sie ist dein Gut, das großen Gewinn bringt. Hab Acht auf das, was ihr Begehr ist, und das, wonach ihr der Sinn steht. Denn auf solche Weise bringst du sie dahin, es weiter mit dir zu halten. Widersprichst du ihr aber, so wird es dein Ruin sein.

Zit. nach Annette Kuhn (Hg.), Chronik der Frauen, Dortmund (Chronik Verlag) 1992, S. 71. Bearb. d. Verf.

5 Was empfiehlt der Wesir Ptah-Hotep in M2 den ägyptischen Männern? Welche Schlüsse kannst du daraus auf die Stellung der Frauen in der ägyptischen Gesellschaft ziehen?

6 Begründe anhand des Personenkastens, warum Hatschepsut beim Volk sehr angesehen war.

Gabenträgerin aus dem Grab des Mentuhotep, Holz, um 1900 v. Chr. M3

Ein Bild als Quelle

Was können Bilder erzählen?

Gemälde, Felszeichnungen, Wandmalereien und Abbildungen auf Gegenständen, z. B. Vasen, sind bildliche Quellen. Sie vermitteln dir eine anschauliche Vorstellung von früheren Zeiten und geben dir einen Einblick in den Alltag, in Gedanken, Wünsche und Ideen der Menschen.

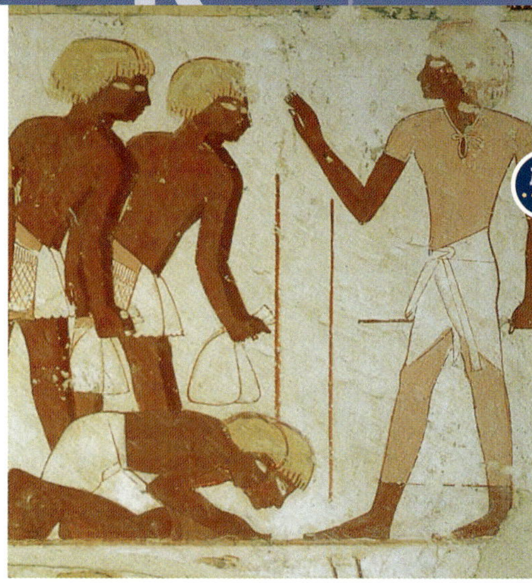

M1 **Bildlegende:** Ein Beamter (wahrscheinlich Userhat selbst) verteilt Lebensmittel an Soldaten. Malerei aus dem Grab des königlichen Schreibers Userhat, um 1400 v. Chr.

Arbeitsschritte Entschlüsselung eines Bildes

Bevor ein Bild zu dir „spricht", musst du dich genau mit ihm beschäftigen. Beachte: Nicht alle Fragen lassen sich bei jedem Bild beantworten. Am einfachsten ist es, wenn du in drei Schritten vorgehst:

1. Schritt: Die Einzelheiten des Bildes erfassen

Beschreibe die Einzelheiten des Bildes, indem du folgende Fragen beantwortest:
- Welche Personen sind dargestellt?
- Wie sind sie gekleidet?
- Welche weiteren Gegenstände oder Tiere sind zu sehen?
- Wo befinden sich die Personen und Gegenstände?

2. Schritt: Die Zusammenhänge erklären

Überlege, in welcher Beziehung die abgebildeten Personen, Tiere oder Gegenstände zueinander stehen. Findest du Merkmale, die auf bestimmte Eigenschaften, Beruf, gesellschaftliche Stellung der dargestellten Personen hinweisen?

3. Schritt: Zusätzliche Informationen über das Bild heranziehen

In der Bildlegende findest du wichtige Hinweise. Sie gibt dir Auskunft darüber, wer wann, für wen, warum ein Bild gemalt hat. Manchmal hat das Bild auch einen Titel.
Weitere Fragen lassen sich oft durch eine zusätzliche Textquelle klären.

An dem Beispiel M1 werden nun die drei Schritte erprobt

1. Auf dem Bild sind fünf männliche Personen zu sehen. Die rechte Person ist komplett bekleidet, während die vier anderen lediglich einen Lendenschurz tragen. Der Mann am rechten Bildrand steht den anderen in aufrechter Haltung gegenüber und hebt die rechte Hand. Die linke Hand umfasst einen Stock. Zwei Männer knien mit gesenkten Köpfen, die anderen beiden stehen leicht gebückt und haben gefüllte Säcke in den Händen.

2. Die unterschiedliche Kleidung lässt darauf schließen, dass es sich um Personen aus verschiedenen Gesellschaftsschichten handelt. Die leicht bekleideten Männer mussten vermutlich körperliche Arbeit leisten, während der vollständig bekleidete Mann eher einer höheren Schicht angehört. Diese Vermutung wird durch die Körperhaltung der Personen unterstützt. Die rechte Person zeigt durch die erhobene Hand, den Stock und die aufrechte Haltung, dass sie Macht hat. Die knienden Männer bitten um etwas, die beiden anderen drücken durch ihre Körperhaltung Dank aus.
Du weißt bereits einiges über den Aufbau der ägyptischen Gesellschaft (siehe Hierarchiepyramide auf S. 53).
Für die Bildaussage kannst du folgenden Schluss ziehen: Die rechte Person ist ein Beamter, der den Soldaten ihre Lebensmittel zuteilt. Die beiden stehenden Soldaten haben ihre Ration bereits bekommen und bedanken sich. Die zwei knienden Männer bitten den Beamten um ihre Zuteilung.

3. Das Bild wurde um 1400 v. Chr. gemalt. Es ist ein Wandgemälde aus dem Grab des Beamten Userhat. Das lässt darauf schließen, dass sich die abgebildete Szene so oder so ähnlich in seinem Leben ereignet hat. Der Künstler ist unbekannt. Bei unserem Beispiel M1 stellt sich die Frage, ob die Versorgung der Soldaten durch die Beamten immer so reibungslos verlief, wie die Abbildung M1 vermuten lässt. Vergleiche deshalb M1 mit der folgenden Textquelle M2:

M2 Beschwerde über einen Beamten

Brief eines Arbeiters von Deir el-Medineh an den Wesir Ta:

Ich teile meinem Herrn mit, dass ich an den Gräbern der Königskinder arbeite, deren Errichtung der Wesir befohlen hatte. Wir Arbeiter sind sehr elend geworden. Alle Sachen für uns, die das staatliche Schatzhaus, die Scheune und das Magazin uns liefern sollten, sind nicht verteilt worden. Nicht leicht ist das Tragen von Steinen! Man hat uns auch die 1 1/2 Sack Gerste fortgenommen um uns stattdessen 1 1/2 Sack Dreck zu geben! Möge mein Herr handeln, sodass wir leben können.

Zit. nach Arne Eggebrecht, Das alte Ägypten, München (Bertelsmann), 1984, S. 219.

1 Arbeite die Schritte zur Entschlüsselung eines Bildes und die anschließende Erklärung durch.
2 Untersuche, welche zusätzlichen Informationen M2 im Vergleich zu M1 enthält und fasse sie zusammen. Achte auf die Arbeitsbedingungen, den Lohn und die Forderung des Arbeiters.
3 Entschlüssele das Bild M3 mithilfe der drei Arbeitsschritte.

M3 **Ägyptische Familien auf dem Nil,** Wandmalerei aus dem Grab des Nacht in Theben, um 1425 v. Chr.

Herrschaft und Religion

Am Tor zum Jenseits

Bau einer Pyramide, **M1** Versuch einer Rekonstruktion, 1999. Die Pyramiden dienten als Grabstätten für die Pharaonen.

M2 Der Pharao – Herrscher oder Behüter?

Der griechische Geschichtsschreiber Herodot (um 485–425 v. Chr.) schrieb über den Bau der Pyramide für den Pharao Cheops, der um 2665 v. Chr. lebte:

2A [Cheops] hat alle Ägypter gezwungen für ihn zu arbeiten. Die einen mussten aus den Steinbrüchen im arabischen Gebirge Steinblöcke bis an den Nil schleifen. Über den Strom wurden sie auf Schiffe gesetzt und andere mussten die Steine weiterschleifen … 100 000 Menschen waren es, die jeweils daran arbeiteten … So wurde das Volk bedrückt und es dauerte zehn Jahre, ehe nur die Straße gebaut war, auf der die Steine dahergeschleift wurden, ein Werk, das mir fast ebenso gewaltig erscheint wie der Bau der Pyramide selbst. … Zehn Jahre vergingen also, bis diese Straße und die unterirdischen Kammern auf jener Höhe, auf der die Pyramiden stehen, gebaut waren. Die Kammern sollten seine Grabkammern sein … An der Pyramide selbst wurde 20 Jahre gearbeitet. Sie ist vierseitig und jede Seite acht Plethren [1 Plethron = 30,83 m] breit und ebenso hoch. Sie besteht aus geglätteten, aufs Genaueste ineinander gefügten Steinen, von denen jeder mindestens 30 Fuß lang ist.

Herodot 2, 124 ff. Zit. nach Geschichte in Quellen, Bd. 1, bearb. von Walter Arend, 3. Aufl., München (bsv) 1978, S. 15.

So wurde der Pharao Ramses II. (Regierungszeit 1290–1224 v. Chr.) von seinem Volk begrüßt:

2B Wir kommen zu dir, Herr des Himmels, Herr der Erde, du lebende Sonne des ganzen Landes, Herr der Lebensdauer, du Sonnengott der Menschheit, du Säule des Himmels, du Balken der Erde. Herr vielfacher Speisung. Du, der wacht, wenn alles schläft, dessen Kraft Ägypten errettet, der über die Fremdländer siegt und triumphierend heimkehrt, dessen Stärke Ägypten schützt. Geliebter der Wahrheit, der in seinen Gesetzen in ihr lebt, dessen Schrecken die Fremdländer weichen lässt, du, unser König, unser Herr.

Zit. nach Gottfried Guggenbühl (Hg.), Quellen zur Geschichte des Altertums, Zürich 1964, S. 16. Bearb. d. Verf.

1. Beschreibe den Pyramidenbau mithilfe von M1 und ergänze die Informationen des Bildes durch deine eigenen Kenntnisse.
2. Erarbeite anhand von M2A, wie Herodot den Pyramidenbau beschreibt. Welche Meinung vertritt er?
3. Überlege, warum die Ägypter die Strapazen beim Bau der Pyramiden auf sich nahmen. Was kannst du daraus über die Bedeutung des Pharaos ablesen? Vergleiche deine Vermutungen mit M2B.

M3 **Statuengruppe des Pharaos Mykerinos mit zwei Göttinnen,** um 2400 v. Chr.

Pyramiden – Häuser für die toten Pharaonen?

Touristen bestaunen auch heute noch die riesigen Pyramiden. Die um 2650 v. Chr. erbaute Cheopspyramide erhebt sich auf einer quadratischen Grundfläche von 230 Metern und ist 146 Meter hoch. Sie ist damit der größte Steinbau der Welt. Bis heute ist es nicht gelungen, eine technische Erklärung dafür zu finden, wie die Ägypter diese gewaltigen Bauwerke vor der Erfindung von Rad und Kran errichtet haben.
Die Geschichtsforscher gehen davon aus, dass sich die meisten Menschen trotz der großen Strapazen freiwillig am Bau der Pyramiden beteiligten. Das ist aus heutiger Sicht nicht leicht zu begreifen. Es wird aber verständlich, wenn man bedenkt, dass die Religion bei den Ägyptern eine große Rolle spielte. So glaubten sie erstens, ihr Leben hinge von der Gunst des göttlichen Pharaos ab und zweitens, jeder Mensch würde nach dem Tode weiterleben, auch der Pharao. Man war also auch nach dem Tod von der Gunst des Pharaos abhängig. Es konnte daher nur gut für das eigene Seelenheil sein, durch Mitarbeit am „Jenseitshaus" des Pharaos ein Stück von dessen Gunst zu erlangen – für das eigene Leben im Diesseits wie im Jenseits.

Lesetipp
David Macauly, Wo die Pyramiden stehen, München (dtv junior) 1996.
Mit interessanten Texten und Zeichnungen gibt der Autor Informationen und Anregungen zum Pyramidenbau.

4 Überlege anhand von M3, warum sich der Pharao Mykerinos mit zwei Göttinnen abbilden ließ. Ziehe auch den Darstellungstext heran.
5 Beschreibe mithilfe von M4 den Einsatz moderner Technik bei der Spurensuche in Ägypten. Informiere dich im Internet unter dem Stichwort „Upuaut".
6 Stell dir vor, du bist ein ausländischer Reporter, der im Jahr 2650 v. Chr. den Bau der Cheopspyramide beobachtet und Interviews mit den Helfern auf der Baustelle führt. Schreibe einen Bericht über den Bau und die Bedeutung der Pyramiden. Nimm M1, M2A und den Darstellungstext zu Hilfe.

M4 **Spurensuche mit moderner Technik.** Mithilfe seines Miniroboters „Upuaut" (zu Deutsch: der, der die Wege öffnet) hat der Techniker Rudolf Gantenbrink das Innere der Cheopspyramide untersucht.

Herrschaft und Religion

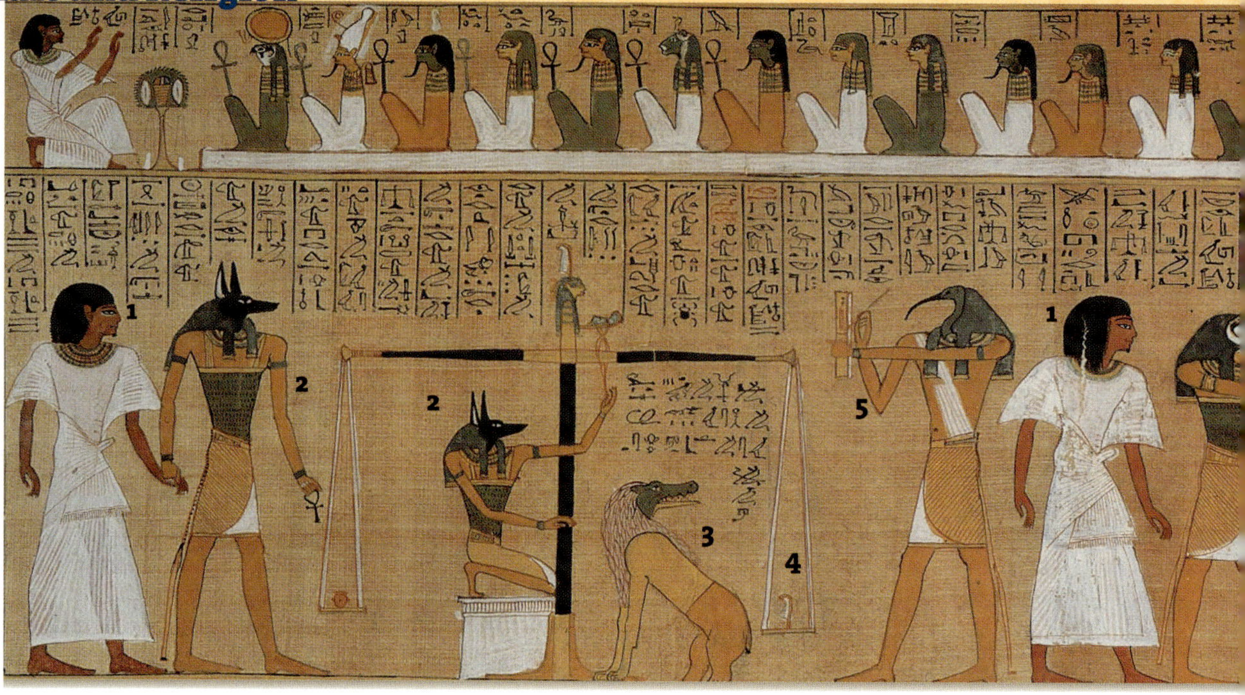

Leben nach dem Tod? – Die Religion der Ägypter

Unter den vielen Göttern und Göttinnen der Ägypter wird in der neueren Forschung eine Göttin besonders hervorgehoben: die Maat (sprich: Ma-at). Dargestellt wurde sie als zierliche Göttin mit einer Straußenfeder auf dem Kopf. Maat steht für Wahrheit, Gerechtigkeit und Ordnung. Herr der Maat war der Schöpfer- und Sonnengott Re. Da der König seit etwa 2500 v. Chr. als Sohn des Re galt, hatte er auch einen direkten Anteil an der Maat. Seine Aufgabe war es vor allem, das Schlechte zu vertreiben und die Maat zu verteidigen. Ging es dem Land und den Menschen gut, war das ein Zeichen von starker Maat, schlechte Zeiten bedeuteten wenig oder schwache Maat.

Auch das Leben des Einzelnen wurde von der Maat bestimmt. Grabinschriften lauten zum Beispiel: „Ich habe gemäß der Maat gehandelt. Ich habe dem Hungrigen Brot gegeben. Ich habe meinem Vater Respekt entgegengebracht.“ Dauerhaften Bestand hatte nach dieser Auffassung nur, was der Maat entsprach. Diese Vorstellung von der Maat ist auch im Totengericht wiederzufinden. Zur Vorbereitung darauf wurden den Toten Sprüche und Bilder auf oft meterlangen Papyrusrollen mit auf den Weg gegeben. Einfache Leute – und das waren die meisten – mussten sich allerdings ohne solche Jenseitsführer auf den Weg machen.

Herz gegen Feder – das Totengericht für den Schreiber Hunefer

Unter den überlieferten Bilddarstellungen gehört das Totengericht des Schreibers Hunefer in M5 zu den bekanntesten Überlieferungen. Hunefer kniet vor 14 sitzenden Göttern und erzählt aus seinem Leben. In der zweiten Szene wird Hunefer zur Waage geführt. Die dritte Szene zeigt, wie der Verstorbene zu Osiris gebracht wird.

In das Reich der Toten konnte er erst aufgenommen werden, wenn er eine Vielzahl von Unschuldsbeteuerungen abgegeben hatte wie: „Ich habe kein Unrecht gegen Menschen begangen. Ich habe keine Tiere misshandelt. Ich habe keinen Gott beleidigt. Ich habe nicht Schmerz zugefügt. Ich habe keine Tränen verursacht. Ich habe nicht getötet. Ich bin rein, ich bin rein, ich bin rein.“

7 Erkläre die Bedeutung des Begriffes Maat. Zeige, wie auch das Leben des Einzelnen von der Maat bestimmt war.

8 Überlege, was es für das Frauenbild der Ägypter bedeuten konnte, wenn eine Frau zu den wichtigsten Gottheiten gehörte. Ziehe Seite 54 f. mit heran.

M5 **Das Totengericht des Schreibers Hunefer,** Papyrus, um 1300 v. Chr.
Hunefer: durchläuft nach seinem Tod die Prüfungen des Totengerichts (1)
Anubis: mit dem Kopf eines Schakals, bereitet den Verstorbenen für den Eintritt in das Totenreich vor (2)
Ammit: mit dem Krokodilkopf, verschlingt den Verstorbenen, falls dieser die Prüfung nicht besteht (3)
Maat: Die Feder der Maat liegt auf der Waage. Das Herz des Verstorbenen muss leichter sein als die Feder, wenn er die Prüfung bestehen soll (4)
Thoth: mit dem Ibiskopf, Sekretär der göttlichen Handlung mit Schreibtafel und Schreibrohr (5)
Horus: mit Falkenkopf, führt den Verstorbenen vor den Thron des Osiris zur Urteilsverkündung (6)
Osiris: Herrscher des Jenseits, mit der Doppelfederkrone, Götterbart, Krummstab und Geißel als Herrschaftszeichen (7)
Isis: galt als ideale Ehefrau und Beschützerin der Kinder (8)
Nephthys: Herrin des Hauses, schützt Sarkophage (9)

Am Tor zum Jenseits – ein Rollenspiel
Spielt das Totengericht des Hunefer. Entwerft Texte zu den einzelnen Szenen. Ihr könnt sie auch als Hörspiel gestalten und mit dem Kassettenrekorder aufnehmen. Informiert euch noch mal auf Seite 39, wie ihr ein Rollenspiel organisiert.

M6 **Totenbarke,** Holz, um 2100 v. Chr. Mit Begräbnisschiffen wurden die Mumien reicher Ägypter zu ihren Gräbern auf die Westseite des Nil gefahren.

9 Überlege anhand von M5, wie sich dort die Vorstellungen der Ägypter von Hierarchie widerspiegeln.

10 Stelle dir vor, du bist ein Journalist. Beschreibe die einzelnen Phasen des Totengerichts in Form einer Reportage. Nimm den Darstellungstext „Herz gegen Feder“ und M5 zu Hilfe.

11 Überlege, wie sich der Totenkult der Ägypter auf das tägliche Leben ausgewirkt haben könnte.

12 Informiert euch mithilfe von Lexika, Sach- und Jugendbüchern, welche Vorstellungen von dem Leben nach dem Tod in anderen Ländern und Kulturen herrschen und berichtet in der Klasse darüber.

Technik und Wissenschaft

M1 **Bronzeherstellung in Ägypten,** Umzeichnung der Malerei aus dem Grab des Rechmire in Theben, 1996

Technischer Fortschritt – eine Fabrik im alten Ägypten

M2 Bronze für den Pharao

Bisher gingen die Geschichtswissenschaftler davon aus, dass es in Ägypten sehr kleine Handwerkerbetriebe gegeben hat. Neue Ausgrabungen zeigen, dass die ägyptische Technik sehr weit entwickelt war. Der Journalist Joachim Fritz-Vannahme schrieb 1996 in dem Artikel „Die Metallurgen des Pharaos":

Wie viele Handwerker des Pharaos passen auf ein altägyptisches Relief? Ein gutes Dutzend (zwölf) vielleicht, gewiss nicht viel mehr, denn sonst fehlt es einfach an Platz auf den ältesten Bildergeschichten der Welt. Auf der Malerei des Rechmire in den Jahren nach 1450 v. Chr. schüren und belüften kräftige Männer im Lendenschurz die Flamme, wuchten die Schmelztiegel und die Topfgebläse, beugen sich über Erz, Schlacke und Holzkohle, senken den Tiegel mit Rutenzangen ins Feuer und gießen endlich die Schmelze in die Gussform. Von rechts rollt der Nachschub, dazwischen durcheilen die Gießmeister die Szene. Und am Rande wacht der Boss in Schreibertracht, Meister Rechmire persönlich.

Eine Grabungsmannschaft des Hildesheimer Pelizaeus-Museums wirft nun ein neues, überraschendes Licht auf das antike Verfahren des Metallgusses. Die ruhigen Bilder vom Handwerkerfleiß erzählen gewiss eine wahre Begebenheit – und täuschen doch sehr. Denn im Nildelta, in der Ramsesstadt Pi-Ramesse, glühten die Öfen im großen Stil.

„Unsere Ausgrabungen in Ramsesstadt haben die größte Anlage zur Metallverarbeitung freigelegt, die wir bislang aus der Antike kennen", begeistert sich Grabungsleiter Edgar Pusch.

„Das hatte geradezu industrielle Dimensionen[1]. Hier wurde im straff organisierten Großbetrieb geschuftet … Wir müssen unser Wissen von den kleinen, feinen Handwerksbetrieben jetzt durch die Vorstellung einer Metallbearbeitung von riesigen Mengen ergänzen."

Das Hildesheimer Grabungsteam geht nach den Funden der vergangenen Jahre von einer Gießerei mit mindestens 30 000 Quadratmeter Fläche aus. Wie Kanäle dehnten sich die Feuerstellen und Schmelzbatterien auf 15 Meter Länge, eine Reihe neben der anderen. Nebenan auf diesem Gelände fanden sich Reste von Kreuzöfen, in denen offenbar Großgussformen hergestellt wurden. „In diesen Werkstätten konnte weit über eine Tonne Bronze pro Tag verarbeitet werden", berichtet Pusch. „Das hätte genügt um Türen vom Volumen eines Domportals innerhalb eines einzigen Tages herzustellen."

Joachim Fritz-Vannahme, Die Metallurgen des Pharaos, in: Die Zeit vom 05. 04. 1996, S. 33.

1 Ausmaße

Lesetipp
Ramses II. Machtentfaltung am Nil.
Und: Ägypten. Das Land der Pharaonen, Amsterdam (Time-Life) 1994.
Die Bücher geben einen guten Überblick über die Entwicklung Ägyptens zu einer Hochkultur und beschreiben Fortschritte in Wissenschaft und Technik.

1 Beschreibe anhand von M1 und M2 die Technik der Bronzeherstellung.
2 Die Fläche der Gießerei wird mit 30 000 Quadratmetern angegeben (M2). Vergleiche sie mit der Größe der Klasse, des Schulhofs, einer Wohnung, eines Fußballplatzes.
3 Stelle mithilfe von M2 fest, wie sich unser bisheriges Wissen von der ägyptischen Metallproduktion durch die neuesten Ausgrabungen verändert hat.
4 Nenne Bereiche hoch entwickelter Technik in der Gegenwart.

M3 Restaurierungsarbeiten in einer ägyptischen Grabkammer, Foto, 1997. Wandmalereien geben Auskunft über den Alltag und die Religion der Menschen. Durch neue Ausgrabungen wissen wir, dass die ägyptische Technik sehr weit entwickelt war.

Technik und Wissenschaft

M4 **Industrielle Großproduktion**, Zeichnung, 1999. In der Ramsesstadt Pi-Ramesse wurde die größte Produktionsanlage für Metall entdeckt. An sechs Schmelzbatterien und vier Brennöfen wurde tonnenweise Bronze produziert.

Gold – das Fleisch der Götter

Neben der Bronze war vor allem das Gold bei den reichen Ägyptern sehr begehrt. Goldminen im eigenen Land sorgten für Nachschub. Sein Glanz und seine Unvergänglichkeit verhalfen dem Gold zu hohem Wert. Wer Gold besaß, hatte in der ägyptischen Gesellschaft hohes Ansehen. Es wurde mit der Sonne gleichgesetzt. Die Ägypter glaubten, das Fleisch der Götter sei aus Gold. So war es mit dem Gedanken der Unsterblichkeit verbunden. Die Bedeutung des Goldes zeigt sich auch in den 110 Kilogramm reinen Goldes, die zur Verarbeitung und Innenausstattung des Sarkophages des Pharaos Tutanchamun (siehe S. 52) verwendet wurden.

M5 **Goldener Armreif mit großem Skarabäus,** um 1330 v. Chr. Diese Käfer wurden als heilige Tiere verehrt.

Hightech am Nil – einen Vortrag halten

Du hast auf den Seiten 62 bis 64 viel über die Herstellung und Verwendung von Bronze und Gold bei den alten Ägyptern erfahren.

a) Halte einen kleinen Vortrag zum Thema „Bronzeherstellung in Ägypten". Bereite dich vor, indem du dir anhand der Materialien M1, M2 und M4 Notizen machst.

b) Informiere dich mithilfe von Lexika und Sachbüchern über die Gewinnung und Verarbeitung von Gold. Ziehe die Karte S. 48, M1 und den Darstellungstext auf dieser Seite hinzu und berichte in der Klasse.

Mumien – Körper für die Ewigkeit

Mumifizierung – eine Wissenschaft für sich

Um 4000 v. Chr. bestatteten die Ägypter ihre Verstorbenen in einfachen Gruben im trockenen, salzhaltigen Wüstensand. Die Folge war, dass die Leichen austrockneten und auf natürliche Weise erhalten blieben. Für die ärmeren Menschen blieb es bei dieser „natürlichen Mumifizierung". Als die reichen Ägypter ab etwa 2500 v. Chr. dazu übergingen, ihre Toten aufwändiger in Holzsärgen zu bestatten, gab es keinen direkten Kontakt mehr zwischen der Leiche und dem Wüstensand. Die Folge war, dass der Körper Feuchtigkeit anzog und die Leiche schneller verweste.
Die Ägypter waren davon überzeugt, dass ein Verstorbener im Jenseits ein Leben weiterführte, das dem auf Erden glich. Deshalb war es wichtig, dass der Körper erhalten blieb. Die Seele, die nach der Vorstellung der Ägypter den Körper beim Tod verlässt, konnte so zurückkehren. Dieser tief verwurzelte Glaube führte zur Entstehung wohl durchdachter Begräbnisrituale wie z. B. der Mumifizierung. Kein Volk der Erde hat diese Wissenschaft so weit entwickelt wie die Ägypter.

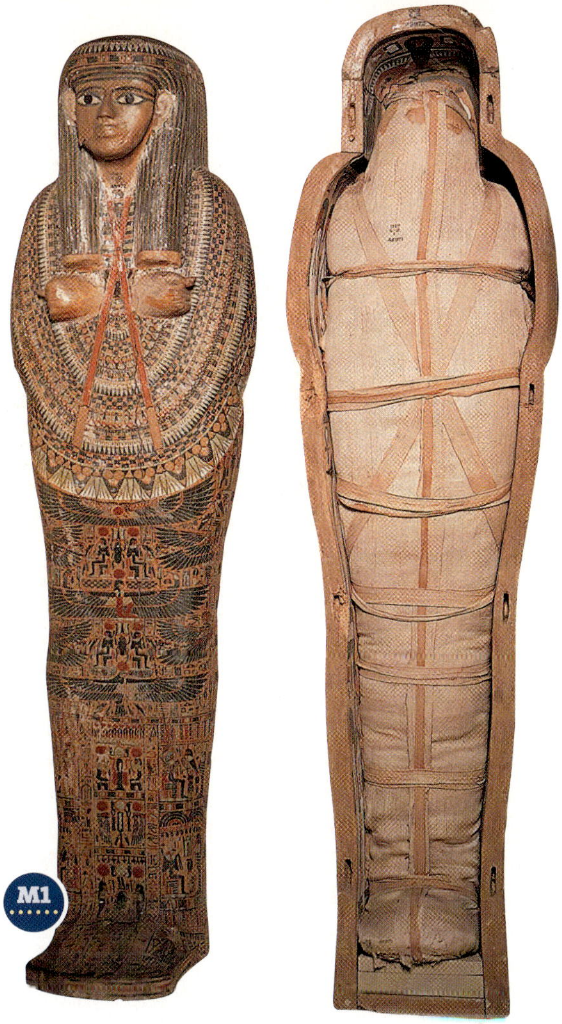

Geöffneter Mumiensarg, um 1000 v. Chr. **M1**

M2 Die Technik der Mumifizierung

Der griechische Geschichtsschreiber Herodot (um 485–425 v. Chr.) berichtete nach der Rückkehr von einer Reise aus Ägypten über die Mumifizierung:

Es gibt besondere Leute, die dies berufsmäßig tun. Zu ihnen wird die Leiche gebracht … Zuerst wird mit einem gekrümmten Eisendraht das Gehirn durch die Nasenlöcher herausgezogen, teils auch mittels eingegossener Flüssigkeiten. Dann macht man mit einem scharfen Stein einen Schnitt in die Leiche und nimmt die Eingeweide heraus. Sie werden gereinigt, mit Palmwein und dann mit zerriebenen Gewürzen durchspült. Dann wird der Magen mit reiner geriebener Myrrhe, mit Zimt und mit anderen Gewürzen … gefüllt und der Bauch zugenäht. Nun legen sie die Leiche siebzig Tage ganz in eine Salzlösung … Sind sie vorüber, so wird die Leiche gewaschen, der ganze Körper mit Streifen von Leinwand umwickelt und mit Gummi bestrichen, was die Ägypter anstelle von Leim zu verwenden pflegen. Nun holen die Angehörigen die Leiche ab, machen einen hölzernen Sarg in Menschengestalt und legen die Leiche hinein.

Zit. nach Hans W. Haussig (Hg.), Herodot. Gesamtausgabe, Stuttgart (Kröner) 1955, 2. Buch, S. 86. Bearb. d. Verf.

1. Beschreibe M1. Überlege, wie sich an der Art der Bestattung die gesellschaftlichen Unterschiede zeigten. Nimm den Darstellungstext zu Hilfe.
2. Beschreibe mithilfe von M2 die Schritte einer Mumifizierung.
3. Erkläre anhand des Darstellungstextes, warum die Mumifizierung für die Ägypter eine so große Bedeutung hatte. Ziehe auch den Darstellungstext S. 60 heran.

Schrift und Schreiber in Ägypten

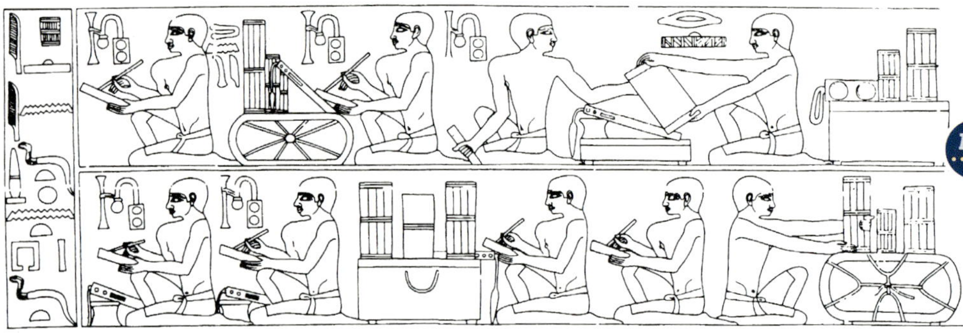

M1 **Ägyptisches Schreibbüro** aus dem Grab des Beamten Ti, um 2450 v. Chr., Umzeichnung

Die Hieroglyphenschrift

Die ältesten Schriftzeichen stammen wahrscheinlich aus Ägypten. Sie bestehen aus kleinen Bildern und Symbolen. Sie sind bis heute an Wänden von Tempeln und Gräbern erhalten. Die Griechen, die die Bedeutung dieser Schrift nicht kannten, nannten sie „Hieroglyphen“, das heißt so viel wie „heilige Einritzung“. Am Anfang benutzten die Ägypter Bilder, wenn sie etwas ausdrücken wollten, z. B. ein Eulenbild für Eule, ein Wasserbild für Wasser. Die Hieroglyphen wurden im Laufe der Zeit auch als Lautzeichen verwendet. Sie drückten eine bestimmte Silbe aus. Ein Wort konnte also aus einem einzigen Bildzeichen oder aus mehreren Lautzeichen bestehen. Mit der Zeit entwickelten die Ägypter mehrere tausend Hieroglyphen. Im Alltag verwendeten sie eine vereinfachte Schrift, die sie mit Pinsel und Tinte auf Papyrusblätter schrieben.
Die Bedeutung der Hieroglyphen war für Geschichtsforscher lange ein Rätsel. Erst 1822 gelang es dem Franzosen François Champollion, sie zu entziffern. Auf einem Stein aus dem Nildelta aus dem Jahr 196 v. Chr. entdeckte er einen gleich lautenden Text, der in Hieroglyphen und der bekannten griechischen Sprache geschrieben war. So konnte er die Hieroglyphen übersetzen.

Die Schreiber

Nur wenige Ägypter konnten lesen und schreiben. Die Ausbildung zum Beruf des Schreibers war hart und eintönig. Sie begann im 5. Lebensjahr und dauerte etwa 12 Jahre. Zugelassen waren Kinder aller Bevölkerungsschichten, Mädchen besuchten die Schreiberschulen selten, weil sie für die Hausarbeit ausgebildet wurden. Häufig waren es die Söhne von Schreibern, die diesen Beruf ergriffen. Die Schreiber waren in der ägyptischen Gesellschaft sehr angesehen. Nur diejenigen, die lese- und schreibkundig waren, konnten Beamte oder Priester werden (siehe S. 50, M2B).

Warum brauchten die Menschen eine Schrift?

Die Menschen, die in vorgeschichtlicher Zeit zusammenlebten, brauchten keine Schrift. Da sie in kleinen, in sich abgeschlossenen Gruppen zusammenlebten, war es nicht notwendig, Nachrichten zu schicken. Berichte über Ereignisse wurden in einem Dorf schneller mündlich weitergegeben. Erst als sich um etwa 3000 v. Chr. größere Gemeinschaften bildeten, begannen die Menschen wichtige Dinge schriftlich festzuhalten. Nur so konnten sie Nachrichten in alle Landesteile verbreiten, Listen über Ernteerträge erstellen, Hochwassertermine in einem Kalender festhalten und die Taten ihrer Herrscher an die kommende Generation weitergeben. Die Schrift war eine wichtige Voraussetzung für die Verwaltung eines Staates.

Stille Post – eine Nachricht weitergeben

Eine Schülerin oder ein Schüler gibt die nachfolgende Nachricht flüsternd an einen Tischnachbarn weiter, dieser an den nächsten usw. Tragt die Nachricht am Schluss laut vor:
„Das Dorf Amsira benötigt ab der kommenden Woche 85 erwachsene Männer für den Tempelbau in Luxor. Jeder Arbeiter bekommt täglich ein Brot, drei Fische, zwei Kannen Bier und fünf Datteln als Lohn.“
Überlegt, welche Bedeutung Schrift für das Zusammenleben von Menschen hat.

M2 **Hieroglyphenschrift in einem Grab,** Opferplatte der Nefertiabet, Kalkstein, um 2600 v. Chr. Die Königstochter Nefertiabet sitzt vor einer Opfertafel mit vielen Broten. In Hieroglyphenschrift werden die Dinge genannt, die die Verstorbene zu einem Weiterleben im Jenseits benötigt.

M3 Die Stellung des Schreibers in der ägyptischen Gesellschaft

Ratschläge eines Schreibers für seinen Sohn um 2000 v. Chr.:

Kaum hat ein Schriftkundiger angefangen heranzuwachsen – er ist noch ein Kind –, so wird man ihn grüßen und als Boten senden; er wird nicht zurückkommen um sich in den Arbeitsschurz zu stecken. Einen Bildhauer kann man nicht als Boten sehen, noch einen Goldschmied, der ausgeschickt würde. Ich habe den Erzarbeiter bei seiner Arbeit beobachtet, an der Öffnung seines Schmelzofens. Seine Finger sind krokodilartig, er stinkt mehr als Fischlaich … Der Steinmetz graviert mit dem Meißel in allerlei harten Steinen. Hat er die Arbeit vollendet, so versagen ihm seine Arme und er ist müde; wenn er sich abends hinsetzt, sind seine Knie und sein Rücken gebrochen. Der Barbier schert noch spät am Abend … Siehe, es gibt keinen Beruf, in dem einem nicht befohlen wird, außer dem des Beamten; da ist er es, der befiehlt. Wenn du schreiben kannst, wird dir das mehr Nutzen bringen als alle die Berufe, die ich dir dargelegt habe.

Zit nach Friedrich Wilhelm v. Bissing, Altägyptische Lebensweisheiten, München (Artemis) 1955, S. 57 ff.

1 Beschreibe M1 und erarbeite, was die Abbildung über die Bedeutung von Schrift und Schreibern im alten Ägypten aussagt.

2 Mit welchen Argumenten versucht der Verfasser von M3 seinen Sohn vom Schreiberberuf zu überzeugen? Was kannst du daraus für das Ansehen des Schreibers in der ägyptischen Gesellschaft ableiten?

3 Trage mithilfe des Darstellungstextes und M2 zusammen, wozu die Schrift im alten Ägypten notwendig war.

4 Erstelle eine Tabelle mit den technischen und wissenschaftlichen Errungenschaften der Ägypter. Nenne in einer Spalte die jeweilige Bedeutung für die Bewältigung des ägyptischen Alltags. Nimm die Seiten 62 bis 67 zu Hilfe.

Schreiben – auf Stein und Papier

Eine Hieroglypheninschrift herstellen

Die Menschen im alten Ägypten verwendeten die unterschiedlichsten Schreibmaterialien. Wir kennen Inschriften auf Ton, Leder, Holz, Stoff und Papyrus (siehe M2). Am häufigsten sind Einritzungen auf Stein, zum Beispiel in Tempeln und Grabmalen, überliefert. Eine solche Inschrift kannst du dir selber ersatzweise auf Gips herstellen.

Diese Materialien benötigst du:

- Modellgips
- eine Schachtel aus Pappe oder Kunststoff
- ein Stück feste Plastikfolie
- Papier und Bleistift
- Ritzwerkzeug (Schere oder Nagel)
- Pinsel
- Deckfarben

Arbeitsanleitung:

1. Schritt: Verrühre 1 Teil Wasser und 2 Teile Gips zu einem Brei.
2. Schritt: Gieße den Brei in die mit Folie ausgelegte Form.
3. Schritt: Während der Gips trocknet (ca. 30 Minuten), schreibst du auf einem Blatt Papier mithilfe des Hieroglyphenalphabets deinen Namen.
4. Schritt: Wenn der Gips durchgehärtet ist, nimmst du ihn vorsichtig aus der Form und legst ihn mit der glatten Seite nach oben. Übertrage nun mit einem feinen Bleistift deinen Namen auf den Gips.
5. Schritt: Ritze die Bleistifthieroglyphen mit dem Ritzwerkzeug vorsichtig nach.
6. Schritt: Säubere die Vertiefungen mit dem Pinsel und male die Hieroglyphen mit Deckfarbe an.

M1 **Ein Hieroglyphenalphabet,** Zeichnung, 1996

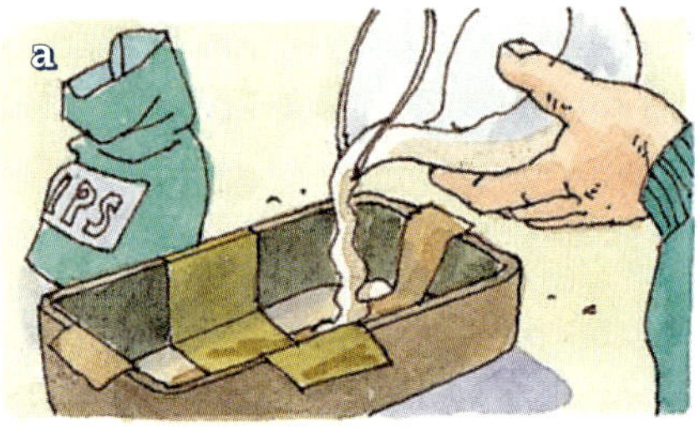

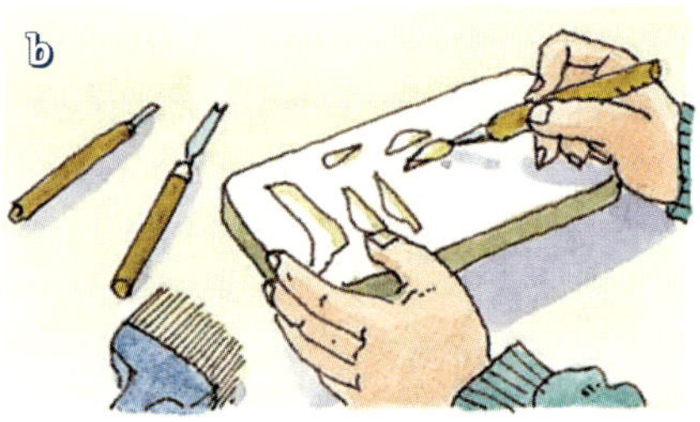

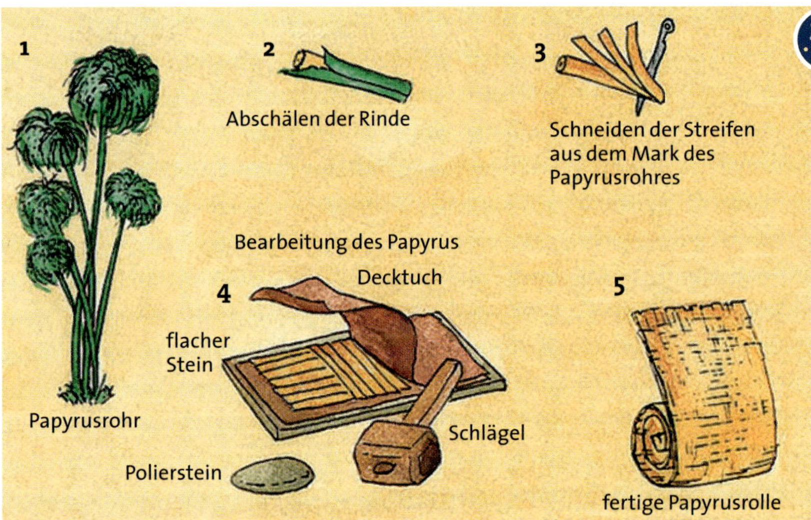

M2 **Papyrusherstellung,** Zeichnung, 1995. Papyrusstauden wachsen auch heute noch an den Ufern des Nil. Aus ihnen gewannen die alten Ägypter den Rohstoff für die Papyrusblätter. Und so wurden sie hergestellt: Die Rinde des Stängels wird entfernt und das Mark in feine Streifen geschnitten. Die Streifen werden kreuzweise übereinander gelegt. Durch das Klopfen mit dem Schlägel entweicht ein klebriger Saft, der die Streifen zusammenhält. Zum Schluss werden die Blätter zu einer Schriftrolle zusammengeklebt.
Papyrus ist ein sehr haltbares Material. Die ältesten erhaltenen Papyrusrollen sind etwa 5000 Jahre alt.

Mesopotamien – Land der Hochkulturen

M1 Das Leben der Sumerer

Die Sumerer waren das erste Volk, das in Mesopotamien zwischen den Flüssen Euphrat und Tigris sesshaft wurde und ab etwa 3000 v. Chr. eine Hochkultur bildete. Die folgende erfundene Geschichte beschreibt, wie sich das Leben in Uruk, der mächtigsten Stadt der Sumerer, um 2900 v. Chr. abgespielt haben könnte:

Wenn die kurze Dämmerung sich über das weite, flache Land am Euphrat legt, kehren die Tempelherden unter den Rufen der braunen, nackten Hirten heim. Die von den Herden aufgewirbelte Staubwolke verdüstert den Gang durch Uruks Stadttor und wallt über den Rinderpferch des Inanna[1]-Heiligtums. In das Blöken und Meckern des Kleinviehs mischt sich das Brüllen der Kühe. Sie warten auf die Gerste, die ihnen aus den Tempelscheunen als Abendfütterung hingebreitet wird. Das Tagewerk der Tempelhirten ist beendet und sie drängen sich zur Ausgabestelle um ihre Rationen an Bier und Brot in Empfang zu nehmen.
Auf den Straßen der Wohnquartiere von Uruk ist jetzt vielerlei Leben. Tischler, Grob- und Feinschmiede, Töpfer und Steinmetze treten von ihren Werkstätten kommend aus den Tempelportalen und gehen schwatzend durch die engen Gassen nach Hause. Die Frauen in geschürzten Wollkitteln holen in großen Tonkrügen Wasser vom Fluss und bald sieht man sie am Herd eilig das letzte Korn für die abendlichen Brotfladen ausmahlen. Soldaten in bronzenen Kegelhelmen, die Rechteckschilde umgehängt und die langen Speere lässig über der Schulter, rücken ein. Schreiber, Priester und Hofbeamte im modisch gekräuselten Zottenrock schlendern stolz vorüber und die Knaben haben endlich die harten Lehmbänke der Tempelschule verlassen dürfen.
Und nun werden Befehle laut, die die Passanten beiseite treten lassen: Durch ein Spalier achtungsvoll gebeugter Rücken schreitet der Priesterfürst in Fellmantel und Königsbinde mit seinem Gefolge von einer Besichtigung des neu angelegten Bewässerungskanals kommend dem Tor des Heiligtums zu.
In ihren Angelsteinen ächzend schließen sich die Türen der Magazine und Verteilungsstellen und aufatmend legen die Verwalter und Listenführer ihre voll geschriebenen Tafeln auf die Regale. Es ist Feierabend.

Hartmut Schmökel, Ur, Assur und Babylon, in: Große Kulturen der Frühzeit, Stuttgart 1966, S. 7 ff. Bearb. d. Verf.

1 Schutzgöttin der Stadt Uruk

M2 Reste der Tempelanlage in der sumerischen Stadt Ur, um 2250 v. Chr. Auf der obersten Terrasse befand sich der Tempel des Gottes.

1. Beschreibe anhand von M1 das Leben in der Stadt Uruk mit eigenen Worten.
2. Stelle in einer Liste zusammen, welche Personen- bzw. Berufsgruppen in M1 genannt werden.
3. Welche Merkmale einer Stadt werden in M1 erwähnt? Achte dabei auf Gebäude, öffentliche Einrichtungen, Transportmittel usw. Ziehe auch M2 hinzu.

Hochkulturen – nur in Ägypten?

Hammurabi – König im Reich der Babylonier

Hammurabi von Babylon (um 1728–1686 v. Chr.) galt als einer der einflussreichsten Staatsmänner Mesopotamiens. Er gründete um etwa 1750 v. Chr. ein Reich, das das ganze Land zwischen Euphrat und Tigris umfasste. Hammurabi regierte sein Reich mithilfe von schriftkundigen Beamten und einem Soldatenheer. Den Reichtum seines Landes steigerte er durch die Anlage großer Bewässerungskanäle, die die Landwirtschaft mit ausreichend Wasser versorgten. Den Stadtgott von Babylon, Marduk, erhob er zum obersten Reichsgott.

Berühmt geworden sind die 282 Gesetze Hammurabis, die uns auf einer ehemals in Babylon aufgestellten Steinsäule überliefert sind. Bereits vor der Regierungszeit Hammurabis entstanden Rechtsvorstellungen, die zunächst mündlich, später dann auf Tontafeln festgehalten wurden. Hammurabi war der erste Herrscher, der Gesetze systematisch aufschreiben ließ um das Zusammenleben seines Volkes zu regeln.

M3 **Hammurabis Gesetzessäule**, Basaltstein, um 1700 v. Chr., Höhe 2,23 m. Diese Abbildung auf dem oberen Teil der Säule zeigt Hammurabi (links), der in ehrfürchtiger Haltung die Gesetze aus der Hand des Sonnengottes entgegennimmt.

M4 Gerechtigkeit und harte Strafen

König Hammurabi von Babylon (um 1728–1686 v. Chr.) erließ Gesetze, die das Zusammenleben seiner Untertanen verbindlich regelten. Die eindeutigen Grundsätze ermöglichten eine schnelle Entscheidung bei der Rechtsprechung:

1. Wenn ein Bürger einen Bürger bezichtigt und ihn mit Mordverdacht belastet, es ihm aber nicht beweist, so wird derjenige, der ihn bezichtigt hat, getötet.

22. Wenn ein Bürger Raub begangen hat und er daraufhin ergriffen wird, so wird dieser Bürger getötet.

53. Wenn ein Bürger bei der Befestigung seines Felddeiches die Hände in den Schoß gelegt und den Deich nicht befestigt hat, in seinem Deich eine Öffnung entsteht, er gar die Flur vom Wasser wegschwemmen lässt, so ersetzt der Bürger, in dessen Deich die Öffnung entstanden ist, das Getreide, das er vernichtet hat.

148. Wenn ein Bürger eine Frau zur Ehe genommen hat und sie krank wird, er eine andere zu nehmen sich vornimmt, so kann er sie nehmen; von seiner Ehefrau, die die Krankheit ergriffen hat, kann er sich nicht scheiden; in einem Hause, das er gebaut hat, wohnt sie und solang sie am Leben ist, unterhält er sie.

195. Wenn ein Sohn seinen Vater schlägt, so wird man seine Hand abhacken.

196. Wenn ein Bürger das Auge eines Bürgersohnes zerstört, so zerstört man sein Auge.

200. Schlägt ein Bürger den Zahn eines ihm ebenbürtigen Bürgers aus, so schlägt man seinen Zahn aus.

Wilhelm Eilers, Gesetzesstele Chammurabis, Leipzig (Hinrichs) 1932, S. 16 f. Bearb. d. Verf.

4 Warum hat Hammurabi seinem Land Gesetze gegeben und diese öffentlich bekannt gemacht?

5 Was sagt das Ehegesetz 148 in M4 über die Stellung der Frau in Mesopotamien aus?

6 Den Ausspruch „Auge um Auge, Zahn um Zahn" gibt es auch heute noch. Erkläre anhand von M4, was er bedeutet.

7 Die Gesetze eines Landes sagen auch etwas über das Zusammenleben der Menschen in einem Land aus. Überlege anhand von M4, wie die Menschen in Babylonien gelebt haben.

8 Überlege, warum sich Hammurabi zusammen mit einem Gott abbilden ließ, aus dessen Hand er die Gesetze erhält (M3).

Hochkulturen – nur in Ägypten?

M5 Frühe Hochkulturen in Asien, Afrika und Europa

Hochkulturen an Euphrat und Tigris

In Mesopotamien entstand etwa zur gleichen Zeit wie in Ägypten eine Hochkultur. Mesopotamien bedeutet „Land zwischen den Strömen". Gemeint ist die Landschaft um die Flüsse Euphrat und Tigris, das heute zu den Ländern Irak, Iran und Syrien gehört. Im 4. Jahrtausend v. Chr. siedelten dort zuerst die Sumerer. Im Lauf der Jahrhunderte kam es immer wieder zu Eroberungen durch umherziehende Stämme. Nach dem Untergang des sumerischen Reiches folgten die Reiche der Babylonier, der Assyrer und der Perser.

Um das Land bewohnbar zu machen bauten die Sumerer Deiche und Kanäle und erfanden Hebevorrichtungen, mit denen sie das Wasser auf die Äcker leiteten. Dieses komplizierte Bewässerungssystem erforderte die Zusammenarbeit vieler Menschen. Also schlossen sie sich in Siedlungen zusammen und organisierten ihr Leben nach festen Regeln.

Seit etwa 3000 v. Chr. entstanden durch den Zuzug weiterer Menschen die ersten Städte in Mesopotamien. Die Sumerer gründeten also nicht – wie die Ägypter – einen Flächenstaat, sondern lebten in einzelnen städtischen Siedlungen (Stadtstaaten). Um sich vor Feinden zu schützen umgaben sie ihre Städte mit riesigen Mauern.

Den Mittelpunkt der Stadt bildete ein Stufentempel, der mit seinen Vorratshäusern das wirtschaftliche Zentrum der Stadt bildete. Ein Priesterkönig regierte die Stadt im Auftrag eines Gottes. Ihm mussten alle Bewohner dienen. Um ihre Städte zu verwalten entwickelten die Sumerer eine Schrift. Sie wurde Keilschrift genannt, weil das Schreibwerkzeug aus Rohr in weichen Tontafeln einen keilförmigen Eindruck hinterließ.

Hochkultur

Die ersten Hochkulturen entstanden ab etwa 3000 v. Chr. in Ägypten und den sumerischen Stadtstaaten in Mesopotamien. Merkmale einer Hochkultur sind: ein Staat mit zentraler Verwaltung und Regierung, Religion, Arbeitsteilung, Kenntnis einer Schrift, Zeitrechnung, Kunst, Architektur, Anfänge von Wissenschaft und Technik. Hochkulturen entwickelten sich häufig an großen Flüssen (Nil, Euphrat und Tigris, Indus, Hwangho).

Ein Poster für die Klasse

Ihr benötigt Packpapier oder eine Tapetenrolle und Klebstoff.

Tragt die wichtigsten Merkmale der Hochkulturen in Ägypten und Mesopotamien mithilfe dieses Kapitels zusammen. Weiteres Material findet ihr in einer Bibliothek, in Reiseführern oder Reiseprospekten. Malt eure Ergebnisse auf (z. B. Pyramiden, Mumien, Hieroglyphen), schneidet sie aus, klebt sie auf die Rückseite der Tapetenrolle und hängt sie in eurem Klassenzimmer auf.

9 Erarbeite anhand von M5, wo frühe Hochkulturen entstanden sind. Überlege, warum sich Hochkulturen besonders an großen Flüssen gebildet haben.

10 Stelle Gemeinsamkeiten und Unterschiede zwischen den Hochkulturen in Ägypten und Mesopotamien fest.

Frühe Hochkulturen – ein Überblick

Ägypten – eine Hochkultur

Mit Beginn der jetzigen Warmzeit um 9000 v. Chr. hatten sich die Menschen aus der allmählich austrocknenden Wüste an die wasserreichen Ufer des Nil zurückgezogen. Um Überschwemmungen des Nil in den Griff zu bekommen schlossen sie sich in Dorfgemeinschaften zusammen. Sie bauten Deiche und Bewässerungsanlagen und nutzten das lebensspendende Wasser des Nil für die Landwirtschaft. Bald ernteten sie mehr als sie zum Leben benötigten. Die Nahrungsüberschüsse legten sie in Vorräten an. Die Folge war, dass nicht mehr alle Bewohner eines Dorfes in der Landwirtschaft arbeiten mussten. Durch die Arbeitsteilung entstanden neben den Bauern neue Berufsgruppen wie Handwerker und Händler.

Seit Beginn des 3. Jahrtausends v. Chr. entstand in Ägypten eine der ersten bekannten Hochkulturen.

Ein Flächenstaat entsteht

Die immer größer werdenden Gemeinschaftsaufgaben und die Versorgung der Menschen mussten geregelt werden. In Ägypten entstand ein Staat, in dem jeder seinen Platz in einer festen Rangordnung einnahm. An der Spitze stand der Pharao. Er wurde wegen seiner großen Macht von den Ägyptern wie ein Gott verehrt. Der Wesir als Stellvertreter des Pharaos und schriftkundige Beamte verwalteten das Land. Sie herrschten über Bauern, Arbeiter, Handwerker und Sklaven. Als wichtiges Hilfsmittel für die Verwaltung ihres Staates erfanden die Ägypter um 3000 v. Chr. die Hieroglyphenschrift.

Allen Menschen gemeinsam war die Religion. Sie war geprägt von der Vorstellung, dass die Menschen nach dem Tod weiterleben.

Stadtstaaten in Mesopotamien

Im 4. Jahrtausend v. Chr. siedelten im Gebiet zwischen Euphrat und Tigris die Sumerer. Ähnlich wie in Ägypten mussten sich hier die Bewohner zusammenschließen um das Hochwasser von Euphrat und Tigris zu bändigen. Seit etwa 3000 v. Chr. entstanden durch den Zuzug weiterer Menschen die ersten Städte in Mesopotamien. Anders als bei den Ägyptern, die in einem Flächenstaat zusammenlebten, bildeten die Sumerer kein einheitliches Reich. Sie lebten in großen Städten, die von einem Priesterkönig regiert wurden. Auch die Sumerer legten Vorräte an und teilten die Arbeit untereinander auf. Zur Verwaltung ihrer Städte entwickelten sie die Keilschrift.

Nach dem Untergang des sumerischen Reiches folgten die Reiche der Babylonier, Assyrer und Perser. Um 1700 v. Chr. erließ der Babylonierkönig Hammurabi als erster Herrscher Gesetze für sein Volk.

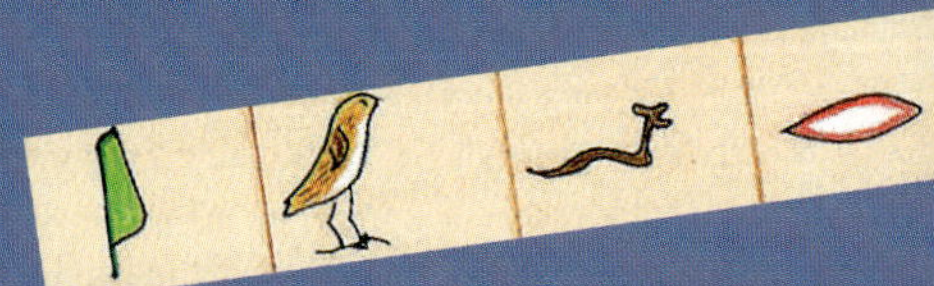

Auf dieser Seite findest du Ausschnitte von Abbildungen, die alle vollständig in diesem Kapitel zu finden sind. Sie zeigen wichtige Merkmale einer Hochkultur. Finde heraus, welche es sind. Hinweise dazu findest du in diesem Kapitel und in dem Kasten auf S. 71.
Aufgepasst! Eine Abbildung ist versehentlich aus einem anderen Kapitel dazwischengeraten. Welche ist es?

Wir wiederholen zentrale Begriffe und Methoden

Arbeitsteilung und Kooperation S. 51

Herrschaft S. 52

Staat und Verwaltung S. 52

Hierarchie S. 53

Hochkultur S. 71

Ein Bild als Quelle S. 56 f.

Das antike Griechenland

Jeden Tag kommen heute viele tausend Besucher in die griechische Hauptstadt Athen und steigen auf die Akropolis. Das ist der Hügel, auf dem die Athener vor fast 2500 Jahren ihrer Schutzgöttin Athene einen großen Tempel, den Parthenon, errichtet haben.
Nicht nur in Athen finden wir heute noch die Überreste der griechischen Hochkultur. Im ganzen Mittelmeerraum zeugen Gebäudereste, Kunstwerke, Inschriften und Münzfunde vom Leben im antiken Griechenland. Eine wichtige Quelle sind Malereien auf griechischen Keramikgefäßen. Ein Beispiel findest du auf der abgebildeten Vase. Wir können nur vermuten, worüber sich die beiden Männer unterhalten haben. Erzählt der eine dem anderen von einem Sportwettkampf? Oder sind beide auf dem Weg nach Athen zum „Scherbengericht“? Wenn die Athener einen Politiker absetzen wollten, schrieben sie seinen Namen auf eine alte Tonscherbe und stimmten damit ab. So hatten sie den Wahlzettel erfunden. Viele andere Erfindungen, die uns heute noch vertraut sind, stammen auch von den Griechen.

1 Überlege, was den Besuchern der Akropolis vermutlich fremd und was ihnen vertraut vorkommt.

2 Der Name Europa kommt aus dem Griechischen. Schlage in einem Lexikon nach und berichte in der Klasse.

0

Alexander der Große

Demokratie in Athen

500 v. Chr.

▲ Entstehung der Stadtstaaten

1000 v. Chr.

Mykenische Hochkultur

1500 v. Chr.

2000 v. Chr.

Begegnung mit den frühen Griechen

Hohe Berge – verstreute Inseln

Eine Landschaft prägt die Menschen

Die höchste Erhebung Griechenlands befindet sich im Norden des Landes und ragt 2911 Meter in den Himmel: der Berg Olymp. Von hier bis zur Insel Kreta im südlichen Mittelmeer erstrecken sich unzählige Gebirgszüge und kleine Inseln. Die Berge und das Meer bestimmen das Leben der Griechen bis heute.
Als im 2. Jahrtausend v. Chr. kriegerische Völker nach Griechenland eindrangen, ließen sich die einzelnen Stämme bevorzugt an den Küsten oder in den nahe gelegenen Tälern nieder. Wollte man zueinander Kontakt aufnehmen oder miteinander Handel treiben, war der Seeweg der unbeschwerlichste und kürzeste.
Das Leben der bäuerlichen Familien in Dörfern und Siedlungen kann man sich nicht hart genug vorstellen. Der Boden war meist sehr steinig, hart und trocken. Wasser und fruchtbare Landstreifen gab es nur in wenigen Tälern. Dort wurden Gerste, Obst, Wein und Oliven angebaut. Auch an Weideland für Viehherden mangelte es. An den steilen Berghängen fanden nur Ziegen- und Schafherden Nahrung.

Polis

Das griechische Wort Polis (Pl.: Poleis) heißt übersetzt „Stadtstaat“. Im Gegensatz zu einem Flächenstaat (zum Beispiel dem alten Ägypten) bezeichnet die Polis einen Staat im Altertum, der auf eine Stadt und ihre nähere Umgebung begrenzt war. Ihre Einwohner verstanden sich als eine Gemeinschaft. Jede Polis war wirtschaftlich und politisch selbstständig. Eine übergeordnete Regierung gab es nicht.

1 Beschreibe anhand der Abbildungen M1 und M2 Merkmale der griechischen Landschaft.
2 Überlege, wie sich die Landschaft auf die Lebensweise der Griechen auswirkte.
3 Informiere dich im Kasten über den Begriff Polis und erkläre, warum sich diese Staatsform gerade in Griechenland entwickelte.

M1 Griechische Landschaft heute, Foto, 1993

M2 **Insel Delos,** Foto 1997, Blick vom Berg Kynthos auf den Hafen

Die Polis – ein Staat im Kleinen

Anders als in Ägypten lagen die griechischen Dörfer wegen der hohen Berge weit voneinander entfernt. Sie bildeten eigene kleine Staaten mit einer eigenen Ordnung. Deshalb gaben sie sich die Bezeichnung Stadtstaat (= griech. polis). An der Spitze vieler Poleis standen ein König oder einige reiche Familien. In größeren Stadtstaaten gab es einen befestigten Burgberg, den die Griechen Akropolis nannten. Auf der Akropolis lebte die Familie des Herrschers. Hier wurden auch Tempel für die Götter der Stadt gebaut.
Obwohl die Griechen in unterschiedlichen Poleis lebten, bewahrten sie sich eine gemeinsame Sprache und eine gemeinsame Schrift. Ein Handwerker aus Sparta sprach zwar einen anderen Dialekt als ein Bauer aus der Gegend von Athen, beide konnten sich aber ohne Probleme verstehen. Nach Ansicht der Griechen sprachen Völker, die das Griechische nicht beherrschten, ein unverständliches Kauderwelsch, das ihnen so klang wie „Bar – bar – bar". Diese Menschen nannten sie deshalb „Barbaren", das heißt Fremde.

4 Vergleiche den Staat in Ägypten (siehe S. 52 f.) mit der griechischen Polis.

5 Erkläre, welche Bedeutung Schrift und Sprache für die Griechen hatten.

Schreiben auf Griechisch

Die Griechen übernahmen ihre Schrift ungefähr um 800 v. Chr. von den Phönikern. Da diese jedoch keine Vokale kannten, fügten die Griechen noch fünf Zeichen hinzu (a, e, i, o, u):

griechisch		deutsch	griechisch		deutsch
Α	alpha	a	Ν	ny	n
Β	beta	b	Ξ	xi	ks
Γ	gamma	g	Ο	omikron	o
Δ	delta	d	Π	pi	p
Ε	epsilon	e	Ρ	rho	r
Ζ	zeta	ds	Σ	sigma	s
Η	eta	e	Τ	tau	t
Θ	theta	th	Υ	ypsilon	y
Ι	iota	i	Φ	phi	f
Κ	kappa	k	Χ	chi	ch
Λ	lambda	l	Ψ	psi	ps
Μ	my	m	Ω	omega	o

a) Schreibe deinen Vor- und Nachnamen mit griechischen Buchstaben.
b) Auf S. 74 findest du eine Abbildung mit griechischer Schrift. Was kannst du entziffern?

Die Arbeit mit einer Geschichtskarte

M1 Siedlungsraum der Griechen bis um 750 v. Chr.

Karten „lesen“

Du kennst schon eine Reihe von Karten: Wanderkarten, Stadtpläne und physikalische Karten von Ländern oder Kontinenten. Einige davon hast du im Erdkundeunterricht kennen gelernt. Historiker arbeiten oft mit speziellen Geschichtskarten.

Geschichtskarten geben Auskunft darüber, wie ein Gebiet zu einem früheren Zeitpunkt ausgesehen oder sich entwickelt hat.
Auf dieser Doppelseite kannst du lernen, wie man eine Geschichtskarte richtig „liest“.

Lesetipp
www.griechenland.de
Unter dieser Internet-Adresse findest du Fotos und Informationen zu fast allen Städten und Landschaften in Griechenland.

Arbeitsschritte Auswertung einer Geschichtskarte

1. Schritt:
Das Thema einer Karte ermitteln
In der Regel haben Karten eine Überschrift, die das Thema der Karte angibt. Die Überschrift enthält fast immer eine Angabe über den dargestellten Zeitpunkt oder Zeitraum. Manche Karten zeigen zum Beispiel, wie die Landschaft ausgesehen hat, andere geben Auskunft über Städtegründungen, die Landwirtschaft oder die Bevölkerung eines Gebietes. Wenn du dich über das Thema und die Zeitangabe orientiert hast, stellst du eine Frage, die du mit der Karte beantworten möchtest. Zum Beispiel: Wie haben die Griechen in dieser Landschaft gelebt?

2. Schritt:
Die Kartenlegende erschließen
In der Kartenlegende werden alle Farben, Schattierungen und Zeichen erklärt, die auf der Karte zu sehen sind. Kartenlegenden sind nicht immer gleich ausführlich. Einige erklären sämtliche Kartenelemente, andere nur die Besonderheiten der gerade abgebildeten Karte.

3. Schritt:
Den Maßstab feststellen
Wichtig für den Umgang mit Karten ist eine genaue Vorstellung von den dargestellten Entfernungen. Hier hilft die Maßstabsleiste weiter. Mit diesem Kartenelement kannst du zum Beispiel ermitteln, wie groß die Entfernung zwischen zwei Städten ist. Bei Geschichtskarten ist der Maßstab oft in Form einer Entfernungsleiste mit Kilometerangaben dargestellt.

4. Schritt:
Die Aussagen der Karte zusammenfassen
Beschreibe die Zeichen und die Farbgebung der Karte. Damit erhältst du eine Vorstellung von den Bedingungen in dem abgebildeten Gebiet. Überlege, wie die Geschichtskarte deine Frage aus dem 1. Schritt beantwortet. In unserem Beispiel kannst du Aussagen über die Wohnmöglichkeiten und Verkehrsverbindungen in Griechenland machen.

5. Schritt:
Weitere Informationen beschaffen
Am Ende der Kartenarbeit solltest du kritisch prüfen, ob deine Frage ausreichend beantwortet ist. Um beispielsweise genaueres Wissen über das Leben in der griechischen Landschaft zu erhalten kannst du dich in Reiseführern aus deiner Stadtbibliothek und im Internet informieren.

1 Bearbeite die Karte M1 mithilfe der Arbeitsschritte 1 bis 5.

2 Auf Seite 86 findest du die Karte M3 Kolonisation der Griechen. Stelle sie der Klasse anhand der Arbeitsschritte dieser Methodenseite vor.

3 Du hast bereits auf den Seiten 76 f. Informationen über die Bedeutung der Landschaft für das Leben der frühen Griechen erhalten. Überlege, welche neuen Erkenntnisse dir die Karte vermittelt.

4 Die Griechen waren ein Seefahrervolk. Prüfe diese Aussage mithilfe der Karte M1.

Das frühe Griechenland – Spurensuche

M1 **Das Löwentor der Burg von Mykene,** Foto, um 1887. Über dieses Tor gelangte man in das Innere der Königsburg. Am rechten Pfeiler sind Heinrich und Sophie Schliemann zu sehen.

Grabung in Mykene

1874 erhielt der Archäologe Heinrich Schliemann die Erlaubnis des griechischen Kultusministers auf dem Gebiet der Stadt Mykene Grabungen durchzuführen. Dort hatte bereits 30 Jahre zuvor ein griechischer Forscher die Überreste einer riesigen Palastanlage entdeckt. Sie zeugten davon, dass sich an diesem Ort um 1500 v. Chr. ein mächtiges Herrschaftszentrum befunden haben musste.
Schliemann stieß bei seinen Grabungen bald auf weitere Zeugnisse vergangenen Lebens. In der Nähe der Burg befand sich ein Feld mit schachtförmigen Gräbern. Ähnlich wie in Ägypten waren die Toten mit reichen Grabbeigaben bestattet worden. Über den Augenblick, als er die goldene Totenmaske eines mykenischen Fürsten freilegte, schrieb Schliemann: „Das runde Gesicht mit all seinem Fleisch war wunderbar unter seiner schweren Goldmaske erhalten, ... beide Augen waren vollkommen sichtbar, ebenso der Mund."
Zu den weiteren Funden aus der Zeit der mykenischen Herrschaft gehören Keramik, Schmuck und Waffen. Die einzige schriftliche Überlieferung findet sich auf Tontäfelchen, die in der Palastanlage gefunden wurden. In einer einfachen Schrift wurden darauf die Vorräte und Ausrüstungsgegenstände der Herrscher vermerkt.

Einen Dichter beim Wort nehmen?

Auf der Suche nach Spuren vom Leben im frühen Griechenland finden wir ab ca. 800 v. Chr. schriftliche Zeugnisse, die uns – ausführlicher als die mykenischen Vorratslisten – über vergangene Zeiten erzählen. Die für uns wichtigsten Texte verfasste der Dichter Homer. Er schrieb in Versen auf, was sich die Griechen seit Jahrhunderten über ihre Vorfahren erzählten. Diese Werke nennt man Epen (Sg.: Epos*). In dem Epos „Ilias" schildert Homer die Belagerung der in Kleinasien gelegenen Stadt Troja. Hier hatten, so erzählt er, griechische und trojanische Helden in jahrelangen Kämpfen ihren Mut bewiesen, bis die Griechen die Stadt schließlich mithilfe einer List eroberten. Das Epos „Odyssee" berichtet vom Leben des Helden Odysseus, der erst nach langen Irrfahrten in seine Heimat zurückkehren konnte.
Aufgrund der genauen Ortsbeschreibungen Homers fand Schliemann den Ort, wo Troja lag. Bis heute haben Archäologen dort die aufeinander geschichteten Reste von mindestens neun Siedlungen ausgegraben. Die Überreste der sechsten Stadt geben die meisten Hinweise dafür, dass hier kriegerische Auseinandersetzungen stattgefunden haben. Diese Siedlung wird in die Zeit von 1700 bis 1300 v. Chr. datiert.

M2 **Totenmaske eines mykenischen Fürsten,** Gold, um 1450 v. Chr.

M3 Kampf des griechischen Helden Achilleus mit der Amazonenkönigin Penthesilea, Vasenmalerei, um 530 v. Chr. Penthesilea kam mit einem Gefolge kriegerischer Frauen nach Troja um gegen die Griechen zu kämpfen. Auf vielen Vasen wurden weibliche Figuren weiß, männliche schwarz dargestellt.

M4 Hektor und Andromache

Homer beschrieb den Abschied des Trojaners Hektor von seiner Frau Andromache, bevor dieser in den Kampf mit dem griechischen Helden Achilleus zieht. Ein Jugendbuchautor erzählt diese Geschichte nach (1982):

Als Hektor durch die Straßen zurückeilte, kam ihm … die Gattin entgegen. Die Dienerin, die ihr folgte, trug das Knäblein Astyanax. Mit stillem Lächeln betrachtete der Vater das Kind; Andromache aber trat unter Tränen auf ihn zu und drückte ihm zärtlich die Hand: „Du böser Mann", rief sie, „gewisslich wird dein tollkühner Mut dir noch den Tod bringen! Hast du denn kein Erbarmen mit deinem unmündigen Kinde und mit deinem unglückseligen Weibe, das du bald zur Witwe machen wirst? Vater und Mutter habe ich verloren, meine sieben Brüder hat Achilleus … erschlagen." Doch der tapfere Held … schenkte solchen Bitten kein Gehör. „Ich müsste mich vor allen Männern und Frauen schämen", sagte er fest, „wollte ich nur aus der Ferne dem Streit zuschauen; auch mein eigenes Herz erlaubt es mir nicht, denn ich bin gewohnt, stets in der vordersten Reihe zu streiten."

Griechische Sagen, bearbeitet von Richard Carstensen, München (dtv) 1982, S. 185.

Der Dichter Homer

Homer gilt als der älteste Dichter in Europa. Er lebte in der Zeit zwischen ca. 750 und 650 v. Chr. Als Geburtsort vermutet man die Stadt Smyrna in Kleinasien. Seine bekanntesten Werke sind die beiden Epen „Ilias" und „Odyssee". Die darin beschriebenen Helden dienten besonders der griechischen Oberschicht als Vorbild. Schon im antiken Griechenland kannte jedes Kind die schönsten Stellen aus der „Ilias" und der „Odyssee" auswendig.

1 „Durch welchen Kunstgriff konnte dieser gewaltige Klotz dort hinaufgehievt werden?" So fragt in diesem Jahrhundert ein Besucher beim Anblick des Löwentors von Mykene. Beschreibe die Abbildung M1 genau und schreibe auf, welche weiteren Fragen du als Forscherin oder Forscher stellen würdest.

2 Beschreibe das Vasenbild M3. Welche menschlichen Eigenschaften werden hervorgehoben?

3 Erarbeite aus M4, wie sich Andromache und Hektor zu dem bevorstehenden Kampf Hektors äußern. Beurteile die beiden Standpunkte.

4 Die Archäologen bezweifeln, dass Homer in seinen Werken einen historisch richtigen Bericht aus der Zeit des Trojanischen Krieges gegeben hat. Informiere dich im Kasten über die Lebensdaten Homers und nimm Stellung zu der Einschätzung der Archäologen.

Begegnung mit den frühen Griechen

M5 **Das Leben des Adels,** Vasenmalerei, um 590 v. Chr. Pferde waren der adligen Oberschicht vorbehalten.

Leben im „Oikos"

Die Ausgrabungsfunde in Mykene und Troja, die Dichtungen Homers – aus allen Quellen haben Wissenschaftler eine Vorstellung gewonnen, wie die frühen Griechen gelebt haben. Wir wissen, dass zwischen 1600 und 1200 v. Chr. auf dem griechischen Festland eine Gesellschaft lebte, die nach ihrem Hauptort Mykene „mykenische" Hochkultur genannt wird. Aus bisher unbekannten Gründen verschwanden nach 1200 v. Chr. die mykenischen Paläste. Die Bevölkerungszahl ging zurück und aus dem Norden wanderten andere griechische Bevölkerungsgruppen ein.
Ob Bauern oder reiche Landbesitzer – fast alle Griechen lebten in Hausgemeinschaften. Im Haushalt (= griech. Oikos*), der sich mit einem großen Bauernhof vergleichen lässt, lebten die Familie, die Bediensteten, die Sklaven* und das Vieh. Hier fanden die Menschen Schutz und Sicherheit, Nahrung, Kleidung und Ansehen, zumindest dann, wenn der Haushalt ein starkes Oberhaupt hatte. Der Hausherr hatte große Macht in der Familie. Er bestimmte zum Beispiel über die Heirat seiner Kinder, denn Besitz, Reichtum und Ansehen sollten erhalten bleiben.
Wer nicht zu einem Oikos gehörte, hatte ein hartes Los. Das traf besonders die Theten*. Das waren Landarbeiter, die für wenig Lohn auf anderen Gütern arbeiten mussten.

Adlige – die Besten der Griechen?

Das Leben der bäuerlichen Familien wurde von den schwierigen Bedingungen der griechischen Landschaft bestimmt. Ganz anders lebten die griechischen Adligen. Sie besaßen mehr Land, auf dem Pächter, Knechte und Mägde, Sklavinnen und Sklaven den Boden bestellten. Aufgrund ihres Reichtums herrschten sie meist wie Könige über kleinere Gebiete. Über die Adligen wissen wir durch Funde am meisten. Auch die meisten Personen, die Homer beschrieb, gehörten zu dieser Gesellschaftsschicht. In der „Ilias" empfiehlt ein Adliger seinem Sohn „immer Bester zu sein und überlegen zu sein den anderen".

Aristokratie

Nach dem griechischen Wort aristoi (= die Besten) und kratein (= herrschen) die Bezeichnung dafür, dass die Herrschaft in einem Staat von einer adligen Oberschicht ausgeübt wird.

M6 **Bauer mit Holzpflug,** Tonfigur, 7. Jh. v. Chr.

5 In M1 bis M6 findest du Überreste und Quellen griechischen Lebens. Stelle jeweils fest, worüber sie uns Informationen geben können und worüber nicht.

6 Stelle anhand von M3 bis M5 zusammen, worin die griechischen Adligen ihre Aufgabe sahen.

Leben mit den Göttern

M1 **Göttervater Zeus,** Statuette, um 470 v. Chr. Nach der Vorstellung der Griechen schleuderte Zeus Blitze auf die Erde oder ließ Stürme entstehen, wenn er wütend war.

Die griechischen Götter – menschliche Wesen?

Während des Trojanischen Krieges, so erzählten sich die Griechen, hatten sich ihre Götter in die Kämpfe eingemischt und beide Kriegsparteien unterstützt. Sie kämpften mit vielfältigen Waffen. Sie verkleideten sich als menschliche Helden, verhüllten den Angreifern die Augen mit Nebel oder lenkten die Lanzen der Krieger in die Richtung, die sie wollten.
Anders als die Ägypter stellten sich die Griechen die Göttinnen und Götter in menschlicher Gestalt vor und wie Menschen nicht frei von Gefühlen und Eigenschaften wie Neid, Hass oder Freude. Sie glaubten, dass die Götter auf dem Olymp in einer großen familiären Hausgemeinschaft lebten. Der Hausherr war Zeus. Jeder Gott, jede Göttin war für einen bestimmten Bereich zuständig und wurde mit einem bestimmten Gegenstand dargestellt. Der Meeresgott Poseidon zum Beispiel hatte einen Dreizack, mit dem er das Meer aufwühlte. Apollon, der Gott der Wahrheit und der Kunst, trug eine Leier. Die Götter unterschieden sich aber auch von den Menschen: Sie blieben ewig jung, kein Alter trübte ihre Schönheit und sie waren unsterblich.

Feste zu Ehren der Götter

Die Griechen begegneten ihren Göttern mit Respekt und Ehrfurcht. Vor wichtigen Entscheidungen fragten sie sie um Rat und versuchten sie günstig zu stimmen. Wenn sich eine griechische Familie zur Mahlzeit traf, wurde zuerst auf dem Hausaltar ein Teil der Speise und des Weins geopfert. In jeder Polis gab es Tempel zu Ehren des Zeus, der Athene oder des Apoll, wo man seine Opfer darbringen konnte.
Alle Griechen, ganz gleich ob sie aus Samos, Milet, Athen, Sparta oder Korinth kamen, glaubten an dieselben Götter. Deshalb fühlten sie sich untereinander verbunden. Viele Städte veranstalteten große Feste zu Ehren der Götter und luden dazu die Menschen aus allen Kolonien ein. Diese so genannten kultischen Feste begannen mit einem gemeinsamen Opfer. Anschließend aßen die Gäste und unterhielten sich bei Sport-, Musik- und Literaturwettbewerben. Das wichtigste Fest der Griechen waren die Olympischen Spiele (siehe S. 94 ff.).

M2 **Zweikampf im Trojanischen Krieg,** Vasenmalerei, um 490 v. Chr. Zwischen dem Griechen Achilleus (links) und dem Trojaner Hektor (rechts) steht die Göttin Athene. Die Tochter des Zeus wird meist mit Helm, Schild oder Speer abgebildet.

1 Beschreibe M1 und M2. Überlege, was die beiden Darstellungen über das Verhältnis zwischen Göttern und Menschen aussagen.

M3 Ein Streit unter Göttern

Die Griechen erzählten sich viele Geschichten über ihre Götter. Sie werden bis heute überliefert, so auch die folgende:

Zeus und [seine Frau] Hera stritten unaufhörlich. Obwohl er seine Geheimnisse mit ihr teilte und auch manchmal ihren Rat annahm, vertraute er ihr niemals voll und ganz. Sie wusste, dass er sie peitschen oder sogar einen Blitz gegen sie schleudern würde, sollte sie ihre Grenzen überschreiten …
Es kam eine Zeit, als … die Launenhaftigkeit des Zeus so unerträglich wurde, dass Hera, Poseidon[1], Apollon[2] und all die anderen Olympier … ihn plötzlich umringten, als er schlafend auf seinem Bette lag. Sie banden ihn mit … hundert Knoten, sodass er sich nicht bewegen konnte. Er drohte ihnen mit sofortigem Tod, aber sie hatten den Donnerkeil außer Reichweite gelegt und verlachten ihn höhnisch. Während sie ihren Sieg feierten und eifersüchtig über die Nachfolge stritten, eilte Thetis[3], … die einen Bürgerkrieg auf dem Olympos befürchtete, den hundertarmigen Briareos[4] zu suchen. Dieser löste mit hundert Händen schnell die Knoten und befreite seinen Herrn. Da Hera die Verschwörung gegen ihn angeführt hatte, hängte Zeus sie mit goldenen Fesseln um die Armgelenke an den Himmel und band ihr einen Amboss an jedes Fußgelenk … Schließlich versprach Zeus Hera zu befreien, wenn die Götter schwören … sich nie wieder gegen ihn aufzulehnen.

Robert von Ranke-Graves, Griechische Mythologie, Quellen und Deutung, Bd. 1, Reinbek (rororo) 1960, S. 44 f.

1 Poseidon = älterer Bruder des Zeus
2 Apollon = Zeus' Sohn
3 Thetis = Meeresgöttin; sie wurde von Hera aufgezogen.
4 Briareos = ein Ungeheuer; vermutlich Sohn des Poseidon

Lesetipp

Griechische Sagen, den Quellen nacherzählt von Richard Carstensen, München (dtv junior) 1998.

Bilder erzählen über Götter und Helden

a) Teilt die Erzählung „Ein Streit unter Göttern" in einzelne Szenen auf und malt dazu in Gruppenarbeit jeweils ein großes Bild. Eure Bildergeschichten könnt ihr in der Klasse aufhängen.
b) Sucht spannende griechische Sagen (siehe Lesetipp) und fertigt dazu Bilder an. Erzählt eure Bildergeschichten in der Klasse.

2 Was für Wesen waren die griechischen Göttinnen und Götter? Beantworte die Frage mithilfe von M3 und des Darstellungstextes S. 83.

3 In M1 bis M3 begegnen dir sieben Mitglieder der griechischen Götterfamilie. Zeichne in einer Skizze auf, wie sie miteinander verwandt sind.

4 In M4 ist abgebildet, wie Griechen ihren Göttern geopfert haben. Überlege, wer an dem Opfer teilnimmt, wo die Szene stattfindet und wie die Feier vermutlich abgelaufen ist. Hilfe gibt der Darstellungstext S. 83 rechts.

M4 Ein Opfer wird dargebracht, bemalte Holztafel, um 540 v. Chr.

Die griechische Kolonisation

M1 Griechen verlassen ihre Heimat

Der griechische Geschichtsschreiber Herodot (um 485–425 v. Chr.) berichtete, wie die Bewohner der griechischen Insel Thera (heute Santorin) im Jahr 631 v. Chr. die Kolonie Kyrene in Libyen gegründet hatten:

[Sieben Jahre lang blieb in Thera der Regen aus] … Auf ihre Anfrage beim Orakel erinnerte die Pythia die Theräer an die Kolonisation in Libyen … Die Theräer bestimmten, dass aus allen sieben Gemeinden der Insel immer je einer von zwei Brüdern um die Auswanderung losen sollte. Führer und König der Auswanderer sollte Battos sein. So schickten sie zwei Fünfzigruderer nach Platea [Insel vor der Kyrenaika] … Hier wohnten sie zwei Jahre; aber es ging ihnen dort nicht gut. So ließen sie denn einen Einzigen aus ihrer Mitte zurück und alle Übrigen fuhren nach Delphi. Dort baten sie das Orakel um einen Spruch und erzählten, sie hätten sich in Libyen angesiedelt, aber es gehe ihnen trotzdem keineswegs besser, obwohl sie dort wohnten. Darauf verkündete ihnen die Pythia Folgendes:

„Kennst du besser als ich, der ich dort war, Libyens Herden: Dich, der du nicht dort warst, muss ich ob deiner Weisheit bewundern."

Als Battos und seine Leute dies hörten, segelten sie wieder zurück; denn offenbar ersparte ihnen der Gott die Ansiedlung nicht, bis sie nach Libyen selbst gekommen seien. Sie landeten auf der Insel, nahmen den Zurückgelassenen an Bord und siedelten sich auf dem Festland gegenüber der Insel an … Hier wohnten sie sechs Jahre. Im siebenten Jahr erboten sich die Libyer sie an einen noch schöneren Platz zu führen. Sie entschlossen sich mitzugehen.

Herodot, Historien, IV 150–158, übers. von Josef Feix, München (Reclam) 1977, S. 613 ff. Vereinf. d. Verf.

Das Orakel von Delphi

Bei wichtigen Entscheidungen fragten die Griechen ein Orakel um Rat. Auf diesem Wege wurden schwierige politische Probleme gelöst oder persönliche Entscheidungen getroffen. Die größte Bedeutung hatte der Apollontempel in der Kultstätte Delphi. Dort gab die Priesterin Pythia im Auftrag des Gottes Apollon den Menschen einen klugen Rat. Pythia saß auf einem hohen Stuhl und war in Weihrauchdämpfe eingehüllt, die als Rauschmittel wirkten. Ihre Antworten waren nie eindeutig und mussten von den Priestern erklärt werden. Frauen durften das Orakel nicht befragen.

M2 König Ägeus befragt das Orakel von Delphi, Trinkschale, um 440 v. Chr.

1 Nenne die Gründe, aus denen die Theräer sich zur Auswanderung entschlossen (M1).

2 Informiere dich im Kasten über das Orakel von Delphi. Welche Bedeutung hatte es für die Theräer?

3 Erkläre den Begriff „Kolonisation" (M1, Lexikon).

4 Versetze dich in die Rolle eines der Auswanderer. Seit einem Jahr wohnst du in Kyrene. Schreibe einen Brief an deine Verwandten in Thera, in dem du von deinen Erlebnissen berichtest.

5 Informiert euch bei Schülerinnen und Schülern, die selbst oder deren Eltern nach Deutschland eingewandert sind: Lassen sich ihre Erfahrungen mit den Erfahrungen der griechischen Auswanderer vergleichen?

Viele Stadtstaaten – ein Griechenland

M3 Die Kolonisation der Griechen vom 8. bis 6. Jahrhundert v. Chr.

Warum gründeten die Griechen Kolonien?

Seit dem 8. Jahrhundert v. Chr. nahm die Bevölkerung in Griechenland stark zu. Die Ackerflächen, die die Poleis umgaben, reichten oft nicht aus um die Ernährung der Menschen sicherzustellen. Verschlimmert wurde die Situation durch den hohen Holzbedarf für den Häuser- und Schiffsbau. Die Wälder wurden abgeholzt; der fruchtbare Boden, der durch die Wurzeln festgehalten worden war, konnte vom Regen weggespült werden. Viele Griechen sahen keinen anderen Ausweg als ihre Heimat zu verlassen um an einem anderen Ort neu anzufangen.

Die Siedlungen, die dort nach dem Vorbild der Heimatstädte neu gegründet wurden, hießen Kolonien*. Welchen Ort aber wählte man für eine Koloniegründung? Viele Kolonien entstanden in dünn besiedelten Gebieten, da hier weniger Widerstand von der einheimischen Bevölkerung zu erwarten war. Besonders günstige Bedingungen gab es zum Beispiel in Syrakus. Hier bildete eine vorgelagerte Insel natürliche Hafenanlagen und gute Verteidigungsmöglichkeiten. Das Umland der Stadt war dazu überaus fruchtbar.

Gemeinsamkeit trotz Trennung

Griechenland – das war nach der Kolonisation eine Ansammlung von Stadtstaaten, die nach den Worten des Griechen Sokrates „wie die Frösche um einen Teich saßen". Im 5. Jahrhundert v. Chr. lebten in den Kolonien etwa drei bis vier Millionen Griechen. Das waren genauso viele Menschen wie im Mutterland. Mehr als tausend Kilometer trennten Städte wie Tanais und Neapolis voneinander. Dennoch bewahrten sich die Griechen ihre Gemeinsamkeiten. Die Lebensweise in den zahlreichen Städten, besonders natürlich in den Mutter- und Tochterstädten, war ähnlich. Neben der gemeinsamen Sprache und dem Glauben an dieselben Götter verband die Griechen noch eine Anzahl kultischer Feste und Spiele. Sie fanden an vielen Orten statt, so in Delphi, Korinth, Athen und anderswo. Zwei Stadtstaaten aus dem griechischen Mutterland spielten jahrhundertelang eine herausragende Rolle in Griechenland: die Polis Sparta und die Polis Athen.

6 Bearbeite die Karte M3 mithilfe der Methodenseite 78 f.

7 Arbeite aus der Karte heraus, wo die Griechen Kolonien gründeten. Nenne Gründe, die für die Auswahl der Siedlungsplätze sprachen.

8 Erkläre die Begriffe „Mutterstadt", „Tochterstadt". Wie blieben die Städte untereinander verbunden?

9 Erkläre mithilfe der Karte M3, was Sokrates mit seinem Ausspruch über die Griechen (siehe Darstellungstext oben rechts) meint.

Sparta – eine Polis mit eigenem Weg?

Eroberung statt Kolonisation

Im Süden der Halbinsel Peloponnes lag die Landschaft Lakonien. Dort hatte um 900 v. Chr. der griechische Stamm der Dorier das Land unterworfen und die verstreuten Siedlungen zur Polis Sparta zusammengefasst. Sparta war im Westen und Osten durch hohe Gebirgsketten umschlossen, aus denen zahlreiche Flüsse und Bäche herabflossen und die Ebene zu einem fruchtbaren Landstrich machten. Die Bevölkerung Spartas wuchs schnell und Lakonien wurde zu klein für alle. Im Gegensatz zu anderen Stadtstaaten entschlossen sich die Spartaner aber nicht dazu, Kolonien zu gründen. Sie dehnten ihren Machtbereich durch kriegerische Eroberungszüge nach Süden und Westen aus.
Der griechische Schriftsteller Plutarch (um 45–120 n. Chr.) sagte über Sparta: „Niemand durfte leben, wie er wollte; in der Stadt hatten die Spartaner wie in einem Feldlager eine genau festgelegte Lebensweise, die auf das öffentliche Wohl ausgerichtet war." Die spartanische Lebensweise wurde in ganz Griechenland als etwas Besonderes gerühmt. Die Griechen stritten darüber, ob sie sich Sparta zum Vorbild nehmen sollten. Wie kam es, dass in Sparta eine Polis entstand, die anders war als die übrigen Stadtstaaten?

1 Beschreibe M2 und erläutere, welche Siedlungsbedingungen die lakonische Landschaft bot.
2 Wie reagierte Sparta auf den Bevölkerungsanstieg? Vergleiche mit anderen Poleis.
3 Werte M1 aus und stelle Vermutungen über das Zusammenleben der Bevölkerungsgruppen an.

Heloten, Spartiaten und Periöken

Die Bürger der Polis Sparta nannten sich Spartiaten*. Sie hatten nach der Eroberung Lakoniens und der sich im Westen anschließenden Landschaft Messenien zusätzliche Landstücke erhalten. Obwohl die Spartiaten einen großen Teil des Bodens besaßen, arbeiteten sie nicht in der Landwirtschaft. Auch Handel zu treiben war ihnen verboten. Sie sollten sich ganz und gar dem Kriegsdienst widmen, denn es bestand ständig Gefahr, dass sich die unterworfene Bevölkerung zur Wehr setzen würde.
Das Schicksal der Menschen in den eroberten Gebieten war hart: Sie verloren ihr Land und ihre Freiheit. Sie wurden zu Heloten*, das heißt Sklaven, die von den spartanischen Eroberern zur Feld- und Hausarbeit gezwungen wurden.
Die Menschen, die das Umland Spartas in der Ebene Lakonien und dem eroberten Messenien bewohnten, hießen Periöken*. Das bedeutet auf Griechisch „Umwohnende". Sie siedelten als freie Bauern auf dem geringer wertigen Land oder arbeiteten als Handwerker und Händler für die Spartiaten.

M1 Die Bevölkerung Spartas
Ungefähre Angaben für das frühe 5. Jahrhundert v. Chr.:

Spartiaten (Bürger)	ca. 9000
Periöken	ca. 40 000–60 000
Heloten	ca. 140 000–200 000

Zusammengestellt nach Jochen Martin/Norbert Zwölfer (Hg.), Geschichtsbuch N. A., Bd. 1, Berlin (Cornelsen) 1992, S. 79.

M2 Die Landschaft Lakonien, Foto, 1990. Im Vordergrund sind Reste eines Apollotempels zu sehen.

Viele Stadtstaaten – ein Griechenland

Aufgaben und Ämter in der Polis

Alle männlichen Spartiaten, die über 30 Jahre alt waren, trafen sich einmal im Monat in der Volksversammlung. Hier wurde über einen Kriegszug entschieden und man beschloss – ohne vorhergehende Diskussion – die Gesetze für die Polis. Die Volksversammlung verlieh auch neuen Bewohnern das Recht Bürger* Spartas zu werden. Einmal im Jahr wählte die Volksversammlung fünf „Ephoren". Das waren leitende Beamte, die die Einhaltung der Gesetze überwachten. Bei Gesetzesverstößen übernahmen sie auch die Aufgaben der Polizei und der Richter. Neben der Volksversammlung und den Ephoren* gab es den Rat der Ältesten, der auf Griechisch Gerusia* hieß. Er bestand aus 28 Spartiaten über 60 Jahre, die auf Lebenszeit in den Rat gewählt wurden. Die Gerusia schlug vor, über welche Gesetze die Volksversammlung abstimmen sollte. Zur Gerusia gehörten zusätzlich zwei Könige. Sie vererbten ihr Amt an ihre Söhne weiter. Die Macht der Könige beschränkte sich allerdings auf die Führung des Heeres im Kriegsfall.

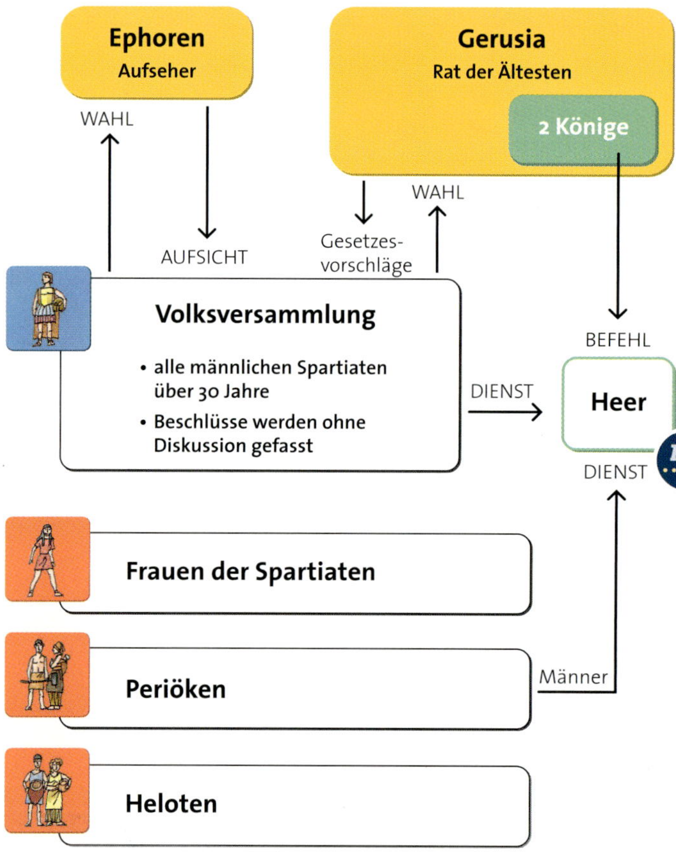

M3 Die politische Ordnung der Polis Sparta. Historiker bilden die Ordnung eines Staates häufig in Schaubildern ab. Durch Pfeile, Kästen, Farben oder Figuren werden die Rechte und damit die politischen Machtverhältnisse in einem Staat deutlich gemacht.

4 Bestimme mithilfe von M3, welche Aufgaben und Rechte die Bevölkerungsgruppen Spartas hatten. Unterscheide dabei nach Männern und Frauen.

5 Sparta hat wieder einen Aufstand der Bevölkerung Messeniens erlebt. Soll die Polis einen Krieg gegen Messenien führen? Überlege, wer die Entscheidung darüber treffen würde.

Krieg oder Frieden? – ein Rollenspiel

Organisiert ein Rollenspiel „Krieg oder Frieden? – Sparta entscheidet sich". Teilt eure Klasse in Ephoren, Gerusia, Könige, Mitglieder der Volksversammlung. Eine fünfte Gruppe beobachtet das Rollenspiel und berichtet (siehe Methoden S. 39).

Leben nur für die Polis?

Um 600 v. Chr. hatte Sparta seine größte Ausdehnung erreicht. Die Spartiaten waren nach den Eroberungen zu der Überzeugung gelangt, dass sie sich gegen die zahlreichen und gefährlichen Aufstände der Heloten nur mit militärischer Stärke schützen konnten. Deshalb führten sie eine neue Kriegstechnik ein, die „Phalanx"*. Die Krieger begegneten dem Gegner nicht mehr im Einzelkampf, sondern bildeten feste Gruppen aus schwer bewaffneten Fußsoldaten. Gleichzeitig wurden die Soldaten – zunächst in Sparta, später in ganz Griechenland – besser ausgerüstet. Sie hießen Hopliten.
Ganz Sparta begann sich zu verändern: Alle Bewohnerinnen und Bewohner mussten ihre Lebensweise immer mehr auf die Verteidigung der Polis einstellen. Das gesamte Leben war auf Kampf- und Kriegsbereitschaft ausgerichtet. Ein Familienleben, wie wir es von anderen griechischen Stadtstaaten oder bei uns heute kennen, hatte da keinen Platz mehr.
Bereits die Kinder der Spartiaten wurden einer strengen körperlichen Ausbildung unterzogen. Die Männer lebten in Zeltlagern und bildeten Gruppen, die ihre Zeit mit sportlichem und militärischem Training verbrachten. Erst ab dem 30. Lebensjahr durften die Spartiaten wieder in ihren Häusern wohnen. Sie nahmen jedoch weiterhin ihre Mahlzeiten außerhalb des Hauses in Tischgemeinschaften ein. Die Gruppen, die in Friedenszeiten zusammen trainierten und aßen, stellten im Krieg gemeinsam eine Phalanx.

Frauen in Sparta

Anders als im übrigen Griechenland war der Alltag der spartanischen Frauen nicht ausschließlich von der Familie bestimmt. Die Ehefrau eines Spartiaten überließ den größten Teil ihrer Hausarbeit den Heloten*. Für die Erziehung der kleinen Kinder gab es staatliche Ammen, die die Säuglinge bald nach der Geburt an sich nahmen. Die Frauen hatten Zeit für andere Aufgaben: Sie verwalteten die Ländereien ihrer Familie, trieben Sport oder traten in öffentlichen Chören auf. Die spartanischen Frauen wurden zwar nicht für den Kriegsdienst ausgebildet, sie waren aber wie die Männer von Kindheit an damit beschäftigt, an der frischen Luft ihren Körper zu trainieren. Denn sie sollten gesunde Kinder zur Welt bringen, die später zu guten Soldaten heranwachsen würden.

6 Informiere dich mithilfe des Kastens und M4 über die Ausrüstung und die Kampfesweise der Hopliten.

7 Beschreibe M4 und erkläre, warum die Kriegstechnik der Phalanx so wirkungsvoll war.

8 Überlege, warum die Frauen von der Kindererziehung entlastet wurden. Nimm Stellung.

Hopliten
Bezeichnung für schwer bewaffnete griechische Soldaten. Ihre Ausrüstung bestand aus einem Messinghelm, einem Panzer aus Leder mit Metallplatten, der bis zur Hüfte reichte, und Beinschienen. Zur Verteidigung trugen sie einen großen runden Schild und als Waffe einen übermannslangen Speer.

M4 **Eine Phalanx spartanischer Hopliten.** Vasenmalerei, um 640 v. Chr. Flötenspiel und Schlachtgesang begleiteten die Soldaten in den Kampf.

M5 Der Lebensweg der Jungen in Sparta

Der folgende Text stammt aus einer Lebensbeschreibung über den spartanischen König Lykurgos (7. Jh. v. Chr.), die der griechische Schriftsteller Plutarch (um 45–120 n. Chr.) verfasst hat.

Das zur Welt Gekommene aufzuziehen unterlag nicht der Entscheidung des Erzeugers, sondern er hatte es an einen Ort zu bringen, wo die Ältesten … das Kind untersuchten und, wenn es wohlgebaut und kräftig war, seine Aufzucht anordneten …; war es aber schwächlich und missgestaltet, so ließen sie es zu … einem Felsabgrund am [Gebirge] Taygetos [bringen]. Denn sie meinten für ein Wesen, das von Anfang an nicht fähig sei gesund und kräftig heranzuwachsen, sei es besser, nicht zu leben, sowohl um seiner selbst wie um des Staates willen … Die Knaben der Spartaner aber [nahm] Lykurgos … selbst alle, sobald sie sieben Jahre alt waren, zu sich und teilte sie in „Horden“, in denen sie miteinander aufwuchsen, erzogen und gewöhnt wurden, beim Spiel wie bei ernster Beschäftigung immer beisammen zu sein. Als Führer der „Horde“ wählten sie sich denjenigen, der sich durch Klugheit und Kampfesmut auszeichnete. Auf ihn blickten sie, hörten auf seine Befehle und unterwarfen sich seinen Strafen, sodass die Erziehung wesentlich in der Übung im Gehorsam bestand … Lesen und Schreiben lernten sie nur so viel, wie sie brauchten; die ganze übrige Erziehung war darauf gerichtet, dass sie pünktlich gehorchen, Strapazen ertragen und im Kampfe siegen lernten … Sobald sie zwölf Jahre alt waren, gingen sie stets ohne Unterkleidung, bekamen nur einen Mantel aufs Jahr … und durften weder baden noch sich salben … Sie schliefen zusammen in Gruppen …

Die Zucht erstreckte sich bis auf die Erwachsenen. Keinem stand es frei zu leben, wie er wollte, sondern sie lebten … nach strengen Vorschriften für all ihr Verhalten und ihre Beschäftigung in der Öffentlichkeit und überhaupt glaubten sie nicht sich, sondern dem Vaterlande zu gehören.

Plutarch, Lykurgos 15–24. Zit. nach Geschichte in Quellen, bearb. von Walter Arend, Bd. 1, 3. Aufl., München (bsv), S. 143 f.

M6 Spartanische Frau, Bronzestatue, Ende 6. Jh. v. Chr. Im Gegensatz zu anderen Griechinnen trugen die spartanischen Frauen kurze Gewänder.

9 Lies dir M5 durch und schreibe den Lebenslauf eines Spartiaten in einer Tabelle auf.

10 Beschreibe M6 und erläutere, was die Statue über das Leben der spartanischen Frauen aussagt.

11 Verfasse den Brief eines 15-jährigen Spartiaten an einen Verwandten in Korinth. Begründe darin, warum die Erziehung der Kinder und Jugendlichen in Sparta vom Staat übernommen wird.

12 „Sie gehörten ganz dem Vaterland und nicht sich selbst.“ So fasste Plutarch das Leben der Spartaner zusammmen. Viele Griechen hielten Sparta deshalb für die ideale Polis. Welcher Meinung bist du? Notiere Argumente dafür und dagegen.

13 Heute noch gibt es den Ausspruch „Hier herrschen spartanische Verhältnisse“. Was ist wohl damit gemeint?

Athen – Mitbestimmung und Verantwortung für die Bürger?

Schlechte Zeiten in Attika

Für die Bauern in Athen herrschten im 7. Jahrhundert schlechte Zeiten. Sie litten unter der Herrschaft des Adels, der die Könige schon lange von der Macht verdrängt hatte. Schiedssprüche wurden von Adligen nach Belieben gefällt. Zwar stellte der Politiker Drakon um 624 v. Chr. eine größere Rechtssicherheit her, indem er Gesetze aufschreiben ließ, aber die Macht lag weiterhin bei den Adligen. Denn sie allein waren Mitglieder im Adelsrat, dem Areopag*, wo die wichtigen Entscheidungen für die Polis getroffen wurden.

Außerdem machte den Bauern ihre wirtschaftliche Lage schwer zu schaffen: Seitdem es Kolonien im ganzen Mittelmeerraum gab, war die Nachfrage nach Produkten aus Attika stark angestiegen. Davon hatten aber nur die Adligen Nutzen. Oliven und Wein, den Ertrag ihrer riesigen Landgüter, konnten sie im Athener Hafen Piräus mit Gewinn verkaufen. Die kleinen Bauern verarmten zunehmend. Vielen Bauernfamilien blieb nichts anderes übrig als sich zu verschulden. Sie verloren ihr Land und arbeiteten fortan als so genannte Schuldknechte auf den Feldern der adligen Landbesitzer.

M1 Bauernversammlung in Attika

Die folgende Begebenheit ist erfunden, sie könnte sich aber, den Quellen nach zu urteilen, um das Jahr 600 v. Chr. tatsächlich so abgespielt haben:

In der Nacht versammelten sich 40 Bauern aus Kedoi in der Scheune des Lykos. Die Stimmung war schlecht. Nach der Missernte im letzten Jahr litten fast alle Familien Hunger. Schließlich trat Kleophon nach vorn: „Freunde! Wir alle leiden unter der Herrschaft der reichen Landbesitzer. Viele unserer Verwandten wurden ohne Grund von Ihrem Land vertrieben oder als Sklaven verkauft. Ihr wisst, welches Schicksal meinen Bruder getroffen hat. Er ist von dem adligen Gration als Sklave in das Bergwerk von Laureon verkauft worden. Warum wurde er verkauft? Weil er Schulden bei Gration hatte. Er konnte das Korn nicht bezahlen, das er bei ihm gekauft hatte. Er hatte es in den Boden gesät und auf eine gute Ernte gehofft. Dann kam die Dürre und hat alles vernichtet. Ihre eigenen Felder haben die Landbesitzer bewässert, unsere nicht. Die Adligen tun, was sie wollen. Wir brauchen ein Gesetz, das uns schützt! Wir müssen für unsere Rechte als freie Bauern kämpfen!" Wie ein Lauffeuer verbreitete sich der Aufruf, gemeinsam gegen den Adel vorzugehen.

Zusammengestellt nach Hans Heumann, Problemorientierter Geschichtsunterricht, Bd. 1, Frankfurt/M. (Cornelsen) 1989, S. 115.

M2 Die Halbinsel Attika im 5. Jahrhundert v. Chr.

1 Stelle mithilfe von M2 fest, wie groß die Polis Athen war. Wo lagen wohl die besten Landgüter?

2 Verfasse ein Flugblatt der attischen Bauern, das auf die Missstände hinweist und Forderungen aufstellt (M1).

Viele Stadtstaaten – ein Griechenland

Bürgerkrieg oder Reformen?

Dem Athener Adel war daran gelegen, dass die Armut der Bauern nicht weiter zunahm. Denn mit der Schlachtordnung der Phalanx gewannen die Bauern als Soldaten an Bedeutung. Die zahlreichen Hopliten, die dafür benötigt wurden, konnte nicht mehr allein der Adel stellen. Die Hopliten mussten ihre Ausrüstung selbst kaufen. So lag es im Interesse aller, dass sie über ein ausreichendes Einkommen verfügten. Solange die Bauern Attikas als Schuldknechte arbeiteten, waren sie nicht in der Lage für ihre Polis in den Krieg zu ziehen. Um 600 v. Chr. hatte sich die Lage so zugespitzt, dass ein Kompromiss zwischen den Bauern und den Adligen gefunden werden musste. Die Athener einigten sich darauf, einen „Schiedsrichter" einzusetzen. Ihre Wahl fiel auf den Athener Solon.

Solon

Solon (um 640–560 v. Chr.) stammte aus einer angesehenen Adelsfamilie in Athen, die allerdings nur wenige Landgüter besaß. Er schrieb Gedichte, in denen er zu Fragen der Politik Stellung nahm. 594 v. Chr. wurde Solon zum Gesetzgeber mit außerordentlichen Vollmachten ernannt.
Plutarch (um 45–120 n. Chr.) beschrieb ihn als einen Mann, „der am ehesten außerhalb des Konfliktes stand, weil er sich weder in ungerechter Weise bereichert hatte noch selbst in Not geraten war".

M4 **Gesetze werden veröffentlicht**, Rekonstruktionszeichnung, 1999. Ähnlich einer heutigen Litfaßsäule wurden die solonischen Gesetze auf drehbare Holztafeln geschrieben und an öffentlichen Plätzen aufgestellt.

M3 Die Reformen Solons

Durch Solon wurden folgende, in den Quellen überlieferte Reformen durchgeführt:

1. Aufhebung der Schuldknechtschaft: Die Bauern erhalten ihr Land zurück, das sie den Adligen für ihre Schulden überlassen haben. Alle Schulden der Bauern werden gestrichen. In Zukunft darf kein Bürger mehr in Schuldknechtschaft* fallen.
2. Die Bauern, die als Sklaven verkauft worden sind, konnten als athenische Bürger zurückkehren.
3. Beteiligung der Bürger an öffentlichen Angelegenheiten: Die Athener Bürgerschaft wird in vier Vermögensklassen eingeteilt. Die Klassenzugehörigkeit richtet sich nach dem jährlichen Ertrag an Getreide, Wein und Oliven. Alle nehmen an der Volksversammlung teil und leisten Militärdienst.
4. Einführung eines Volksgerichts*: Jeder Bürger hat Anspruch auf ein Gerichtsverfahren, wenn ihm selbst oder einem anderen Bürger Unrecht geschehen ist.

Zusammengestellt nach Der große Ploetz, 32. Auflage, Freiburg (Ploetz) 1999, S. 135.

3 Informiere dich über Solon und erkläre, warum die Athener ihn als „Versöhner" auswählten.

4 Erarbeite aus M3, mit welchen Maßnahmen Solon auf welchen Missstand reagierte. Notiere deine Ergebnisse in zwei Spalten.

5 Stelle mithilfe von M5 fest, zu welchen Vermögensklassen nach Solon die Bürger Kleophon und Gration (siehe M1, S. 91) gehörten.

6 Viele attische Bauern hatten gehofft, dass Solon das ganze Land neu verteilen würde. Überlege, warum Solon darauf verzichtete.

7 Unter Solon haben viele Athener begonnen sich für ihren Stadtstaat verantwortlich zu fühlen. Überlege, wie Solon das erreicht hat.

8 Gration und Kleophon unterhalten sich über die Reformen Solons. Schreibe einen Dialog.

M5 Öffentliche Aufgaben der Athener Bürger nach den Reformen Solons 594 v. Chr.

Verfassung/Staatsform

Jeder Staat hat eine Ordnung, in der die Machtverteilung geregelt ist. Alle Bürger haben bestimmte Rechte und Pflichten. Außerdem ist festgelegt, wer den Staat regiert. Diese Ordnung nennt man Staatsform oder Verfassung. Die Griechen unterschieden unter anderem drei Staatsformen:
Monarchie (Herrschaft eines Königs),
Aristokratie (Herrschaft des Adels, siehe S. 82),
Demokratie (Herrschaft des Volkes, siehe S. 106).

Mehr Rechte für die Volksversammlung

Die Ordnung Solons bestand nicht lange. 561 v. Chr. eroberte der Adlige Peisistratos mit Waffengewalt die Athener Akropolis. Er wurde zum Tyrann*, dem alleinigen Herrscher im Stadtstaat. Doch die Alleinherrschaft währte nicht lange. Den Athenern gelang es 508 v. Chr., mit Unterstützung der Spartaner die Söhne des Peisistratos zu entmachten.
Wieder sollte ein Politiker eine „gerechte" Ordnung für den Stadtstaat finden. Als der Athener Kleisthenes das athenische Volk hinter sich gebracht hatte, führte er eine Reform durch, die verhindern sollte, dass Adlige mit ihrer Anhängerschaft um die höchsten Ämter im Staat (Archonten*) kämpften oder sogar eine Tyrannis errichteten. Ganz Attika wurde in 10 Bezirke (Phylen) eingeteilt, aus denen jedes Jahr durch Los 50 Bürger bestimmt wurden. Gemeinsam bildeten sie einen Rat, den Rat der Fünfhundert*, der die Beschlüsse, die die Volksversammlung fassen sollte, vorher beriet. Die Phylen bestanden aus mehreren Dörfern. Dabei wurden jeweils einige Dörfer an der Küste von Attika, einige Dörfer im Landesinnern und einige Stadtteile von Athen durch Los zu einer Phyle zusammengefasst. Es genügte also nicht, dass die Adligen nur in den Dörfern um Anhängerschaft warben, aus denen sie stammten. Wollten sie, dass ihre Vorschläge vom Rat und von der Volksversammlung angenommen wurden, mussten diese von allen Bevölkerungsschichten für gut befunden werden. Kleisthenes zwang damit die Adligen, statt Politik für sich und ihre Anhänger zu machen sich um die Interessen aller Athener zu kümmern.
Um für alle Zeiten eine weitere Tyrannenherrschaft zu verhindern führte Kleisthenes das „Scherbengericht" ein. Wenn die Gefahr bestand, dass ein Bürger zu viel Macht erlangte, konnte er verbannt werden. Für ein Scherbengericht kamen mindestens 6000 Bürger zusammen, die den Namen eines Bürgers auf eine Tonscherbe schrieben. Wer die meisten Stimmen erhielt, musste Athen für zehn Jahre verlassen.

9 Beschreibe das Schaubild M5. Stelle fest, welche politischen Ämter es gab und welcher Vermögensklasse ein Bürger angehören musste um sie zu erlangen.

10 Erarbeite aus dem Darstellungstext die Ziele, die Kleisthenes verfolgte. Zeichne ein Schaubild (nach dem Vorbild von M5), wie die Mitglieder des Rates der Fünfhundert bestimmt wurden.

11 Welche Bevölkerungsgruppen hatten auch nach Kleisthenes keine politischen Rechte?

12 Informiere dich anhand des Kastens über den Begriff „Staatsform". Entscheide dann, welche Staatsformen in Athen bestanden: a) vor Solon, b) nach Solon, c) nach Kleisthenes.

13 Beurteile, ob die Ordnung nach Kleisthenes „gerecht" war.

Bester sein in Olympia

M1 Auf dem Marktplatz von Theben

Die folgende Szene ist erfunden. Sie könnte sich aber im 5. Jahrhundert v. Chr. in der Polis Theben abgespielt haben:

Erzählerin: Es ist Frühling. Auf dem Marktplatz von Theben drängt sich eine vielköpfige Menge und noch immer strömen Menschen aus den verwinkelten Nebengassen herbei. Penelope, ihr Sohn Klitomachos und ihr Nachbar Duris warten gespannt. Zwei Herolde sind in der Stadt eingetroffen um wichtige Neuigkeiten zu melden. Schon seit Wochen sind Sendboten in ganz Griechenland unterwegs. Selbst in die entferntesten Kolonien tragen sie ihre Nachricht.

Herold: Griechen! Hört die Botschaft! Das Fest des Zeus ist wieder gekommen! Das gastliche Elis lädt zu sportlichen Wettkämpfen nach Olympia! Aller Streit soll ruhen! Der Lärm der Waffen schweige! Auf allen Wegen – zu Wasser und zu Land – mögen die Teilnehmer frei und unbehelligt zur heiligen Stätte ziehen! Wer diesen Frieden stört, soll streng bestraft werden.

Penelope: Klitomachos, mein Sohn! Hast du gehört? Die vier Jahre Wartezeit sind endlich vorbei! Du wirst nach Olympia reisen und dir den Siegeskranz holen!

Klitomachos (ihm ist die Begeisterung seiner Mutter peinlich): Aber Mutter, beruhige dich doch. Bis zum Beginn der Wettkämpfe vergehen noch Monate.

Duris: Olympia, Olympia! Wer will schon nach Olympia? Diese lange, beschwerliche Reise in der Sommerglut. Und dort? Da bist du eingepfercht in der großen Menge. Dazu die Fliegen, der Dreck und Staub! Doch, Penelope, ich kann mir vorstellen, dass du dies alles erträgst um des denkwürdigen Schauspiels willen.

Penelope (seufzt): Wie Recht du hast! Ach wäre es uns Frauen doch nur gestattet, bei den Wettkämpfen zuzuschauen. Wenigstens ein einziges Mal. Ich gäbe mein halbes Leben, könnte ich Klitomachos siegen sehen.

Duris: Dummes Geschwätz. Hast du nachgerechnet, was die Reise dorthin kostet? Außerdem: Wie soll ich meine Töpferwerkstatt wochenlang alleine lassen? Wer zahlt mir den Verdienstausfall? Zeus bestimmt nicht, wenn ich an seinem Fest teilnehme.

Klitomachos (beleidigt): Kannst du denn immer nur von Unbequemlichkeiten und Kosten reden? In Olympia geht es um höhere Werte als um das banale Geld! Weshalb plage ich mich wohl seit Monaten im Gymnasion und trainiere täglich meine Muskeln? Doch nur für dich und alle Thebaner zum Ruhme unserer Stadt!

Duris (spöttisch): Soso! An deinen eigenen Ruhm denkst du wohl gar nicht? Ich wette, du träumst seit Monaten von einem Standbild auf dem Marktplatz mit der Inschrift: ‚Klitomachos, Sieger in Olympia'.

Penelope (ärgerlich): Deine Spottsucht wird dir noch vergehen. Diesmal gewinnt mein Klitomachos den Faustkampf. Seinen Namen wird man in ganz Griechenland rühmen.

Duris: Dir geht es doch nur um die lebenslange Steuerbefreiung und um die Verpflegung deines Sohnes zu Lasten der Stadtkasse – falls er gewinnen sollte.

Ein Trompetensignal ertönt.

Herold: Griechen! Die Festspiele des Zeus werden fünf Tage dauern. Sie finden nach der Sommersonnenwende statt. Alle Athleten, die an den heiligen Wettkämpfen teilnehmen wollen, müssen einen Monat vor Beginn der Spiele in Olympia eingetroffen sein. Wer ohne wichtigen Grund später erscheint, wird vom Wettkampf ausgeschlossen.

Klitomachos: Das passiert übrigens oft. Es gibt genug Gründe: Schiffbruch zum Beispiel, Piraterie oder Krankheit. In solchen Fällen drücken die Schiedsrichter aber fast immer ein Auge zu.

Erzählerin: Die Herolde gehen.

Penelope: Komm, Klitomachos, lass uns nach Hause gehen. Es ist Zeit zum Abendessen.

Nach Wulfhild Sydow, Hörspiele im Geschichtsunterricht: Auf nach Olympia, Berlin, 1998.

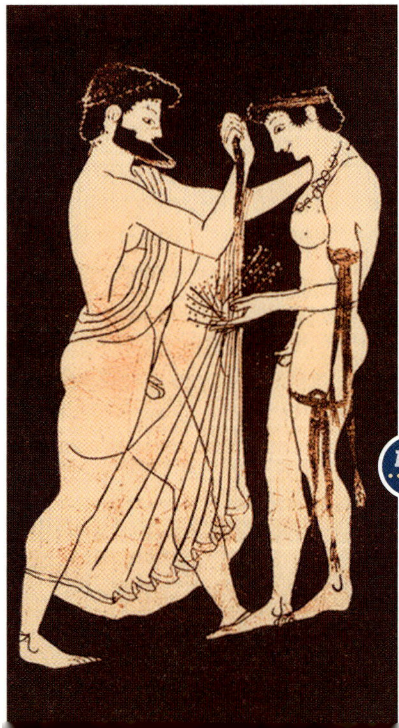

M2 Olympiasieger. Vasenmalerei, 6 Jh. v. Chr. Der Gewinner eines Wettkampfes bekam das Preisband und den Zweig eines wilden Ölbaums verliehen.

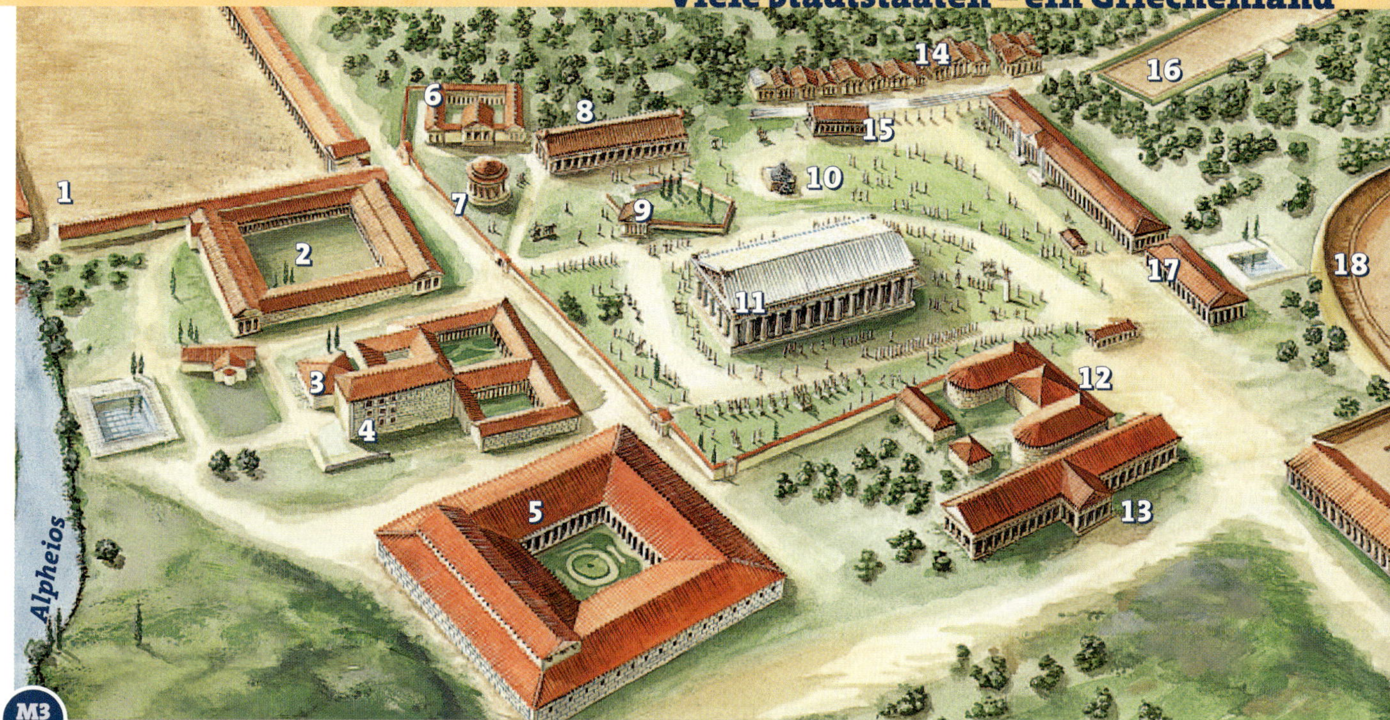

M3 **Die Anlage des heiligen Bezirks von Olympia,** Rekonstruktionszeichnung, 1995. 1 – Gymnasion (Sportplatz), 2 – Trainingsplatz für Ringer und Faustkämpfer, 3 – Amtssitz der olympischen Priester, 4 – Werkstatt des Bildhauers Phidias (hier wurde die Statue des Zeus hergestellt), 5 – Gästehaus, 6 – Amtssitz hoher Verwaltungsbeamter, 7 – Grab des Königs Philipp, 8 – Heratempel, 9 – Grab des Königs Pelops (nach ihm wurde die griechische Halbinsel Peloponnes benannt), 10 – Zeusaltar, 11 – Zeustempel mit Zeusstatue, 12 – Buleuterion (hier wurde der olympische Eid abgelegt), 13 – Südhalle, 14 – Schatzhäuser, 15 – Tempel der Kybele, 16 – Stadion (Bahn für Wettläufe), 17 – Ostbäder, 18 – Pferderennbahn.

M4 Der Ablauf der Olympischen Spiele

Nach diesem Programm liefen die Olympischen Spiele im 5. Jahrhundert v. Chr. ab:

1. Tag: Feierliche Eröffnung der Spiele durch Opfer im heiligen Bezirk. Aufstellung der Kämpferlisten. Die Athleten leisten den olympischen Eid vor dem Standbild des Zeus.

2. Tag: Wagenrennen. Fünfkampf, bestehend aus Diskus, Weitsprung, Speerwurf, Stadionlauf (192 m), Ringen. Totenopfer für Pelops.

3. Tag: Festprozession zum heiligen Bezirk. Entzünden der Fackeln am Altar der Göttin Hestia. Teilnehmer an der Prozession sind: Herolde und Trompeter, Kampfrichter, Priester und Opfertiere, Vertreter der Behörden und „ausländische" Gesandtschaften, die Wettkämpfer, Pferde und Wagen der Teilnehmer an den Wagenrennen. Am Altar vor dem Zeustempel wird das heilige Opfer dargebracht. Am Abend findet ein großes Festessen statt.

4. Tag: Schwerathletische Kämpfe: Ringen, Faustkampf, Allkampf, Waffenlauf.

5. Tag: Siegerehrung im Zeustempel. Dankopfer zu Ehren des Zeus.

Zusammengestellt nach Heinz Dieter Schmid, Fragen an die Geschichte, Bd. 1, 6. Aufl., Berlin (Cornelsen) 1983, S. 46.

1 Sammle alle Informationen über die Wettkämpfe in Olympia, die du in M1 und M3 findest. Ziehe Lexika und Sachbücher zu Rate.

2 Erarbeite aus M3, welchen Verwendungszweck die einzelnen Gebäude hatten.

3 Erkläre, warum das Olympiagelände „heiliger Bezirk" genannt wurde.

4 Stelle zusammen, in welchen der in M4 aufgelisteten Sportarten auch heute noch Wettkämpfe ausgetragen werden.

M5 **Sportarten,** Vasenmalerei, um 520 v. Chr.

Olympische Spiele

Die ersten Olympischen Spiele, von denen wir wissen, fanden im Jahr 776 v. Chr. statt. Alle vier Jahre veranstaltete die auf dem Peloponnes gelegenen Stadt Elis sportliche Wettkämpfe zu Ehren des Göttervaters Zeus. Der Wettkampfort war das alte Heiligtum Olympia. Aus allen griechischen Poleis reisten Sportler und Zuschauer an, denn die Griechen spürten besonders bei den sportlichen Wettkämpfen ihre Zusammengehörigkeit. Wie heute bei sportlichen Veranstaltungen gab es feste Regeln und Preise. Ein Verstoß gegen die Regeln wurde mit einem hohen Strafgeld belegt. Für verheiratete Frauen, Nichtgriechen und Unfreie war es streng verboten, den heiligen Bezirk von Olympia zu betreten. Während der Olympischen Spiele musste in ganz Griechenland der Frieden eingehalten werden. Den Zeitraum zwischen den Spielen nannten die Griechen Olympiade. Er bildete die Grundlage des griechischen Kalenders.
Im 5. Jahrhundert n. Chr. wurden die Spiele vom christlichen Kaiser Theodosius I. abgeschafft, weil sie als heidnisch galten. Die ersten Olympischen Spiele der Neuzeit fanden 1896 in Athen statt. Auch heute noch legen die Sportlerinnen und Sportler zu Beginn der Spiele ein Gelöbnis ab. Sie versprechen die Regeln zu achten, zum Ruhme des Sports und zur Ehre der Mannschaften zu kämpfen.

M6 Mehr als ein Wettkampf

Der Redner Isokrates (436–338 v. Chr.) schrieb über die griechischen Feste:

Mit Recht werden unsere Vorfahren gelobt, weil sie unsere Festversammlungen stifteten und uns dadurch eine Sitte überlieferten, die uns so viel Gutes bringt. Seither kommen wir zu den verschiedenen Spielen zusammen, sobald der Gottesfriede verkündet ist und alle Feindschaften begraben sind. Wir bringen hier gemeinschaftlich unsere Opfer dar, verrichten gemeinsam Gebete, werden uns unserer Verwandtschaft bewusst, erneuern Gastfreundschaften und schließen für die Zukunft neue Freundschaften.

Isokrates, Reden. Übers. d. Verf.

M7 **Wettlauf der Frauen,** Vasenmalerei, 5. Jh. v. Chr.
Zu Ehren der Göttin Hera wurden alle vier Jahre zwischen den Olympischen Spielen Frauenwettkämpfe ausgetragen. Es gab nur eine einzige Übung: einen Lauf von ca. 160 Metern, der in drei Altersklassen ausgetragen wurde.

5 Beschreibe M5 und nenne die abgebildeten Sportarten.
6 Arbeite aus M5 heraus, auf welche Weise der Vasenmaler den Wettkampf unter den Sportlern verdeutlicht.
7 Erläutere, wie der Verfasser von M6 die Olympischen Spiele beschreibt. Vergleiche seine Auffassung mit M5.

M8 Reicht es, dabei zu sein?

Der Historiker Karl-Wilhelm Weeber vergleicht die Olympischen Spiele in Griechenland und heute (1991):

„Dabei sein ist alles" heißt die moderne olympische Devise[1] und dem, der an sie glaubt, nimmt sie eine Menge Erfolgsdruck … Wie aber sollte ein griechischer Athlet dazu in der Lage sein, wenn der gewaltige Erfolgsdruck siegen zu müssen auf ihm lastete? Denn das erwarteten seine Landsleute von ihm. Wurde er den Erwartungen nicht gerecht, so war das eine unangenehme Sache für den Sportler … Die Niederlage – und das heißt: alle Platzierungen bis auf den ersten Platz – galt als Schmach … Um sie abzuwenden taten die Athleten und ihre Trainer folglich fast alles – bis hin zu illegalen Praktiken. Es muss ein … Klima aus extremem Ehrgeiz, heftigem Konkurrenzdenken … und belastenden Versagensängsten gewesen sein, das über den … Wettkämpfen lag.

Karl-Wilhelm Weeber, Die unheiligen Spiele. Das antike Olympia zwischen Legende und Wirklichkeit, Zürich (Artemis) 1991, S. 206 f. Bearb. d. Verf.

1 Kennwort

M9 Europameisterschaft in Budapest, Foto, 1998

8 „Das antike Griechenland – im Wettkampf verbunden". Trifft dieser Spruch für die Olympischen Spiele zu? Sammle mithilfe des Kastens S. 96 Argumente für und gegen diese Behauptung.

9 Erläutere, welche Rolle Frauen bei Sportwettkämpfen in Griechenland spielten (Kasten S. 96, M7). Was hat sich für sie in der Neuzeit verändert?

10 Arbeite heraus, wie der Verfasser von M8 die Situation der Athleten im antiken Griechenland beschreibt. Vergleiche mit M1, S. 94.

11 Beschreibe M9. Prüfe, ob das Bild etwas über den Erfolgsdruck der Sportlerinnen aussagt. Achte auf Gesichtsausdruck, Körperbau und Kleidung.

12 Kritische Stimmen behaupten, dass bei den heutigen Sportwettkämpfen weniger der Sport als die Gewinnabsichten der Veranstalter und die Werbung im Vordergrund stehen. Welche Anhaltspunkte findest du dafür in M9? Nimm Stellung.

Klitomachos wird Olympiasieger – ein historisches Hörspiel verfassen

Der Thebaner Klitomachos macht sich in der Sommerhitze auf den Weg nach Elis. Wird sein Traum vom Olympiasieg wahr? Schreibt ein Hörspiel und nehmt es auf Kassette auf. Die erste Szene findet ihr auf S. 94.

a) Stellt die Informationen zusammen, die ihr auf den Seiten 94 bis 97 erhalten habt. Legt dann gemeinsam die Szenen und die mitspielenden Personen fest. Ein Vorschlag für weitere Szenen: Ankunft im Trainingslager, Auf dem Sportplatz, Im Zeustempel, Der erste Wettkampf in der Arena, Frauen ausgeschlossen, Siegerehrung, Rückkehr nach Theben.

b) Wenn euer „Drehbuch" feststeht, schreibt ihr in Kleingruppen Dialoge für die einzelnen Szenen.

c) Einigt euch, wer die Rollen sprechen soll. Die Sprecher lesen ihren Text vor der Aufnahme einige Male laut vor.

Was sagen Kunstwerke aus?

Kunstwerke sind historische Quellen

Kunstwerke wie zum Beispiel Statuen, Bauwerke oder Gemälde vermitteln uns eine anschauliche Vorstellung vom Alltag, von der Wirtschaft oder der Politik in früheren Zeiten. Sie teilen uns auch viel über die Ideen und den Geschmack der Menschen mit, die die Kunstwerke damals schufen oder bewunderten. Im Unterschied zu schriftlichen Quellen sind Kunstwerke oft schwerer zu entschlüsseln. Wie bei der Entschlüsselung eines Bildes (siehe S. 56 f.) stellst du Fragen an das Kunstwerk.

M1 **Amphore (Aufbewahrungsgefäß).** Die Tonvase wurde 894 v. Chr. in einer Athener Werkstatt hergestellt.

Arbeitsschritte **Entschlüsselung eines Kunstwerkes**

1. Schritt: Künstlerische Auswertung

a) Was ist dargestellt? Aus welchem Material wurde es geschaffen?

b) Wie wirkt das Dargestellte auf mich? Warum gefällt es mir (nicht)? Was wirkt fremd, was kommt mir bekannt vor?

c) Wie bildet der Künstler die Natur ab? Achte auf Einzelheiten des menschlichen Körpers und der abgebildeten Gegenstände.

2. Schritt: Historische Auswertung

d) Wann, wo und für welchen Zweck ist das Kunstwerk entstanden? Beachte die Bildlegende.

e) Welche Informationen vermittelt das Dargestellte über den Allltag, die Wirtschaft oder die Politik der damaligen Zeit? Beachte die Kleidung, Frisur, Einrichtungsgegenstände, Waffen, Tiere usw.

f) In welcher Beziehung stehen die dargestellten Personen zueinander?

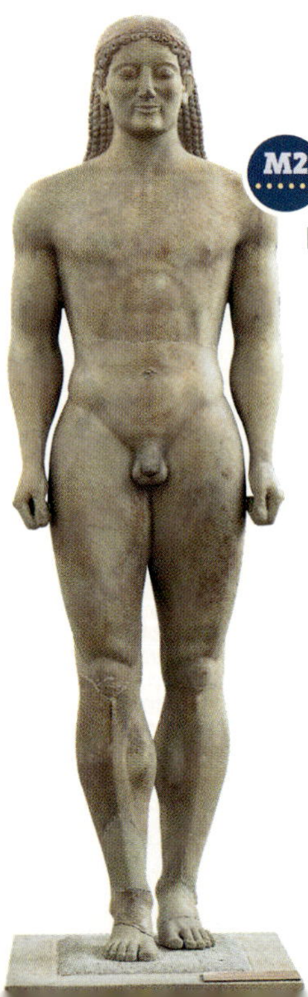

M2 **Attischer Jüngling („Kuros“),** Marmorstatue aus Attika, um 530 v. Chr. Mit diesen Statuen junger Männer („Kuroi“) schmückten die Griechen Heiligtümer und Tempel.

Auswertung M1 (Stichworte)

a) Mit geometrischen Mustern verzierte Tonvase; im Bauchteil Darstellung von Soldaten auf Streitwagen, darunter Hopliten.

b) Wirkt ruhig durch regelmäßiges Muster; warme Farben; Kriegsszene auf einer Vase ungewohnt.

c) Menschen und Pferde in einfachen Pinselstrichen gezeichnet, ungenaue Größenverhältnisse, Gesichter nicht zu erkennen; „Strichmännchen“.

d) 894 v. Chr., Töpferwerkstatt in Athen, Verzierung eines Gebrauchsgegenstandes.

e) Hopliten mit Schild, Speer, Helm, Beinschienen bewaffnet (siehe S. 89).

f) Soldaten kämpfen gemeinsam.

Die Kunst der Griechen

Tempel und Statuen, bemalte Schalen und Vasen zeugen von dem großen handwerklichen und künstlerischen Können der Griechen. Heute noch beeindrucken uns die Genauigkeit und die Klarheit der Formen, mit denen die Griechen uns ihre Vorstellung von idealer Schönheit überliefert haben. Die Darstellungsweise der Kunstwerke veränderte sich im Laufe der Jahrhunderte. Kunsthistoriker teilen die griechische Kunst in folgende Epochen ein:
- Die geometrische Kunst (11.–8. Jahrhundert v. Chr.)
- Die archaische Kunst (8.–6. Jahrhundert v. Chr.)
- Die klassische Kunst (5.–4. Jahrhundert v. Chr.)
- Die hellenistische Kunst (4.–1. Jahrhundert v. Chr.)

M3 **Grabrelief einer Frau mit Dienerin,** Marmor, Athen, Anfang 4. Jh. v. Chr. Die Verstorbene legt ihren Schmuck an, bevor sie sich auf den Weg in die Unterwelt („Hades") begibt. Weibliche Figuren wurden in der griechischen Kunst fast immer bekleidet dargestellt.

M4 **Faustkämpfer nach dem Sieg,** Bronzestatue, Rom, um 50 v. Chr.

1 Beschreibe die beiden Figuren M2 und M4 mithilfe der Arbeitsschritte S. 98. Erläutere die Unterschiede in der Darstellungsweise.

2 Prüfe bei allen Kunstwerken dieser Doppelseite, welche Informationen du über das Leben in Griechenland erhältst.

3 Nicht nur Vasen und Statuen sind Kunstwerke. Suche in diesem Kapitel Abbildungen, von denen du meinst, dass sie Kunstwerke darstellen. Stelle sie anhand der Arbeitsschritte S. 98 in der Klasse vor.

Lesetipp

Francesca Romei, Meisterwerke der Kunst. Bildhauerei, Nürnberg (Tessloff Verlag) 1998.
In diesem Bildband findest du Zeichnungen, Fotos und Texte über die Technik der Bildhauerei und die Kunststile von der Steinzeit bis heute.

Athen festigt sich nach innen und außen

M1 **Der persische Herrscher**, Relief, um 500 v. Chr. König Dareios I. empfängt ausländische Gesandte. Ein hoher Beamter begrüßt den Großkönig mit der Kusshand und anschließendem Fußfall („Proskynese").

Krieg gegen das Großreich Persien

M2 **Tributpflichtige aus Assyrien, Baktrien und Indien**, persisches Steinrelief aus dem Palast in Persepolis, um 470 v. Chr.

Zwei ungleiche Nachbarn?

Im Norden und Ostens grenzte Griechenland an einen Staat, der sich in fast allem von der Poliswelt unterschied: das Persische Reich. Dieses Land, dessen Zentrum am Ostufer des Persischen Golfs lag, hatte seit 550 v. Chr. zahlreiche kleinere Königreiche erobert und sich weiter nach Westen ausgedehnt. Die griechischen Städte Kleinasiens, die im Osten des Mittelmeers lagen, befanden sich unter persischer Herrschaft und waren dem Großkönig zu hohen Tributzahlungen verpflichtet. Um 500 v. Chr., also gerade zu der Zeit, als die Athener nach Unruhen und Tyrannis ihre Polisordnung erneuert hatten, drohte Griechenland nun große Gefahr von außen: Als Rache für Aufstände der griechischen Städte Kleinasiens beschloss der persische Herrscher ganz Griechenland zu unterwerfen. Am Ende einer Reihe von grausamen Kriegen, die auf griechischer wie persischer Seite viele Opfer forderten, konnte schließlich die Athener Flotte das persische Heer besiegen. Wie gelang es den Athenern, sich und die anderen Poleis gegen das Persische Großreich zu verteidigen? Welche Folgen hatte der griechische Sieg für die Polis Athen?

1 Beschreibe die Abbildungen M1 und M2. Finde heraus, was über das Persische Reich und seinen Herrscher ausgesagt wird.

Athen festigt sich nach innen und außen

M3 Das Persische Reich um 500 v. Chr.

M4 Xerxes über den Krieg mit Griechenland

Der griechische Geschichtsschreiber Herodot (um 485–425 v. Chr.) legte später dem persischen Großkönig Xerxes (gest. 465 v. Chr.) folgende Worte in den Mund:

Ich will eine Brücke über den Hellespont schlagen und ein Heer … nach Hellas führen um die Athener zu bestrafen für alles, was sie den Persern und meinem Vater angetan haben. Ihr habt gesehen, wie schon mein Vater Dareios zum Zug gegen dies Volk gerüstet hat. Aber er ist gestorben und konnte den Rachezug nicht mehr ins Werk setzen. Darum will ich nicht ruhen, bis ich für ihn und ganz Persien Rache geübt und Athen erobert und niedergebrannt habe, das den Streit mit mir und meinem Vater angefangen hat.

Herodot 7, 8 ff. Zit. nach Geschichte in Quellen, Bd. 1, bearb. von Walter Arend, 3. Aufl., München (bsv) 1978, S. 175.

2 Bestimme mithilfe der Karte M3 die Ausdehnung des Persischen Reichs. Welche Staaten befinden sich heute auf diesem Gebiet?

3 Informiere dich über das Persische Reich und vergleiche seine Staatsform mit der Athens (Kasten).

4 Beschreibe, wie Xerxes den Krieg begründet (M4). Welche Einstellung Herodots zu dem persischen Großkönig ist erkennbar?

5 Schreibe auf, wie ein persischer Historiker den Kriegsbeginn dargestellt hätte. Hilfe findest du im Kasten.

Das Persische Reich

Seit 550 v. Chr. bauten die Perser ein Reich auf, in dessen Grenzen eine Vielzahl von Völkern lebte. Der Großkönig Dareios I. (522–486 v. Chr.) gab dem Reich eine straffe Verwaltung. Er teilte es in Herrschaftsbezirke, so genannte Satrapien, ein, an deren Spitze jeweils ein Statthalter stand. Der Statthalter führte die Aufsicht über die jährlichen Abgaben der unterworfenen Völker. Solange diese ihren genau festgelegten Tribut entrichteten, konnten sie weiter nach ihren Sitten leben und ihre Religion ausüben. Dareios ließ große Fernstraßen bauen, schuf ein Postsystem und führte eine einheitliche Währung für das ganze Land ein. Um sein riesiges Reich kontrollieren zu können verwendete der Großkönig die meisten seiner Einkünfte für die königliche Verwaltung und sein Heer. Auch in den einzelnen Satrapien wurden eigene Truppen aufgestellt.

Zu dem ersten Konflikt zwischen Dareios und den Griechen kam es 494 v. Chr. Die griechischen Städte Ioniens wagten mit Unterstützung Athens einen Aufstand. Die Perser zerstörten daraufhin Milet und schlugen die Aufständischen nieder. Darauf zog das persische Heer dreimal nach Griechenland. Dareios' Sohn Xerxes erlitt 479 v. Chr. vor Athen die entscheidende Niederlage.

Athen festigt sich nach innen und außen

M5 Griechenland und der persische Feldzug 480–479 v. Chr.

Die Schlacht bei Salamis

Als das persische Heer 480 v. Chr. gegen Griechenland zog, befand sich Xerxes auf dem Höhepunkt seiner Macht. Er hatte den Feldzug sorgfältig vorbereitet. Am Berg Athos ließ der Großkönig eigens einen Kanal anlegen und den Hellespont überschritt er auf einer speziell konstruierten Schiffsbrücke. Flotte und Landheer gingen gemeinsam vor. Den ersten Widerstand fanden sie an den Thermopylen. Dort hatten die Griechen den Landweg an einem schmalen Bergpass abgeriegelt. Die Schlacht, die dort stattfand, ist sehr berühmt geworden, denn das kleine griechische Heer unter Führung des Spartaners Leonidas verteidigte sich zunächst erfolgreich gegen die Übermacht. Erst nach einem Verrat wurde es eingekreist und besiegt. Auf dem Land marschierten persische Soldaten nun ungehindert nach Attika. Die Bevölkerung Athens wurde angesichts dieser Gefahr evakuiert. Die Perser zerstörten die ganze Stadt mit der Akropolis.
Doch nicht zu Lande, sondern zur See in der Meerenge bei Salamis fand 480 v. Chr. die Entscheidungsschlacht statt. Xerxes, der von einem Aussichtsplatz dem Sieg der persischen Übermacht zusehen wollte, erlebte deren Niederlage: Wie der Führer der attischen Flotte Themistokles vorausgesehen hatte, behinderten sich die großen persischen Schiffe in der Meerenge gegenseitig und wurden von der beweglicheren Flotte der Griechen geschlagen.

Die Athener Flotte

Die Flotte Athens wurde von dem Feldherrn Themistokles unter der Bedrohung durch die Perserkriege ausgebaut. Im Jahr 480 v. Chr. verfügte sie über 200 Kriegsschiffe, so genannte Trieren. Eine Triere war ein Segelboot, das im Gefecht auch von bis zu 180 Ruderern fortbewegt werden konnte. Die Ruderer der griechischen Flotte waren landlose Athener (= Theten) oder Sklaven. Sie saßen in drei Reihen übereinander und bewegten das Schiff mit einer Geschwindigkeit von bis zu 30 Stundenkilometern vorwärts. Bei längeren Fahrten mussten sie bis zu 17 Stunden pro Tag rudern.

6 Informiere dich mithilfe der Karte M5 über den Feldzug der Perser 480/79 v. Chr.:
a) Welchen Weg nahmen die Flotte und das Heer des Xerxes?
b) An welchen Orten fanden Schlachten statt und wie gingen sie aus?

7 Sammle Gründe dafür, dass es den Griechen gelang, das persische Heer zu schlagen (Darstellungstext, M7, Kasten).

M6 Wozu ein Krieg?

Der griechische Geschichtsschreiber Herodot (um 485–425 v. Chr.) schilderte ein Gespräch, das zwei spartanische Gesandte mit dem persischen Feldherrn Hydarnes vor der Schlacht bei Salamis geführt haben sollen:

„Ihr lakedaimonischen[1] Männer! Warum sträubt ihr euch denn Freunde des Großkönigs zu werden? Ihr seht doch, wie der Großkönig wackere Männer zu ehren weiß. Ihr braucht da nur auf mich und meine Verhältnisse zu schauen. So könnt auch ihr, wenn ihr euch dem Großkönig ergeben würdet, wohl jeder von euch über ein Gebiet in Hellas herrschen, das euch der Großkönig anweisen würde." Darauf gaben sie folgende Antwort: „Hydarnes! Der Rat, der sich auf uns bezieht, ist nicht gleichmäßig ausgewogen. Beim einen Teil stützest du dich auf deine eigene Erfahrung, bei dem anderen Teil fehlt sie dir. Was es heißt, Sklave zu sein, das weißt du, mit der Freiheit aber hast du noch keine Erfahrungen gemacht und weißt nicht, ob sie süß ist oder nicht. Denn wenn du sie gekostet hättest, würdest du uns raten, nicht nur mit Speeren, sondern sogar mit Äxten für sie zu kämpfen."

Herodot, Historien VII, 135, übers. von Walter Sontheimer, Stuttgart 1974.

1 spartanischen

8 Arbeite aus M6 die Argumente heraus, mit denen die Griechen das Angebot des Hydarnes ausschlagen.
9 Vergleiche die beiden Standpunkte. Welche Einstellung haben die Personen zu ihrem Staat?
10 Überlege, warum Herodot dieses kurze Gespräch vermutlich für die Nachwelt aufgeschrieben hat.

Die Folgen der Perserkriege

Nach der Niederlage bei Salamis floh das persische Heer nach Kleinasien. Wenig später zerstörten die Athener in Mykale die persische Flotte und befreiten die griechischen Städte Kleinasiens. Athen schloss sich mit den Küstenstädten und Inseln der Ägäis zum Delisch-Attischen Seebund zusammen. Die Einheit der Griechen sollte gestärkt werden um in Zukunft einer persischen Bedrohung besser standzuhalten. Dafür, dass Athen den größten Teil der gemeinsamen Flotte stellte, verlangte es eine Kostenbeteiligung in Form von Schiffen mit Mannschaften oder von Geld. Die Bündnisbeiträge wurden in die Bundeskasse gezahlt, die auf neutralem Boden, auf der Insel Delos, aufbewahrt wurde. Athen gewann immer mehr Einfluss auf die Verwendung des Geldes. Schließlich wurde die Bundeskasse nach Athen gebracht. Sparta hatte bereits 550 v. Chr. ein ähnliches Bündnis auf der Peloponnes gegründet, den Peloponnesischen Bund. Beide Bündnisse konkurrierten nun um die Vorherrschaft.

M7 **Triere**, Nachbau, Foto, 1989. Vorne ist der Rammsporn sichtbar, mit dem das gegnerische Schiff von der Seite gerammt und versenkt wurde.

11 Stelle dir folgende Situation vor: Der Thete Glaukos kehrt nach der Schlacht bei Salamis nach Athen zurück. Entwirf in Partnerarbeit ein Interview, das ein griechischer Reporter mit Glaukos geführt haben könnte. Die Überschrift lautet „Kampf gegen die Perser".
12 Erkläre den „Delisch-Attischen Seebund".

Hegemonie
Griechische Bezeichnung für die politische, wirtschaftliche oder militärische Vormachtstellung eines Staates innerhalb einer Gruppe von Staaten. In Griechenland baute Sparta seine Hegemonie im 7. Jahrhundert v. Chr. durch die Eroberung der Peloponnes auf. Athen erlangte die Hegemonie unter den Stadtstaaten des Delisch-Attischen Seebundes.

Demokratie in Athen

Die Agora, Rekonstruktionszeichnung, 1999 M1

Athen verändert sich

Wir begleiten den 16-jährigen Kleon im Jahr 442 v. Chr. auf einem Spaziergang durch Athen: Von der Akropolis tönt Baulärm herüber. Am höchsten Ort der Stadt soll Athene ein prachtvoller Tempel errichtet werden. Denn ohne den Beistand der Schutzgöttin hätte der mutige Kampf der Griechen gegen die Perser keinen Erfolg gehabt. Kleon blickt über die Stadt: Unten auf der Agora herrscht geschäftiges Markttreiben. Seitdem Perikles in Athen das Sagen hat, verändert sich ständig etwas. Überall wird gebaut: Tempel, Wohnhäuser, Straßen ... Um Athens Zugang zum Meer zu schützen ist die breite Straße zum Hafen Piräus gesichert worden. Die „Langen Mauern" sind jetzt schon berühmt in ganz Griechenland. Stolz hat Kleon neulich seinen Onkel aus Eretria dorthin geführt. Der hat aber nur laut geschimpft. Dass die Bauwerke Athens auf Kosten der Bundeskasse entstehen, findet er nicht in Ordnung. Die Polis Eretria zahlte einen hohen Beitrag in die gemeinsame Kasse des Seebundes! Warum aber solle seine Heimatstadt für Athen in die Tasche greifen?

Die Pnyx

Im Südwesten liegt die Pnyx. Auf diesem in eine Felskuppe gehauenen Platz findet 40-mal im Jahr die Volksversammlung der Athener statt. Dicht gedrängt stehen dann die Männer zusammen. Gut, dass nie alle Mitglieder Zeit haben an der Volksversammlung teilzunehmen. Denn über 20 000 Personen würden hier niemals Platz finden! Die Versammlung kann über alles abstimmen, auch über die kleinsten Dinge. Jeder hat das Recht auf der Pnyx zu reden. Tatsächlich aber gehört einiges dazu, eine Versammlung dieser Größe zu überzeugen. Nur die Männer mit genügend Bildung, Erfahrung und Redekunst bringen Anträge ein. Sie heißen Demagogen*. Perikles ist das beste Beispiel: Von seinen Auftritten auf der Pnyx spricht ganz Athen. Den armen Athenern, von denen viele als Ruderer den Sieg gegen die Perser errungen haben, hat er neulich noch mehr politische Rechte versprochen. Kein Wunder, dass gerade sie ihn zum Feldherrn gewählt haben.

Der Areopag

Nicht weit von der Pnyx liegt der Areopag*. Nach diesem Hügel wird auch der Rat genannt, der hier tagt. Früher war der Areopag das wichtigste Gericht und er kontrollierte die Beamten. Im Areopag saßen reiche und einflussreiche Adlige, die vorher hohe Ämter in Athen innegehabt hatten. Seitdem haben sich die Zeiten aber geändert. Kleons Vater erzählt noch oft, welchen Aufruhr es 461 v. Chr. gab, als die Macht des Adelsrats endgültig gebrochen wurde. Damals war es Ephialtes und seinen Anhängern, den Theten, gelungen, die Volksversammlung auf ihre Seite zu bringen. Der Areopag hatte seitdem nur noch die Aufgabe bei Mordfällen das Urteil über Leben und Tod zu sprechen. Sämtliche Regierungsaufgaben waren an den Rat der Fünfhundert und an die Volksversammlung gefallen. Seit dieser Zeit, so hatte der Vater erklärt, herrsche in Athen die Staatsform der Demokratie.

M2 Ein Bauprogramm für Athen

Der griechische Schriftsteller Plutarch (um 45–120 n. Chr.) berichtete, dass der Politiker Perikles 450 v. Chr. ein großes Bauprogramm durchsetzte:

Perikles legte dem Volk großartige Pläne für Unternehmungen und Bauten vor, welche viele Handwerker für lange Zeit beschäftigen konnten. Auf diese Weise wollte er den Bürgern, die zu Hause blieben, genauso wie den Schiffsmannschaften ... und den Truppen im Felde die Möglichkeit bieten aus dem Bundesschatz Nutzen und Vorteil zu ziehen. Vielerlei Materialien wurden benötigt, Steine, Erz, Elfenbein, Gold, Eben- und Zypressenholz, und zu ihrer Bearbeitung brauchte es mancherlei Handwerker, so Zimmerleute, Bildhauer, Kupferschmiede, Steinmetzen, Färber, Goldarbeiter, Elfenbeinschnitzer, Maler, Sticker, Graveure. Die Transporte zur See brachten den Reedern, den Matrosen und Steuerleuten Beschäftigung, diejenigen zu Lande den Wagenbauern, Pferdehaltern und Fuhrleuten, den Seilern, Leinewebern, Sattlern, Straßenbauern und Bergknappen.

Plutarch, Leben des Perikles, Kap. 12, übers. von Walter Wuhrmann, München (dtv) 1981, S. 310 f.

Der Rat der Fünfhundert

Am Rand der Agora kann Kleon die beiden viereckigen Gebäude erkennen, in denen die Ratsvorsitzenden tagen. Kleon erinnert sich noch gut an das Jahr, als sein Vater in den Rat der Fünfhundert gelost worden war. Er half dort die Volksversammlungen vorzubereiten und wachte mit darüber, dass die Beamten Athens die Beschlüsse der Volksversammlung richtig ausführten. Für einen Monat führen 50 der Ratsmitglieder den Vorsitz im Rat der Fünfhundert. Während dieser Zeit wohnen sie im Zentrum der Stadt. Kleon hatte nach der Schule immer den Umweg über die Agora gemacht um einen Blick von seinem Vater zu erhaschen, wenn der zum Essen in den Rundbau hinüberging.

Das Volksgericht

Voller Ehrfurcht blickt Kleon auf den ummauerten Platz, der neben der breiten Marktstraße liegt. Jeden Tag werden hier die Richter für die einzelnen Abteilungen des Volksgerichts ausgelost. So verhindern die Athener, dass Kläger oder Angeklagte die Richter vor dem Prozess bestechen können. Neuerdings werden die Richter und alle anderen Athener, die ein Amt erhalten haben, aus der Staatskasse bezahlt. Schließlich sollen auch die ärmeren Bürger die Möglichkeit haben ein politisches Amt zu übernehmen. Ohne die Bezahlung der so genannten Diäten könnten sie es sich nicht leisten, ihre Landwirtschaft oder ihren Handwerksbetrieb zu verlassen.

1 Kleon spricht davon, dass sich in Athen viel verändert hat. Liste die Veränderungen auf.
2 Arbeite aus M2 heraus, welche Absicht Perikles mit den zahlreichen Neubauten in Athen verfolgte.
3 Über die Baupolitik des Perikles waren sich die Zeitgenossen uneins. Stelle fest, welche Bevölkerungsgruppe die Politik des Perikles unterstützte und wer dagegen war. Begründe warum (Darstellungstext, M2).

Athen festigt sich nach innen und außen

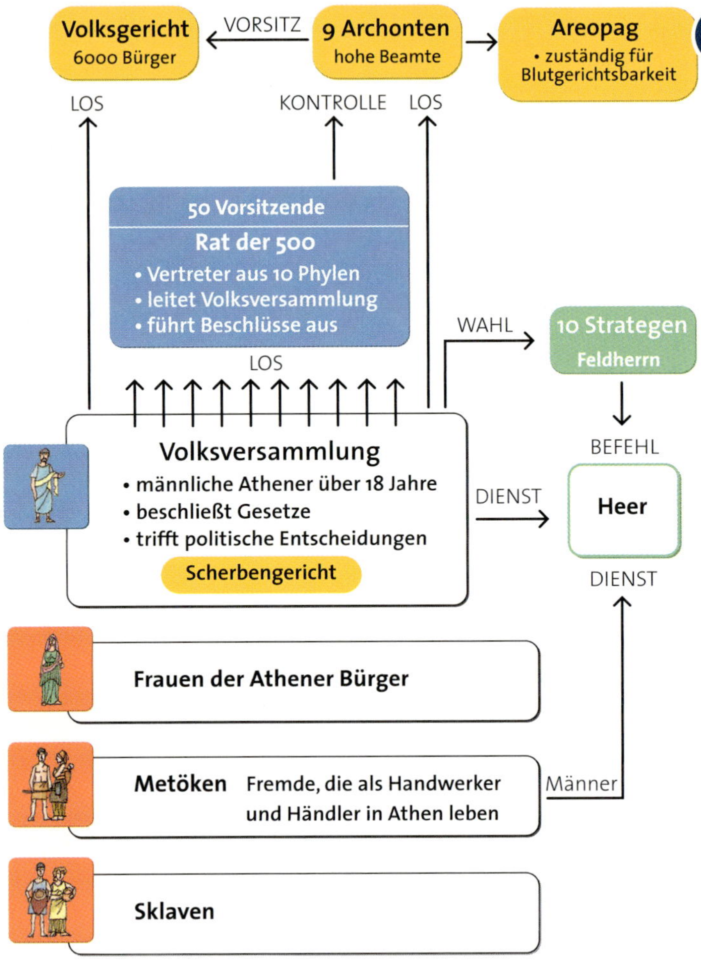

M3 Die Verfassung der attischen Demokratie nach 461 v. Chr.

M4 „Mit Recht hat das Volk mehr Macht"

Aus der Streitschrift eines Atheners, um 430 v. Chr.

Mit Recht hat in Athen das Volk mehr Macht als die Adligen und mit Recht wird das Volk bevorzugt. Es sind nämlich die Steuerleute, die Kommandogeber der Ruderer auf den Schiffen, ihre Unterführer und die Schiffszimmerleute, die der Stadt ihre Machtstellung verschaffen und weniger das schwer bewaffnete Fußvolk des Heeres und die Adligen. Deshalb ist es richtig, dass die Ämter allen offen stehen und dass jeder sich öffentlich zu Wort melden kann.

Pseudo-Xenophon, Vom Staat der Athener, 1–10. Übers. und Bearb. d. Verf.

Demokratie

Nach den griechischen Wörtern demos (= Volk) und kratein (= herrschen) Bezeichnung für eine Staatsform, in der das Volk über die Politik eines Staates entscheidet. In vielen griechischen Stadtstaaten nahmen alle männlichen Bürger an den Beratungen und Beschlüssen der Polis teil. In den meisten modernen demokratischen Staaten dagegen wählen alle erwachsenen Männer und Frauen ein Parlament, das ihre Interessen vertritt.

Perikles

Perikles (um 490–429 v. Chr.) wurde nach 460 v. Chr. ein führender Politiker in Athen. Von 443–429 v. Chr. wurde er jedes Jahr erneut zum Strategen gewählt, also zu einem der zehn Beamten, die das Landheer und die Flotte Athens führten. Der attische Geschichtsschreiber Thukydides (um 460–400 v. Chr.) sagte, Athen sei in dieser Zeit nur dem Namen nach eine Demokratie gewesen, in Wirklichkeit habe der erste Mann (nämlich Perikles) geherrscht. Aber auch Perikles musste immer wieder die Volksversammlung für sich gewinnen.

4 Beschreibe das Schaubild M3:
a) Stelle fest, welche politischen Ämter es gab und wer sie erlangen konnte. Wo lag die eigentliche Macht?
b) Überlege, warum die Strategen gewählt und nicht ausgelost wurden.

5 Nimm zu der Behauptung in M4 Stellung, dass in der Verfassung Athens die Armen und das Volk den Vorzug vor den Vornehmen und Reichen hätten.

6 Informiere dich anhand des Kastens über Perikles' Leben:
a) Erkläre mithilfe des Schaubildes M3, wie ein einzelner Politiker große Macht erringen konnte.
b) Auf welche Weise hätte die Athener Volksversammlung Perikles leicht entmachten können?

M5 Athen als Vorbild?

Es war in Athen üblich, die im Krieg Gefallenen öffentlich zu bestatten. Nach dem ersten Jahr des Peloponnesischen Krieges (siehe S. 118) hielt Perikles die Lobrede auf die Toten, die Thukydides (um 460–400 v. Chr.) überlieferte:

Wer für sein Hauswesen sorgt, achtet auch auf das Wohl des Staates. Während er seiner eigenen Arbeit nachgeht, bedenkt er auch die öffentlichen Angelegenheiten. Wir nennen einen Bürger, der sich darum nicht kümmert, zwar nicht faul, aber unnütz. So erreichen wir die Fertigkeit die Dinge zu beurteilen und durchzuführen. Die Aussprache darüber halten wir keineswegs für hinderlich oder unnötig; im Gegenteil: Es bringt Schaden, wenn man sich über Geplantes nicht unterhält und es nicht berät.

Thukydides, Geschichte des Peloponnesischen Krieges II 40, übertr. und überarb. von Josef Feix, München 1959, S. 45.

Politik in der Schule

In jeder Schule gibt es die Schülervertretung. Sie besteht aus: Schulsprecher/in, Schülerrat, Verbindungslehrer/in, Klassensprecher/in und Schülervollversammlung.

a) Zeichnet (an der Tafel oder auf einem Plakat) ein Schaubild, aus dem hervorgeht:
- wie die Ämter zueinander angeordnet sind,
- wie über die Besetzung der Ämter entschieden wird,
- welche Aufgaben die Mitglieder der Schülervertretung haben.

b) Jeden Tag müssen an eurer Schule Entscheidungen getroffen werden – über die Anzahl der Klassenarbeiten, über das Ziel von Klassenfahrten, über den Einkauf neuer Möbel. Diskutiert, auf welche Weise ihr Einfluss nehmen könnt.

Politik kommt von Polis

Von dem Wort „Polis" ist das Wort „Politik" abgeleitet. Dieses Wort verwenden wir heute, wenn Menschen darüber verhandeln, welche Rechte und Pflichten sie als Bürger in ihrem Staat haben. Regierungen machen gemeinsam Politik, wenn ihre Staaten ein gutes Verhältnis zueinander haben möchten. Das heißt sie treffen gemeinsam Entscheidungen und beschließen Gesetze, an die sich alle halten sollen. „Politik" kommt nicht ohne Grund von „Polis". Denn in den Stadtstaaten Griechenlands stand immer eine Frage im Mittelpunkt: Wie kann das Zusammenleben der Bewohner am besten organisiert, die Macht am besten verteilt werden? Von den Athenern wissen wir, dass sie im Laufe der Jahrhunderte eine Ordnung fanden, in der viele der Polisbewohner zufrieden lebten. Das lag vor allem daran, dass sich die Athener, wenngleich nur die freien Männer, gleichberechtigt an den Entscheidungen der Polis beteiligen konnten und sich für die Geschicke ihres Stadtstaates verantwortlich fühlten. Diese Ordnung nannten die Griechen „Demokratie". Wenn heute viele Europäer behaupten, dass ihre Wurzeln im antiken Griechenland liegen, dann denken sie meistens an die demokratische Staatsform, die die Bürger der Polis Athen „erfunden" haben.

7 Informiere dich über den Begriff Demokratie (Kasten) und nenne mindestens zwei wichtige Unterschiede zwischen der antiken und einer modernen Demokratie.

8 Auch heute werden in der Politik Diäten gezahlt. An wen? Schlage in einem Lexikon nach.

9 Gib den Inhalt von M5 in deinen Worten wieder: Wie haben in den Augen von Perikles die Athener eine gute Staatsordnung gefunden?

10 Erkläre mit deinen eigenen Worten, was das Wort „Politik" bedeutet. Nenne Beispiele für Politik aus deiner Umgebung (Schule, Gemeinde, Stadt).

Alltag in Athen

Wirtschaft und Arbeit in Athen

Athen und Piräus im 5. Jh. v. Chr. Neben dem Handelshafen Piräus gab es zwei Kriegshäfen: Zea und Munychia. Insgesamt konnten im Hafen von Piräus etwa 400 Schiffe liegen. Er war ummauert und durch die „Langen Mauern" mit der Stadt Athen verbunden.

M1

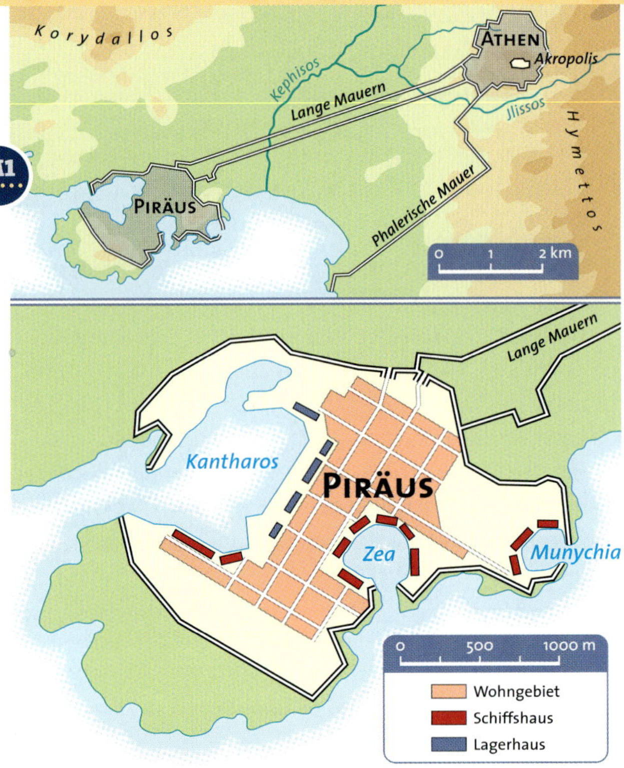

Attika – ein neues Handelszentrum

„Brauchen wir in Athen so viele ausländische Waren?" So könnte ein Gespräch zwischen zwei Athenern beginnen, die sich den Hafenbetrieb in Piräus anschauen. Wir befinden uns etwa im Jahre 430 v. Chr. In Attika leben circa 300 000 Menschen. Sie müssen versorgt werden – vor allem mit Getreide, denn das in Attika angebaute Getreide reicht bei weitem nicht mehr für die ganze Bevölkerung aus. Das Gleiche gilt auch für andere Waren, die in Athen begehrt sind. So treffen im Hafen von Piräus täglich Handelsschiffe ein, die mit Waren angefüllt sind. Diese Segelschiffe können 30 bis 100 Tonnen Ladung transportieren. Bevor die Ware in Athen verkauft wird, stellen athenische Beamte fest, wie viel Zoll die Händler in die Stadtkasse zahlen müssen. Schon bald verlassen die Schiffe Athen wieder um nach einigen Tagen andere Städte zu erreichen. Von Piräus nach Rhodos zum Beispiel brauchen sie etwa 3 1/2 Tage, zur Küste Nordafrikas über 7 Tage. Die leeren Schiffsbäuche werden vorher gut mit Waren gefüllt, denn die Handwerker Athens produzieren viele Produkte für den Export*, das heißt ihre Produkte werden in andere Städte und Länder verkauft. Für die Athener sind die Exportwaren lebenswichtig – schließlich braucht die Bevölkerung das Geld um den Import*, die eingeführten Waren, zu bezahlen. „Ohne importierte Waren könnten wir in Athen und Attika nicht lange überleben – zumindest nicht wenn wir weiter ein angenehmes Leben führen wollen." Zu diesem Ergebnis könnten die beiden Athener in Piräus vermutlich kommen.

Die Wirtschaft Athens – Quellen und Überreste

Woher hat die Geschichtsforschung ihr Wissen über die Wirtschaft Athens? Da sind zunächst die schriftlichen Quellen der Dichter, Schriftsteller und frühen Geschichtsschreiber. Inschriften auf Stein oder in Bronze enthalten Informationen über Besitz- und Pachtverträge. Viele aufschlussreiche Überreste finden sich zum Beispiel dort, wo ein griechisches Handelsschiff im Sturm untergegangen ist: Münzen, die sich darin befanden, geben Hinweise auf die Geldwirtschaft und die Metallproduktion. Auf den Scherben von Keramikgefäßen wie Vasen und Amphoren sind zahlreiche Malereien zu sehen, darunter handwerkliche Tätigkeiten wie das Weben oder das Schmieden. Auch Kunstgegenstände aus Bronze, Silber oder Gold geben uns Informationen über die Wirtschaft der Griechen.

1. Begründe, warum Athen auf Importe angewiesen war. Denke auch an die Landschaft Attikas. Lies dazu auf den Seiten 76 und 91 nach.
2. Beschreibe die Lage von Athen und Piräus. Erläutere anhand von M1, wie Stadt und Hafen gesichert waren.
3. Zeichne eine Tabelle mit den Spalten „Ware" und „Herkunftsland" und fülle sie mithilfe von M2 aus. Erläutere die Verwendung der Produkte.
4. Erarbeite anhand von M3 die Bedeutung Athens als Handels- und Seemacht. Begründe, wie Handel und militärische Macht zusammenhingen.

M2 **Importhandel Athens im 5. Jahrhundert v. Chr.**

M3 Athen – nur eine Handelsmacht?

Ein Athener Gelehrter schrieb um 430 v. Chr.:

Nur die Athener können über die Erzeugnisse aller Griechen und Barbaren verfügen. Wie will eine andere Stadt ihre Überschüsse an Schiffsholz, Eisen, Kupfer und Flachs ausführen, ohne dass das seebeherrschende Athen zustimmt oder die Waren abnimmt? Würde sie gegen den Willen Athens Waren verfrachten, würde ihr die herrschende Seemacht die Handelswege abschneiden. Außerdem trifft eine Missernte die Seemacht weniger als die Landmacht. Denn da Missernten nicht überall gleichzeitig auftreten, kann die herrschende Seemacht immer noch Ernteerzeugnisse aus Überschussländern einführen.

Pseudo-Xenophon 1, 11–14. Übers. und Bearb. d. Verf.

M4 **Händler beim Abwiegen von Ware,** Vasenmalerei, um 550 v. Chr. Helfer unterstützen den Händler.

Griechische Produkte – eine Erkundung

Erkunde, welche Produkte aus Griechenland bei uns im Handel sind. Frage zu Hause nach oder achte beim Einkauf im Supermarkt darauf. Finde auch heraus, ob es ein griechisches Geschäft in deiner Nähe gibt und besuche es. Lege eine Liste der Produkte an und berichte in der Klasse.

5 Welche Informationen über den Handel Athens kannst du anhand von M4 gewinnen?

6 Prüfe die Abbildungen auf den Seiten 108 bis 111 und stelle fest, was sie über die Wirtschaft Griechenlands mitteilen.

Alltag in Athen

M5 **Werkstatt eines Schuhmachers,** Vasenmalerei, um 640 v. Chr.

M6 Das Ansehen der Handwerker

Über die handwerkliche Arbeit schrieb der athenische Bürger Xenophon (um 425–355 v. Chr.):

Die so genannten Handwerke … genießen mit Recht in den Städten keine besondere Achtung. Denn sie zerrütten den Arbeitern … die Körper, indem sie dieselben zum Sitzen und zum Stubenluftschlucken nötigen. Wenn aber die Körper gebrechlich werden, erleiden auch die Seelen eine bedeutende Abschwächung. Auch gewähren die so genannten Handwerke meistenteils keine Muße, … [so]dass Menschen aus solchen Schichten teils für den geselligen Umgang, teils als Kämpfer fürs Vaterland untauglich erscheinen.

Xenophon, Ökonomikus 4, 2–3. Zit. nach Rolf Rilinger (Hg.), Leben im antiken Griechenland, 1. Aufl., München (Piper) 1990, S. 449.

Handwerker – am Rande der Gesellschaft?

Die Waren, die die Athener für sich selbst und den Export benötigten, stellten die Handwerker aus Attika her. Besonders bekannt waren die Athener Töpfer aus dem Handwerkerviertel Kerameikos. Sie lieferten ihre Tongefäße in alle griechischen Kolonien. Die meisten Handwerker gehörten zu der Bevölkerungsgruppe der Metöken* und Sklaven. Die Bürger Athens dagegen übten selten ein Handwerk aus.

Metöken, das heißt auf Griechisch „Mitbewohner", waren zugezogene Griechen. Sie leisteten Militärdienst, hatten aber keine politischen Rechte wie die Bürger (siehe S. 106). Im Gegensatz zu den Bürgern Athens mussten sie Steuern zahlen. Da Metöken kein Land besitzen durften, wohnten sie in der Stadt in einfachen Häusern. Ein Metöke, der eine Werkstatt leitete, stellte in der Regel mehrere Sklaven ein, die für ihn die Arbeit erledigten. In größeren Werkstätten konnten über 100 Sklaven beschäftigt sein. Im griechischen Handwerk gab es bereits eine ausgeprägte Arbeitsteilung, zum Beispiel verschiedene Schmiede für Waffen, Werkzeuge oder Gold- und Silberwaren.

M7 **In einer Waffenschmiede,** Vasenmalerei, 5. Jh. v. Chr.

7 Beschreibe anhand von M5, M7 und M8 die Arbeit in den Werkstätten (Werkzeuge, Personen, Tätigkeiten).

8 Erarbeite anhand von M6, wie der Autor die Handwerksarbeit beschreibt. Überlege: Welche Einstellung zu den Metöken und Sklaven wird daraus erkennbar?

M8 **Töpferwerkstatt,** Vasenmalerei, 5. Jh. v. Chr.

M9 **Abbau von Tonerde,** Tontäfelchen aus Korinth, 6. Jh. v. Chr. Der Ton für die zahlreichen Vasen, Amphoren, Krüge oder Teller Attikas wurde von Sklaven in Tongruben abgebaut.

M10 Sklavenmarkt in Piräus

So könnte, nach den Quellen, für den Verkauf von Sklavinnen und Sklaven geworben worden sein:

- Gesunder junger Mann, um 20, für Schwerarbeit geeignet, 160 Drachmen
- Junge Frau, gute Weberin, 30 Jahre, 120 Drachmen
- Hausdiener, 35, sehr erfahren, schreib- und rechenkundig, 200 Drachmen
- Bergbaufachmann, Spezialist, 6000 Drachmen

[Zum Vergleich: Der Handwerkerlohn betrug im Durchschnitt 15 Drachmen pro Monat.]

Verfassertext

M11 Ein Gesetz über Sklavinnen und Sklaven

Der Athener Platon (427–347 v. Chr.) schrieb über Sklaven:

Wenn ein Sklave oder eine Sklavin irgendetwas von fremdem Eigentum beschädigt, ohne dass der Geschädigte … daran mitschuldig geworden ist, so soll der Herr des Schädigers entweder den Schaden ohne Rest ersetzen oder den Schädiger selbst ausliefern … Und wenn ein Zugtier oder ein Pferd oder ein Hund oder sonst ein Haustier etwas vom Besitz des Nachbarn beschädigt, soll der Besitzer in gleicher Weise den Schaden ersetzen.

Platon, Gesetze XI 936 c–e. Zit. nach Rolf Rilinger (Hg.), Leben im antiken Griechenland, 1. Aufl., München (Piper) 1990, S. 290.

Sklaven in Athen

Neben den attischen Bürgern hatten die Sklaven den zahlenmäßig größten Anteil an der Gesamtbevölkerung. Zur Zeit des Perikles lebten ungefähr 100 000 Sklavinnen und Sklaven mit ihren Kindern in Attika. Die Sklaven waren Kriegsgefangene oder wurden von fremden Herrschern als Handelsware aus Syrien, Lydien oder Thrakien an Athen verkauft. Die meisten Athener Familien besaßen Sklaven. Sie wurden fast überall zur Arbeit eingesetzt: in der Landwirtschaft und auf Baustellen, im Haus als Erzieher oder Köchinnen. Einige von ihnen hatten auch öffentliche Aufgaben. Aus Quellen wissen wir, dass Sklaven zum Beispiel als Polizisten tätig waren.

Ein hartes Los hatten die Sklaven, die in den Silberbergwerken von Laurion arbeiten mussten. Für Athen war der Silberabbau eine wichtige Einnahmequelle. Daher arbeiteten teilweise bis zu 30 000 Sklaven in den engen Bergwerksschächten, unter ihnen waren viele Kinder. Die Bergarbeiter wühlten sich durch die oft nur 90 cm hohen Gänge tief in die Berge hinein.

9 Trage zusammen, was du in diesem Kapitel über die Sklaven in Griechenland erfahren hast.

10 Untersuche mithilfe von M9, M10 und M12 die Tätigkeitsfelder, in denen Sklaven arbeiteten.

11 Erarbeite aus M10 und M11 Merkmale der rechtlichen Stellung und des Alltagslebens der Sklaven. Nimm Stellung.

M12 **Sklaven bei der Olivenernte,** attischer Krug, 6. Jh. v. Chr.

Frauen und Männer in Athen

M1 **Griechische Hausgemeinschaft,** Wandrelief, undatiert.
An einem Altar stehen Vater, Mutter und Kind, links die übrigen Mitglieder der Familie: die Gäste und Sklaven. Rechts ist vermutlich der Heilsgott Aeskulap mit einer göttlichen Begleiterin abgebildet.

Was heißt hier „gleichberechtigt"?

„Männer und Frauen sind gleichberechtigt." So heißt es im Grundgesetz der Bundesrepublik Deutschland. Wie stand es damit im antiken Athen? Die Athener hatten die Demokratie eingeführt, weil möglichst viele Bürger gleiche politische Rechte haben sollten. Dennoch hatten sie die Frauen aus der Volksversammlung und von Ämtern ausgeschlossen. Auf welche Weise beteiligten sich die Athenerinnen am Leben in der Polis?

1 Vermute anhand von M1, welche Rolle die einzelnen Mitglieder in einem griechischen Haushalt spielten. Schlage dazu auch auf S. 82 nach.

M2 Kein Geschäft ohne den Ehemann?

Der Historiker Wolfgang Schuller schreibt über die Rolle der Frauen in Athen (1995):

In der Politik hatte die athenische Frau keinerlei Rechte. … Eine nur minimale Position hatte die athenische Frau im Rechtsleben. Grundlegend ist die Tatsache, dass sie wie ein Kind rechtlich zeitlebens unter Vormundschaft stand. Ihr Herr, der Kyrios, war entweder ihr Vater … oder ihr Ehemann. Sie konnte außer einfachen Geschäften des täglichen Lebens ohne ihren Kyrios kein Geschäft rechtsgültig abschließen. So konnte sie nicht selber prozessieren und kein Testament machen.

Wolfgang Schuller, Frauen in der griechischen und römischen Geschichte, Konstanz (Universitätsverlag) 1995, S. 55.

M3 **Frauen zu Hause beim Spinnen,** Vasenmalerei, um 500 v. Chr.

M4 Aufgabenteilung unter Eheleuten

Zu dem Thema „Die Rolle der Frauen und Männer in Athen“ äußert sich das Ehepaar Elpinike und Euktemon. Die Äußerungen der beiden (erfundenen) Personen wurden nach Ergebnissen aus der Geschichtsforschung zusammengestellt:

4A *Elpinike:* Anders als mein Bruder hatte ich nur eine kurze Schulausbildung. Ich kann aber lesen und schreiben. Die meisten Mädchen aus weniger wohlhabenden Schichten haben keinen Unterricht. Verheiratet wurde ich mit fünfzehn. Mein Vater hat für mich den Ehemann ausgesucht. Euktemon war 30 Jahre, als wir heirateten. Meine Mitgift, das ist die Ausstattung, die ich von meinen Eltern für die Heirat mitbekommen habe, gehört zu unserem gemeinsamen Haushalt. Sie bleibt mein Eigentum, damit ich etwas besitze, falls mein Mann sterben sollte.
Wir Frauen haben wenig Zeit das Haus zu verlassen, weil wir die Hauswirtschaft leiten. Das ist eine Menge Arbeit: mit den Sklavinnen und Sklaven die Einkäufe organisieren, für die Zubereitung der Mahlzeiten sorgen, Vorräte anlegen und die Arbeit des Spinnens, Webens und Nähens gemeinsam mit der Dienerschaft erledigen. Mir bleibt aber noch Zeit mich mit Nachbarinnen und Freundinnen zu treffen und Feste, vor allem religiöse, zu feiern. Die Frauen der Metöken sieht man häufiger auf der Straße, besonders auf der Agora. Denn als Bäuerinnen, Marktfrauen, Wollarbeiterinnen und Gastwirtinnen befindet sich ihr Arbeitsplatz meistens außerhalb des Hauses. Im öffentlichen und politischen Leben haben wir nichts zu sagen. So dürfen wir keine Reden halten und nicht an Wahlen teilnehmen.

4B *Euktemon:* Meine Erziehung und Schulausbildung waren darauf ausgerichtet, später einmal eine Familie zu gründen und Herr unseres Oikos zu werden. Dazu muss man etwa 30 Jahre alt sein und eine Familie versorgen können. Meine beiden jüngeren Brüder mussten das Haus verlassen, weil unsere Hausgemeinschaft nicht alle ernähren konnte. Sie haben sich als Kolonisten eine neue Heimat gesucht.
Ich bin der „Kyrios“, der Herr der Hausgemeinschaft. Wenn ich im Krieg sein sollte oder sterbe, leitet meine Frau den Oikos – so lange, bis mein ältester Sohn volljährig wird und als Hausherr eingesetzt werden kann. Mein Frau Elpinike habe ich geheiratet, als sie fünfzehn war. Ich hatte sie vorher nicht gesehen. Das wichtigste Ziel unserer Ehe ist es, Kinder zu haben, die den Bestand des Oikos sichern – am besten erst einmal einen Sohn. Für uns Griechen sind Kinder sehr wichtig, denn so können wir unsere Lebensweise an die nachfolgenden Generationen weitergeben.
Die Arbeit im Haus und die außerhalb des Hauses haben die Götter richtig aufgeteilt. Die Frauen sind für die Arbeit im Haus geeignet, die Männer besser für die Politik, für den Schutz von Haus und Eigentum, für den Kriegsdienst und die Arbeit auf den Feldern.

Verfassertext

M5 **Die Hausherrin überreicht dem Gast eine Trinkschale,** Vasenmalerei, 4. Jh. v. Chr.

2 Beschreibe anhand von M4A die Rolle von Elpinike in ihrer Familie. Achte auf ihre Aufgaben im Haus und ihre Stellung außerhalb des Hauses. Ziehe M1, M3 und M5 mit heran.

3 Stelle aus M4B zusammen, wie Euktemon seine Rolle in der Familie sieht und wie er sie begründet.

4 Prüfe die Aussagen in M2. An welcher Stelle finden sie sich in M4 wieder? Kläre zunächst die Begriffe Vormundschaft und Testament.

5 Auf Seite 110 hast du erfahren, dass die Athener Bürger handwerkliche Arbeit ablehnten. Überlege, wie sie die Hausarbeit ihrer Frauen rechtfertigen konnten.

6 Schreibe Euktemon einen Brief über deine Auffassung zur Gleichberechtigung von Mann und Frau.

Die Griechen deuten ihre Welt

M1 **Griechische Theaterszene,** Vasenmalerei, 4. Jh. v. Chr.

Warum gibt es Theater in Athen?

Stundenlang plagen sich die Schauspieler hinter schweren Masken ab. Sie spielen Frösche, Sklaven und Götter. Sie schwitzen und sind am Ende völlig erschöpft. Was für ein seltsamer Beruf! Kämen wir mit einem griechischen Schauspieler ins Gespräch, könnte er uns das Folgende erzählen:
Athen ist der Geburtsort des Theaters. Jedes Jahr im Frühling finden Theateraufführungen statt zu Ehren des Gottes Dionysos, dem Gott des Weines und der Lebensfreude. Es ist Fest und Wettkampf zugleich. Die Bühnenschriftsteller wetteifern um die Ehre des Gottes. Die extra für dieses Fest geschriebenen Stücke werden von Preisrichtern und dem Publikum bewertet. Der siegreiche Schriftsteller bekommt den Ehrenkranz aus Efeu und wird in ganz Griechenland berühmt.
Wir spielen Tragödien und Komödien. Die Tragödien* handeln davon, dass die Menschen gegen ihre eigenen und gegen göttliche Gesetze verstoßen. Das endet mit furchtbaren Strafen. Die Zuschauer fühlen Furcht und Mitleid. Sie sollen aus dem Stück lernen und gute Menschen werden. Die Komödien* sind lustige Stücke. Meistens greift der Dichter ein aktuelles Problem aus dem Alltag der Zuschauer auf. In lustiger Weise werden die Mächtigen kritisiert und auch lächerlich gemacht. In unserem demokratischen Athen ist das erlaubt. Die besten Tragödien stammen von Aischylos, Sophokles und Euripides, die besten Komödien hat Aristophanes geschrieben.
Unsere Schauspieler tragen Masken. Sie drücken die verschiedenen „Seelenzustände" der Schauspieler in ihrer Rolle aus. Außerdem klingt der Ton der Stimme besser. Übrigens: Die Schauspieler sind ausschließlich Männer, auch für die Frauenrollen. Fast immer findet sich ein reicher Bürger, der die Kosten für die Schauspieler und die Kostüme übernimmt. Die Zuschauer kommen aus allen Bevölkerungsgruppen.

M2 **Das Dionysostheater** (vom Südabhang der Athener Akropolis aus gesehen), Foto, 1979. Die ersten Teile des Gebäudes entstanden 400 v. Chr. Vollendet wurde es um 330 v. Chr. Es fasste 17 000 Zuschauer.

Wer findet die Weisheit und die Wahrheit?

Das griechische Theater sollte den Menschen helfen sich selbst und die Welt besser zu verstehen. In ähnlicher Weise versuchten auch die Philosophen das menschliche Leben und die Beschaffenheit der Welt zu ergründen. Sie gaben sich nicht mehr mit den Göttern als „Ursprung" der Menschen und Dinge zufrieden, sondern suchten nach Erklärungen, Regeln und Gesetzen. Der Grieche Anaxagoras zum Beispiel erklärte Naturerscheinungen wie Gewitter oder Erdbeben nicht mehr durch die Taten von Göttern, sondern er suchte die Begründung in der Natur selbst. Viele unserer Wissenschaftler heute greifen auf Erkenntnisse zurück, die von den griechischen Philosophen stammen.

Philosophie

Griechische Philosophen (= griech. Weisheitsliebende oder Weisheitssuchende) versuchten seit dem 6. Jahrhundert v. Chr. die Entstehung der Welt und die Ursachen der Naturerscheinungen mit der Vernunft und nicht länger mit dem Willen der Götter zu erklären. Seit dem 5. Jahrhundert v. Chr. rückte der Mensch zunehmend in den Mittelpunkt der Philosophie. Berühmte Philosophen wie Sokrates, Platon und Aristoteles stellten Fragen nach dem Sinn des Lebens, nach Gut und Böse und nach der Wahrheit. Sie stellten praktische Regeln auf, nach denen die Menschen am besten leben sollten.

M3 Drei Philosophen stellen sich vor

Sokrates (470–399 v. Chr.):

3A „Ich weiß, dass ich nichts weiß." Das ist mein Leitgedanke für meine philosophische Arbeit. Ich beschäftige mich vor allem mit der Frage, was „richtiges" und was „falsches" Handeln ist.
Mit meinen Reden errege ich in der Öffentlichkeit viel Aufmerksamkeit. Man wirft mir vor die Jugend verführt und zum Aufruhr überredet zu haben. Nun bin ich deshalb zum Tode verurteilt worden. Obwohl ich fliehen könnte, werde ich den Becher mit dem Gift der Schierlingspflanze trinken.
Verfassertext

Platon (427–347 v. Chr.):

3B Ich war einer der Schüler von Sokrates und habe die Gespräche und Gedanken meines Lehrers aufgezeichnet. Ich reise gerne. Außerdem befasse ich mich mit der Frage, welcher Staat für die Menschen am besten ist.
Ich bin überzeugt, dass es irgendwann einmal die ideale Polis geben wird.
Verfassertext

Aristoteles (384–322 v. Chr.):

3C Ich war Platons Schüler und habe nach seinem Tod in Athen eine Schule und eine Bibliothek gegründet. Nach meiner Auffassung brauchen wir einen Ort, wo das ganze Wissen unserer Zeit zusammengefasst wird. Alle Dinge müssen wir genau beobachten, wenn wir herausfinden wollen, wie sie funktionieren. Außerdem beschäftige ich mich mit den Gesetzen, nach denen unser Denken funktioniert.
Verfassertext

1 Stelle zusammen, was im Darstellungstext über Ursprung und Bedeutung des Theaters, die Stücke und die Zuschauer gesagt wird.

2 Beschreibe die Abbildung M1 genau und erkläre, was zu sehen ist. Lies vorher den Darstellungstext.

3 Beschreibe M2 und vergleiche das Dionysostheater mit einem Theaterbau aus heutiger Zeit.

4 Fasse die Aussagen der Philosophen (M3) in einer Tabelle zusammen und vergleiche.

5 Überlege, warum viele griechische Philosophen aus Athen kamen.

6 Informiere dich in Lexika über die Bühnenschriftsteller Aischylos, Sophokles und Euripides und berichte in der Klasse. Zeige Abbildungen.

Ein Griechenland-Quartett

Vorbereitung

– Stellt 24 Spielkarten aus dünnem Karton her (Blankospielkarten, Karteikarten o. Ä.). Vorsicht: Die Rückseite muss bei allen Karten gleich aussehen!
– Kopiert alle Karten dieser Doppelseite auf ein Din-A3-Blatt (evtl. 120 % vergrößern) und klebt dann die Abbildungen auf die Karten.

Spielanleitung

1. Bildet Gruppen von mindestens drei Personen. Jede Spielergruppe erhält ein Kartenspiel.

2. Alle Karten werden gut gemischt und im Uhrzeigersinn verteilt. Wer Glück hat, kann schon jetzt fertige Quartette offen auslegen – also vier Karten, die zusammengehören. Ein Quartett erkennst du an seinem Oberbegriff. Zum Beispiel hat das Quartett „Kunst" die Karten Amphore, Kuros, Faustkämper und Parthenon.

3. Jetzt geht es los: Der Spieler links vom Kartengeber fragt einen anderen Spieler in der Runde nach einer bestimmten fehlenden Karte. Wenn der andere Spieler die Karte hat, muss er sie herausrücken und der Frager darf weiterfragen. Wenn der andere Spieler die Karte nicht hat, ist er jetzt an der Reihe mit Fragen.

4. Gewonnen hat der, der am Ende die meisten fertigen Quartette vor sich liegen hat.

Variante

Sicher könnt ihr noch eine Reihe anderer Quartette bilden. Bastelt weitere Spielkarten zum Thema „Das antike Griechenland".

Viel Spaß!

Kunst

Amphore
Kuros
Faustkämpfer

Arbeit

Töpfer
Sklaven
Händler

Kunst

Faustkämpfer
Parthenon
Kuros

Arbeit

Frau
Sklaven
Händler

Kunst

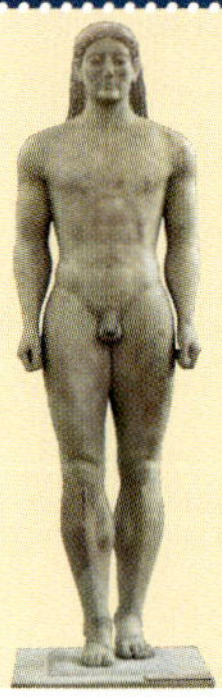

Parthenon
Faustkämpfer
Amphore

Arbeit

Frau
Sklaven
Töpfer

Kunst

Parthenon
Amphore
Kuros

Arbeit

Frau
Töpfer
Händler

Politik

Scherbengericht
Perikles
Bürger

Auf dem Olymp

Zeus
Apollon
Poseidon

Theater/Philosophie

Maske
Sokrates
Aristoteles

Olympische Spiele

Faustkampf
Langstreckenlauf
Schiedsrichter

Politik

Perikles
Solon
Bürger

Auf dem Olymp

Athene
Apollon
Poseidon

Theater/Philosophie

Komödie
Sokrates
Aristoteles

Olympische Spiele

Siegerehrung
Langstreckenlauf
Schiedsrichter

Politik

Scherben-gericht
Solon
Perikles

Auf dem Olymp

Zeus
Athene
Poseidon

Theater/Philosophie

Maske
Komödie
Sokrates

Olympische Spiele

Faustkampf
Siegerehrung
Schiedsrichter

Politik

Bürger
Solon
Scherbengericht

Auf dem Olymp

Zeus
Apollon
Athene

Theater/Philosophie

Maske
Komödie
Aristoteles

Olympische Spiele

Faustkampf
Siegerehrung
Langstreckenlauf

Krieg unter den Stadtstaaten

Krieg – ein Mittel der Politik?

M1 Der Krieg zwischen Sparta und Athen 431–404 v. Chr.

Der Peloponnesische Krieg

Der Sieg gegen die Perser (siehe S. 103) hatte in Athen die Entwicklung zur Demokratie gestärkt und zu einem wirtschaftlichen Aufschwung geführt. Doch die Einheit unter den griechischen Stadtstaaten begann zu schwinden. Die beiden Staaten Sparta und Athen hatten schon lange Zeit um die Macht in Griechenland konkurriert. Der Konflikt verschärfte sich jedoch, je stärker Athen seine Hegemonie auszuspielen begann. Immer häufiger gab es offene Streitigkeiten mit den kleineren Städten des Seebundes – zum Beispiel versuchte Athen Händler aus anderen Stadtstaaten daran zu hindern, ihre Waren in Athen zu verkaufen. Viele Städte baten in Sparta um Unterstützung. Athen schürte den Konflikt weiter, indem es Bundesgenossen Spartas angriff oder diese am Handel hinderte. Von 431 bis 404 v. Chr. führten die beiden Poleis und ihre Verbündeten Krieg. Den Sieg trug Sparta davon: Mit der Unterstützung des persischen Großkönigs zerstörte es die Flotte Athens und zwang die Besiegten die „Langen Mauern" niederzureißen. Sparta hatte die Vorherrschaft in Griechenland errungen.

M2 Politik zum eigenen Nutzen?

Der Historiker Thukydides (um 460–400 v. Chr.) würdigte die Außenpolitik des Perikles und schrieb über die Athener Volksversammlung nach dessen Tod:

Als der Krieg ausbrach, hatte Perikles die Staatsmacht richtig eingeschätzt. Hatte er doch immer betont, dass sie Sieger bleiben würden, wenn sie die Flotte einsetzten und keine Machterweiterungen erstrebten. Die Athener aber betrieben das Gegenteil und ließen sich auf fremde Unternehmungen aus persönlichem Ehrgeiz und zu persönlicher Bereicherung Einzelner ein und trieben so eine schlechte Politik gegen sich selbst und ihre Bündnispartner. Solche Unternehmungen hätten, zum Erfolg gesteuert, allenfalls den Einzelnen Ruhm und Nutzen bringen können, gescheitert mussten sie sich für die Polis zum Schaden auswirken.

Thukydides, Peloponnesischer Krieg VI, 15 ff. Übers. d. Verf.

Die Demagogen im Krieg

Nach dem Tod des Perikles 429 v. Chr. hatten in Athen Demagogen* großen Einfluss auf die Politik gewonnen. Viele Politker wussten inzwischen genau, wie man eine Volksversammlung überzeugte und Karriere als Politiker machen konnte. Die Militärunternehmungen während des Peloponnesischen Krieges waren für einige Athener eine willkommene Gelegenheit als Feldherren persönlichen Ruhm zu erlangen – vorausgesetzt das Militärunternehmen war von Erfolg gekrönt. Ein besonders erfolgreicher Demagoge war Alkibiades. Er war reich und hatte sich in Athen durch großzügige Geschenke an die Stadt hervorgetan. Zusammen mit dem adligen Bürger Nikias wurde er zum Feldherrn gewählt und organisierte einen großen Eroberungszug nach Sizilien. Das Unternehmen endete in einer Katastrophe für Athen. 6000 Athener Hopliten gerieten in Gefangenschaft und starben als Zwangsarbeiter in den Steinbrüchen der Polis Syrakus.

1 Erarbeite mithilfe der Karte M1, welche Bündnisse sich im 5. Jahrhundert v. Chr. in Griechenland gegenüberstanden. Vergleiche die Herrschaftsbereiche Spartas und Athens.

2 Wie begründet Thukydides (M2), dass Athen seine Hegemonie verloren hat?

3 Ein Demagoge wie Alkibiades wird auch als „Volksverführer" bezeichnet. War er eine Gefahr für Athens Demokratie? Begründe deine Ansicht.

Schriftliche Quellen entschlüsseln

Fragen stellen ...

In den bisherigen Kapiteln hast du bereits mit schriftlichen Quellen gearbeitet. Die meisten von ihnen sind aus alten Sprachen in modernes Deutsch übersetzt worden. Deine Aufgabe ist es, die Quellen weiter zu entschlüsseln. Eine Textquelle kannst du auswerten, indem du Fragen an sie stellst.

Arbeitsschritte

1. Schritt: Aufbau und Inhalt des Textes

a) Wovon berichtet der Text? Stelle „W-Fragen": Wer? Wo? Wann? Was? Wie? Warum? An wen?

b) Gibt es unbekannte Wörter? Schlage im Lexikon nach.

c) Wie ist der Text gegliedert? Finde Überschriften für die einzelnen Abschnitte.

2. Schritt: Verfasser/Verfasserin

d) Welche Informationen besitzen wir über die Verfasserin oder den Verfasser?

e) Hat der Verfasser selbst erlebt, was er aufgeschrieben hat, oder hat er das Geschilderte später erfahren?

f) Wird erkennbar, welche Einstellung der Verfasser zum Geschehen und zu den dargestellten Personen hat?

g) Ergreift der Verfasser Partei für bestimmte Personen?

h) Welche Absicht verfolgte der Verfasser mit dem Text? Wollte er zum Beispiel etwas bewusst für die Nachwelt festhalten?

M1 Warum Krieg gegen Sizilien?

Thukydides (um 460–400 v. Chr.) war ein einflussreicher adliger Politiker in Athen. Gleichzeitig war er Historiker und schrieb die Geschichte des Peloponnesischen Krieges. Viele Reden, die er in seinen Büchern wiedergab, hatte er selbst gehört. Über Ereignisse, bei denen er nicht anwesend war, hatte er sich nach eigener Aussage gut bei anderen informiert, bevor er sie aufschrieb. Er berichtete über folgendes Ereignis:

Im Winter [416 v. Chr.] wollten die Athener Sizilien erobern. Als das Unternehmen in der Volksversammlung besprochen wurde, befürwortete die Mehrzahl der Redner den Feldzug, Alkibiades tat sich dabei am meisten hervor, weil er gerne als Feldherr an der Spitze einer ruhmreichen Flotte Sizilien erobert hätte. „Ich habe vor allen andern Anspruch auf das Oberkommando", sagte er. „Mein Ansehen über die Grenzen unserer Stadt hinaus hat unserem Vaterland Ruhm, Ehre und Nutzen gebracht. Als die Hellenen Athen durch den Krieg verarmt glaubten, habe ich durch mein glanzvolles Auftreten bei den Olympischen Spielen alle Welt von der ungebrochenen Kraft Athens überzeugt. Wenn wir Sizilien angreifen, stärken wir zugleich hier unsere Macht. Deshalb lasst uns den Angriff wagen."
Nun versuchte Nikias die Athener durch einen Hinweis auf die hohen Kriegskosten abzuhalten. Aber die Masse war bereits von diesem Sizilienabenteuer angetan ... Wer aber anderer Meinung war, hielt sich aus Angst vor den andern zurück.

Thukydides. Übers. und Bearb. d. Verf.

Auswertung M1 (Stichworte)

a) Winter 416; Athener Volksversammlung diskutiert über Kriegszug nach Sizilien; Alkibiades befürwortet Kriegszug, fordert Oberkommando über Athener Flotte; Grund: erfolgreiche Teilnahme bei Olympischen Spielen; Sieg gegen Sizilien stärke Macht Athens; Nikias lehnt Krieg ab (Kriegskosten); in der Volksversammlung Kriegsbegeisterung, Beschluss für Krieg, Kriegsgegner trauen sich nicht ihre Meinung zu sagen.

b) Hellenen = Griechen

c) Volksversammlung diskutiert über Kriegszug nach Sizilien.
– Alkibiades fordert das Oberkommando und überzeugt die Athener.
– Der Gegner Nikias kann sich nicht gegen die Kriegsbegeisterung der Mehrheit durchsetzen.

d) Thukydides um 460–400 v. Chr., griechischer Historiker und Politiker;

e) lebt 416 in Athen, Mitglied der Volksversammlung, vielleicht anwesend?

f) Stellt Alkibiades prahlerisch dar, Nikias dagegen vernünftig, nennt Kriegszug „Sizilienabenteuer", macht dadurch Ablehnung deutlich;

g) steht aufseiten der Kriegsgegner: weist auf deren Angst hin.

h) Bericht für die Nachwelt.

1 Bearbeite M1 mithilfe der Fragen. Vergleiche deine Ergebnisse anschließend mit der Auswertung M1.

2 Schriftquellen können auch aus wenigen Worten bestehen. Ein Beispiel findest du auf der Auftaktseite: die Tonscherbe. Versuche mithilfe der Arbeitsschritte und des griechischen Alphabets (siehe S. 77) möglichst viele Informationen über diese Textquelle herauszufinden.

Hellenismus – die Welt wird griechisch

Alexander – ein Weltherrscher?

M1 **Alexandermosaik**, Pompeji, um 70 v. Chr. Das Fußbodenmosaik ist die Kopie eines hellenistischen Gemäldes. Es zeigt den entscheidenden Moment einer Schlacht zwischen Alexander (links) und Dareios (rechts). Alexander trifft auf das Zentrum des Perserheeres, Dareios auf dem Streitwagen beginnt seine Flucht.

Alexander wird König, Pharao …

Die Makedonier waren ein kleiner Volksstamm im Norden Griechenlands. Ihr König Philipp II. (359–336 v. Chr.) hatte nach mehreren Kriegszügen die griechischen Stadtstaaten 338 v. Chr. unterworfen und Griechenland unter seiner Führung neu geordnet. Athen, Sparta und alle anderen Poleis waren nun Teil einer Monarchie geworden und hatten ihre politische Unabhängigkeit verloren. Seinen Sohn Alexander ließ Philipp von dem griechischen Philosophen Aristoteles erziehen. Aristoteles weckte in Alexander eine große Bewunderung für die griechischen Helden Achilleus und Herakles. Diesen wollte der Königssohn es gleichtun. Nachdem Philipp 336 v. Chr. bei einem Attentat getötet worden war, bestieg der 20-jährige Alexander den Königsthron. Zwei Jahre später begann Alexander einen Feldzug gegen das Perserreich. Viele griechische Städte sandten Soldaten zu seiner Unterstützung. Mit 32 000 Fußsoldaten und 15 500 Reitern setzte er nach Asien über. In zwei großen Schlachten am Fluss Granikos und bei Issos (333 v. Chr.) siegte Alexander über das zahlenmäßig überlegene Heer der Perser. Danach besetzte Alexander Ägypten. Die Ägypter begrüßten ihn als Befreier von der persischen Herrschaft und krönten ihn zum Pharao.

… und persischer Großkönig

Im Kampf gegen den Perserkönig Dareios fiel die Entscheidung bei Gaugamela 331 v. Chr. Babylon unterwarf sich ihm ohne Widerstand und in der Hauptstadt des Persischen Reiches, in Susa, bestieg Alexander den Thron der persischen Großkönige. Obwohl Alexander – angeblich aus Rache für die Zerstörung der Akropolis 480 v. Chr. durch die Perser – den Palast des Xerxes in Persepolis niederbrennen ließ, ging es ihm nicht um die Zerstörung des Persischen Reiches. Im Gegenteil: Da Alexander fast die gesamte damals bekannte Welt beherrschte, fühlte er sich als Nachfolger des persischen Königshauses und erwartete die gleiche Verehrung, die die Völker des Persischen Reiches ihrem Großkönig entgegengebracht hatten.
Er kleidete sich jetzt häufig wie ein persischer Großkönig und trug dessen Kopfbedeckung, eine mit Edelsteinen besetzte „Tiara". Am königlichen Hof führte Alexander die persische Art der Verbeugung („Proskynese", siehe S. 100) ein.
Die Soldaten, die in die persische Hauptstadt eingezogen waren, reagierten auf das Verhalten Alexanders unterschiedlich. Während den asiatischen Völkern dieses Ritual vertraut war, fanden es die Griechen und Makedonen erniedrigend.

M2 Eine Legende über Alexander

Im Laufe der Zeit sind viele Legenden um die Person Alexanders entstanden, aus denen der „wahre Kern" sorgfältig herausgefiltert werden muss. Der Journalist Sven Loerzer erzählt eine Legende nach (1988):

Bevor er Asien eroberte, wollte Alexander wie immer den Rat der Götter berücksichtigen. Da traf es sich, dass im Burgtempel von Gordion der alte Streitwagen der Könige stand, mit dem es Besonderes auf sich hatte: Das Joch war mithilfe eines sehr langen Bastriemens durch einen kunstvollen Knoten an der Deichsel befestigt. Der riesige Knoten hatte keine sichtbaren losen Enden. Ein alter Orakelspruch verhieß: Derjenige, der den Knoten löste, solle König von Asien werden. Trotz großer Mühe konnte auch Alexander den Gordischen Knoten nicht entwirren – ein böses Vorzeichen. Doch dann griff Alexander zu seinem Schwert und durchschlug damit den Knoten!

Zit. nach Sven Loerzer, Die Großen der Antike, Bindlach (Loewes) 1988, S.18.

M3 Wie ehrt man einen Weltherrscher?

Im 2. Jh. v. Chr. berichtete der griechischer Historiker Polybios:

Timaios lobte den Demosthenes und die anderen Redner, die damals [zu der Zeit Alexanders] sehr angesehen waren, und er behauptete, sie hätten sich Griechenlands würdig gezeigt, weil sie der göttlichen Verehrung Alexanders widersprochen hätten.

Polybios, Historien 12, 12b, 21. Übers. d. Verf.

M4 Alexandermünze, 3. Jh. v. Chr. Abgebildet ist das Gesicht Alexanders. Die Widderhörner sind das Zeichen des ägyptischen Gottes Ammon. Alexander ließ Münzen mit seinem Porträt in großer Zahl prägen.

1 Stelle anhand von M1 und M2 zusammen, welche Eigenschaften und Fähigkeiten Alexanders überliefert wurden. Welchen Zweck verfolgte wohl die in M2 wiedergegebene Legende?

2 Beschreibe die Münze M4 und erläutere, welche Absicht der Herrscher mit ihrer Prägung verfolgte.

3 Arbeite aus M3 heraus, welche Einstellung Demosthenes zu Alexander hatte. Erkläre mithilfe des Darstellungstextes S. 120, warum sich viele Griechen ähnlich wie er verhielten.

4 Ermittle anhand von M5 die ungefähre Wegstrecke, die das Heer Alexanders zurücklegte. Überlege, was Alexander mit der Gründung und Umbenennung von Siedlungen bezweckte.

M5 Der Zug Alexanders des Großen und die Ausdehnung seines Reiches

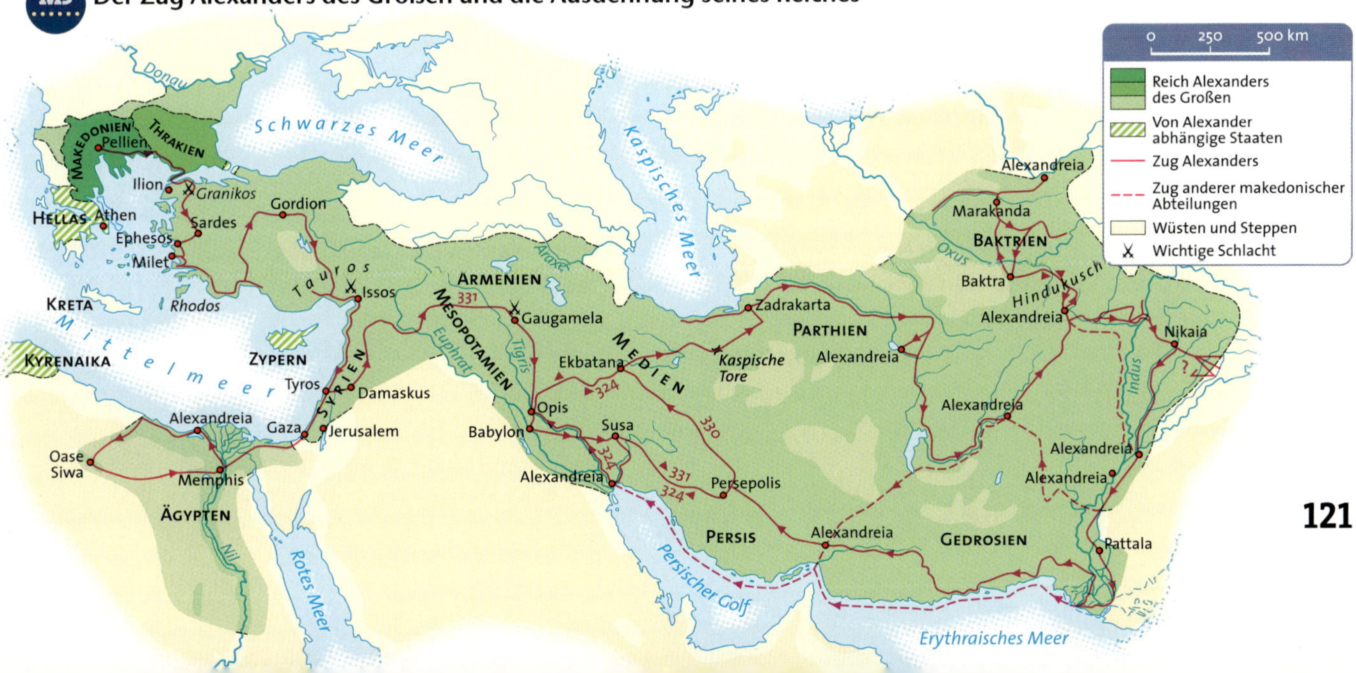

Hellenismus – die Welt wird griechisch

Herrschen bis an das Ende der Welt?

Alexander wusste aus Berichten, dass hinter den Grenzen seines Reiches, am Fluss Ganges, der indische König Poros herrschte. Auch dieses Gebiet, das sich am Rande der den Griechen bekannten Welt befand, wollte Alexander erobern. Obwohl sie ihren König wie einen Gott verehrten, verweigerten seine Soldaten ihm jetzt den Gehorsam. Sie lebten seit Jahren fern von ihrer Heimat und hatten alle Kämpfe und Strapazen auf sich genommen. Alexander musste umkehren. Auf neu gebauten Schiffen fuhr er den Indus hinab bis zum Indischen Ozean. Die Flotte gelangte dort unter dem Admiral Nearchos in den Persischen Golf.
Alexander selbst marschierte mit seinem Heer durch die Gedrosische Wüste zurück. Ein großer Teil seiner Armee verdurstete. Von seinen 60 000 Soldaten kehrten nur 15 000 nach Hause zurück.
Die Eroberung Asiens war nun abgeschlossen, aber wie konnte ein Reich dieser Größe beherrscht werden? Alexander nahm immer mehr persische Statthalter, Offiziere und Soldaten in seine Dienste und nutzte die Verkehrswege und die Verwaltung, die die persischen Großkönige aufgebaut hatten (siehe S. 101). Die Verbindung zwischen Makedonen und Persern sollte durch eine Massenhochzeit in Susa gefestigt werden. 10 000 makedonische und griechische Soldaten vermählten sich mit Iranerinnen, Alexander selber nahm eine Tochter des Dareios zu seiner zweiten Frau.
Die Regierungszeit des makedonischen Königs endete unerwartet: Alexander erkrankte an einem schweren Fieber und starb 323 v. Chr. in Babylon.

5 Stelle aus den Materialien der Seiten 120 bis 122 zusammen, mit welchen Maßnahmen Alexander seine Macht im Weltreich zu sichern versuchte. Beurteile sein Vorgehen.

6 Bearbeite die Quelle M6 mithilfe der Arbeitsschritte auf der Methodenseite 119. Wie beurteilt Seneca Alexanders Wirken?

7 Alexander erhielt den Beinamen „der Große". Erläutere, was damit ausgedrückt werden soll und entscheide, ob du die Bezeichnung für angemessen hältst.

M6 Ein Urteil über Alexander

Im 1. Jahrhundert n. Chr. schrieb der römische Philosoph Seneca an seinen Freund Lucilius über Alexander:

Den unglückseligen Alexander trieb seine Wut Fremdes zu zerstören in unbekannte Gegenden. Oder hältst du jemanden für geistig gesund, der von der Unterwerfung Griechenlands ausging, wo er erzogen worden war? ... Nicht zufrieden mit dem Zusammenbruch so vieler Städte, die Philipp besiegt oder gekauft hatte, vernichtete er diese, dort jene und er trägt seine Waffen in der ganzen Welt herum. Nirgends macht seine Grausamkeit erschöpft Halt wie bei wilden Tieren, die mehr zerfleischen, als ihr Hunger verlangt. Schon hat er viele Reiche in einem vereinigt, schon fürchten ihn zugleich Griechen und Perser, schon empfangen selbst von Dareios unabhängige Völker sein Joch. Dennoch dringt er über den Ozean und den Sonnenaufgang hinaus, ist entrüstet, dass er mit seinem Sieg hinter Herakles und Dionysos[1] zurückbleibt und nimmt es selbst mit der Natur auf.

Seneca, Briefe 94, 62 f. Übers. d. Verf.

1 Griechischer Gott

Eine Lebensbeschreibung verfassen

Bedeutende Persönlichkeiten schreiben häufig ihre „Autobiografie". Das Wort ist griechisch und heißt „selbst verfasste Lebensbeschreibung". Die Verfasser oder Verfasserinnen meinen, dass sie mit ihren Lebenserinnerungen anderen Menschen Ratschläge geben können. Oft erklären sie darin auch, mit welcher Absicht sie bestimmte Entscheidungen getroffen haben.

a) Alexander starb unerwartet und konnte keine Autobiografie verfassen. Dennoch hätte er sicher viel zu sagen gehabt! Versetze dich in die Person Alexanders und schreibe auf, wie er sein Leben beschrieben hätte.

b) Ein griechischer Soldat, der in Susa eine Perserin geheiratet hat, ist inzwischen ein alter Mann. Verfasse seine Lebensbeschreibung, die er an seine Enkelkinder richtet.

Alexander der Große, Nachbildung einer Statue aus der Zeit Alexanders

Leben nach Art der Griechen?

Das Ende der Poliswelt

Nach Alexanders Tod entbrannte unter den hohen Offizieren aus den Familien des makedonischen Adels der Kampf darüber, wer der Nachfolger (= griech. Diadoche) des Herrschers werden sollte. Am Ende langer Diadochenkämpfe wurde das Reich Alexanders zwischen drei Herrscherfamilien aufgeteilt: Die Seleukiden erhielten Kleinasien, Syrien, Mesopotamien und das Kernland Persiens. Die Ptolemäer beherrschten Nordafrika und Palästina. Die Antigoniden wurden Könige von Makedonien und Teilen von Griechenland, darunter Attika.

In Athen brachen nun neue Zeiten an. Bürger, die den neuen Gebietern nicht genehm waren, mussten fliehen oder wurden hingerichtet. Den politischen Gewohnheiten der Griechen widersprach dies zutiefst, waren sie doch gewohnt als freie Bürger die Angelegenheiten ihrer Stadt selbst in die Hand zu nehmen. Die meisten Menschen hörten auf sich für Politik zu interessieren und nur noch wenige reiche Bürger nahmen Einfluss auf die Entscheidungen, die in der Stadt getroffen wurden. Dennoch begann sich gerade jetzt die griechische Kultur*, das heißt die Lebensweise, wie sie sich in den Stadtstaaten entwickelt hatte, überall auszubreiten. Diese Zeit heißt Epoche des Hellenismus.

Griechen in Ägypten und Asien?

Im 4. Jahrhundert v. Chr. waren viele Griechen nach Ägypten und Asien gelangt und hatten sich auf Dauer in den eroberten Gebieten niedergelassen. Die griechischen Bewohner brachten ihre Lebensweise mit, aber sie übernahmen auch viele Dinge von der einheimischen Bevölkerung. Besonderers die reicheren Schichten in den Städten bewahrten ihre griechischen Sitten. Sie bauten Häuser und Tempel, wie man sie zum Beispiel in Athen fand, und förderten die Wissenschaften und die Kunst. Viele Städte entwickelten sich zu bedeutenden Zentren für den Handel und die Wissenschaft.

Hellenismus

Der Begriff Hellenismus (griech. Hellas = Griechenland) bezeichnet eine Epoche der griechischen Geschichte. Sie begann mit der Regierung Alexanders des Großen und dauerte bis zur Eroberung der Diadochenreiche durch die Römer (1. Jh. v. Chr.). Die griechische Kultur beeinflusste das Leben in den Städten von Ägypten bis zur Grenze Indiens und vermischte sich mit der Lebensweise der einheimischen Bevölkerung. Diese Mischkultur wird als hellenistische Kultur bezeichnet.

M1 **Die Tempel der Stadt Petra** im heutigen Jordanien, Foto, 1991. Die Säulen wurden aus dem Fels gehauen.

1 Beschreibe das Foto M1. Erläutere mithilfe des Darstellungstextes und des Begriffskastens die Umstände, unter denen der Tempel vermutlich entstanden ist (Ort, Zeitraum, Grund).

2 Arbeite aus der Karte S. 121 heraus, in welchen Gegenden zur Zeit Alexanders Städte entstanden. Welche Staaten befinden sich dort heute?

Hellenismus – die Welt wird griechisch

M2 Ein Brief von Nikephóros

Im 3. Jahrhundert v. Chr. schickten viele Athener ihre Kinder zur Ausbildung in die ägyptische Hauptstadt Alexandria. Stellen wir uns vor, einer dieser jungen Griechen hätte nach Hause geschrieben:

Liebe Eltern,
Poseidon sei Dank, ich bin heil in Alexandria angekommen! Diese Stadt ist voller Wunder. Schon bei der Einfahrt in den Hafen bin ich aus dem Staunen nicht herausgekommen. Auf der Insel Pharos steht ein gigantischer Leuchtturm: Er ist unglaubliche 120 Meter hoch und seine Feuer sind 50 Kilometer weit zu sehen! Ein künstlicher Damm, der 1500 Meter lang ist, verbindet die Insel mit der Stadt. Stellt euch vor: Täglich legen in den beiden Häfen 400 Schiffe an!
Ich glaube, in Alexandria kommen alle Völker der Welt zusammen: Griechen, Ägypter und Juden machen den größten Anteil der über 500 000 Bewohner der Stadt aus. Man sagt, Alexandria sei die größte Stadt der Welt. Und stellt euch vor: Alle sprechen griechisch!
Vieles in Alexandria erinnert mich an Athen: Es gibt hier ein Theater, ein Stadion und ein Gymnasion wie das, das ich in Athen besucht habe.
Alexandria ist nach einem Plan erbaut. Zwei große Prachtstraßen führen durch die Stadt. Sie sind 30 Meter breit! Was hier alles auf sechs Kilometern Länge zwischen dem Mond- und dem Sonnentor an buntem Leben geboten wird, ist fantastisch. Dagegen ist die Agora in Athen langweilig! Allein die Königsstadt nimmt schon ein Drittel des gesamten Stadtgebietes ein.
Da ihr mich so großzügig mit Geld ausgestattet habt, werde ich bestimmt Gelehrte finden, die mich unterrichten. Am hiesigen Museion sind die gelehrtesten Wissenschaftler der ganzen Welt versammelt. Ich kann mich in Anatomie, Medizin, Physiologie, Astronomie, Zoologie, Botanik, Philologie, Mathematik, Technik und Mechanik unterrichten lassen. Zum Museion gehörten auch ein Tiergarten und die größte Bibliothek der Welt. Die große Alexander-Bibliothek umfasst über 700 000, die kleine über 40 000 Buchrollen! Könnt Ihr euch das vorstellen? Hier ist alles Wissen der Welt versammelt!
Liebe Eltern, ich bin ganz erschlagen von den Eindrücken. Beim nächsten Mal kann ich euch vielleicht schon berichten, dass ich einen Lehrer gefunden habe. Athene beschütze euch! Euer Nikephóros.

Verfassertext zusammengestellt nach Erkenntnissen aus der Geschichtsforschung.

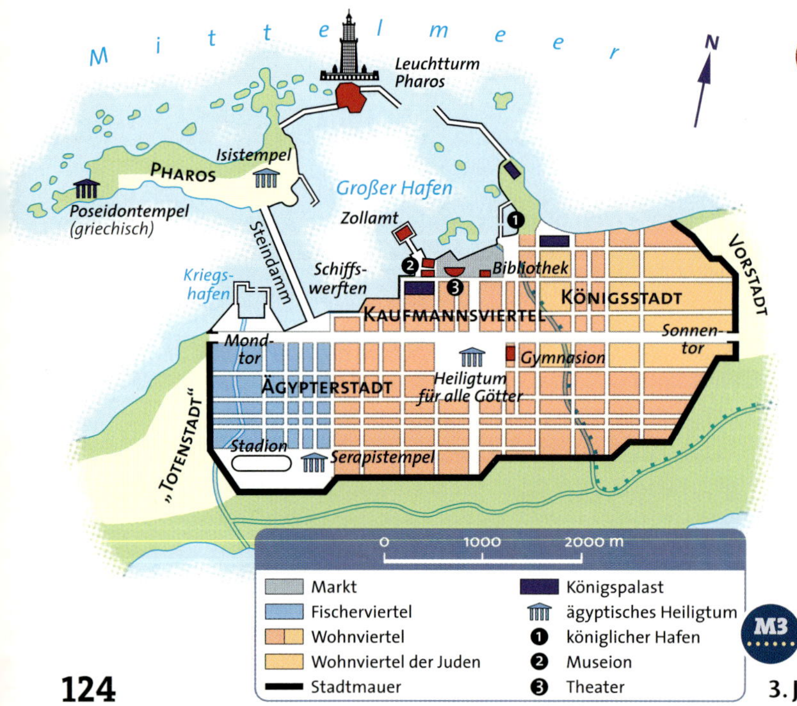

M3 Plan der ägyptischen Stadt Alexandria im 3. Jahrhundert v. Chr.

M4 Zum Begriff Hellenismus

Ein Historiker fasst zusammen, was heute unter Hellenismus verstanden wird (1990):

Heute gibt es zwei Hauptpositionen ... Oft erscheint der Hellenismus als eine von Alexander eingeleitete Epoche der Verschmelzung. Überwiegend aber wird heute betont, dass trotz aller Annäherung die griechische und die jeweils einheimische Kultur sich nicht wirklich miteinander vermischten, dass es keine neue Einheit gab, sondern ein sich mehr oder weniger beeinflussendes Nebeneinander. Gerade weil die Griechen auf teilweise wesentlich ältere Kulturen trafen, die eine hohe Eigenständigkeit und Lebendigkeit auszeichnete, setzten sie sich nicht völlig durch.

Hans-Joachim Gehrke, Geschichte des Hellenismus, München (Oldenbourg) 1990, S. 129 f.

Hellenismus – die Welt wird griechisch

M5 **Die Weltkarte des Eratosthenes von Kyrene,** 3. Jh. v. Chr. Eratosthenes (280–200 v. Chr.) fand heraus, dass die Erde eine Kugelgestalt haben müsse. Er berechnete den Erdumfang auf 40 000 km. Seine Weltkarte enthielt als Erste ein Gradnetz um Entfernungen bestimmen zu können.

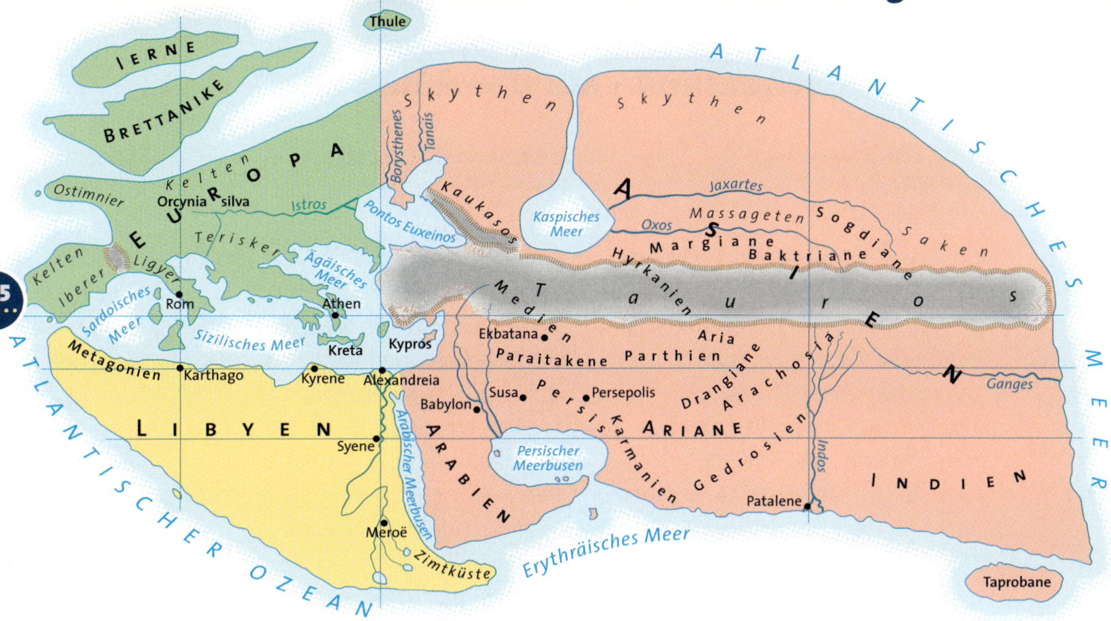

Eine Stadt für die Wissenschaft

Die ägyptische Hauptstadt Alexandria wurde zum Anziehungspunkt für viele griechische Forscher. Die ptolemäischen Könige hatten hier ein Gebäude errichten lassen, das Museion genannt wurde. Hier trafen sich Wissenschaftler aus der ganzen Welt. Sie beschäftigten sich mit philosophischen Fragen, übersetzten Bücher aus vielen Sprachen und beschäftigten sich mit technischen Experimenten. Das neue Wissen breitete sich in der ganzen griechischen Welt aus, denn viele Herrscher wollten es den Ptolemäern gleichtun und errichteten Bildungsstätten („Gymnasien") und Bibliotheken.

Klub der Erfinder – eine Gruppenarbeit

Auf dieser Seite findet ihr die Abbildungen von zwei berühmten Erfindungen, die in der Stadt Alexandria entstanden sind. Bildet kleine Gruppen und beschäftigt euch mit jeweils einer Erfindung:

a) Stellt fest, mithilfe welcher Wissenschaften die Erfindungen zustande kamen.

b) Beschreibt die Erfindungen und ihren praktischen Nutzen.

c) Sammelt mehr Informationen über die Erfinder (Lexika, Bücherei) und ihre Erfindungen.

d) Tragt eure Ergebnisse in der Klasse vor.

M6 **Ein Münzautomat für Weihwasser,** 1. Jh. n. Chr., Rekonstruktionszeichnung, 1999. Der Erfinder Heron von Alexandria lebte um 50 n. Chr.

3 Stelle aus M2 und M3 zusammen, was Griechen in Alexandria fremd und was ihnen vertraut war.

4 In M4 findest du zwei moderne Meinungen zum Hellenismus. Erläutere beide Meinungen und vergleiche sie mit M2 und M3. Welche Position überzeugt dich mehr?

5 Überlege, warum sich nur in größeren Städten die hellenistische Lebensweise entwickelte, während das Leben in den Dörfern davon unberührt blieb.

Das antike Griechenland – ein Überblick

Die frühen Griechen

Wie im alten Ägypten und in Mesopotamien waren auch im frühen Griechenland die Lebensweise und die politische Entwicklung stark von den geografischen Lebensbedingungen bestimmt.
Durch die vielen Gebirge zerfiel Griechenland in kleine selbstständige Herrschaftsgebiete, die Stadtstaaten. Damit unterschied sich Griechenland von dem Flächenstaat Ägypten.
Obwohl sich die Stadtstaaten getrennt voneinander entwickelten, entstand im Laufe der Zeit ein starkes Zusammengehörigkeitsgefühl unter den Griechen. Ihre Einheit stützten sie auf eine gemeinsame Sprache und seit dem 8. Jahrhundert v. Chr. auf eine gemeinsame Schrift. Sie fühlten sich außerdem durch ihren Glauben an dieselben Götter verbunden. Wichtig waren den Griechen besonders ihre gemeinsamen religiösen Feste und Wettkämpfe, wie zum Beispiel die Olympischen Spiele.
Vom 8. bis zum 6. Jahrhundert gründeten viele Stadtstaaten im Mittelmeergebiet Kolonien, die sich nach dem Vorbild ihrer Mutterstädte entwickelten.

Die Entwicklung der Stadtstaaten Sparta und Athen

Die bekanntesten Stadtstaaten waren Sparta und Athen. Sie entwickelten sich unterschiedlich. In Sparta war das ganze Leben der Bevölkerung durch den Staat geregelt. Die Spartiaten, Männer und Frauen, erhielten von Kindheit an eine militärische Ausbildung. Die Bevölkerung eroberter Gebiete musste als rechtlose Heloten für die Spartaner arbeiten.
In Athen herrschte bis zum 7. Jahrhundert der Adel. 594 v. Chr. begann mit den Gesetzen des Politikers Solon in Athen die Entwicklung zur Staatsform der Demokratie. Alle Bürger wurden zur Volksversammlung zugelassen. Nach weiteren Reformen durch den Politiker Kleisthenes 508 v. Chr. wurde schließlich um 450 v. Chr. die demokratische Verfassung Athens vollendet: Der Politiker Perikles sicherte allen männlichen Bürgern politische Mitsprache.
Alle Männer konnten sich an den Beschlüssen der Polis beteiligen und hatten durch Los Zugang zu politischen Ämtern. Frauen aber waren in Athen von der Politik ausgeschlossen.

Sicherung der Demokratie und kulturelle Blüte in Athen

Von 490–479 v. Chr. führten die griechischen Stadtstaaten gemeinsam Krieg gegen das Persische Reich. Durch einen Sieg der Athener Flotte konnten sie am Ende ihre Freiheit behaupten. Danach wurde Athen zur wichtigsten See- und Handelsmacht Griechenlands. Durch die Bundeskasse des Delisch-Attischen Seebundes und den blühenden Seehandel mit allen griechischen Kolonien floss viel Geld in die Stadt. Die Waren, die Athen für den Export brauchte, wurden von der großen Bevölkerungsgruppe der Metöken und Sklaven hergestellt. Athen verlor seine Hegemonie nach dem Peloponnesischen Krieg (431–404 v. Chr.) an Sparta.
In Athen entstanden große Bauwerke und bedeutende Kunstwerke. Die Athener erfanden das Theater und verfassten die ersten Tragödien und Komödien. Philosophen legten mit ihren Ideen über die Welt und das menschliche Handeln die Grundlage für die modernen Wissenschaften.

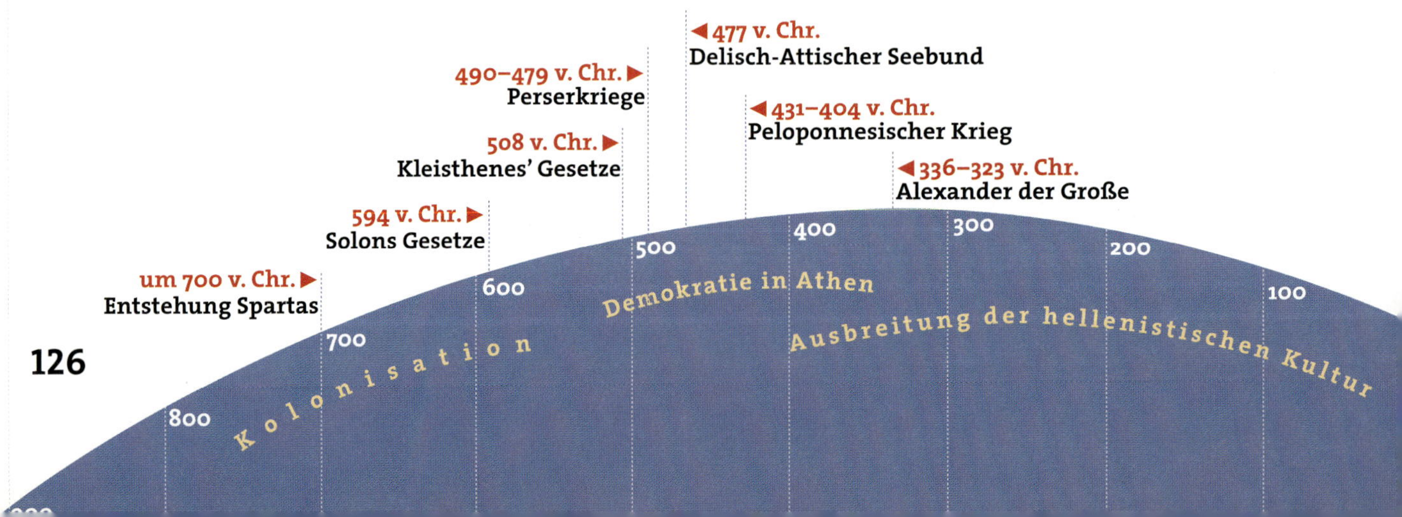

Wir wiederholen zentrale Begriffe und Methoden

Die Epoche des Hellenismus

Die Epoche des Hellenismus begann mit der Herrschaft Alexanders des Großen. 334 v. Chr. begann er einen Feldzug gegen die Perser, der ihn innerhalb von zehn Jahren zum Herrscher über ein großes Weltreich machte. Als Herrscher über viele Völker wurde Alexander wie ein Gott verehrt. Nach seinem frühen Tod zerfiel sein Reich. In zahlreichen Kämpfen zwischen seinen Nachfolgern bildeten sich schließlich drei große Diadochenreiche heraus. Die Städte wurden zu bedeutenden Handels-, Wirtschafts- und Wissenschaftszentren. Dort breitete sich griechische Lebensweise aus und beeinflusste andere Kulturen.
Die hellenistischen Reiche wurden im 1. Jh. v. Chr. von den Römern erobert. Dennoch sind die Ideen der Griechen durch viele Jahrhunderte überliefert worden und bestimmen unser Leben bis heute.

- Polis S. 76
- Aristokratie S. 82
- Hopliten S. 89
- Verfassung/Staatsform S. 93
- Hegemonie S. 103
- Demokratie S. 106
- Philosophie S. 115
- Hellenismus S. 123
- Arbeit mit einer Geschichtskarte S. 78 f.
- Was sagen Kunstwerke aus? S. 98 f.
- Schriftliche Quellen entschlüsseln S. 119

Ein Scherbenhaufen?

Hier sind den Archäologen einige Scherben durcheinander geraten. Wenn du das Kapitel aufmerksam gelesen hast, kannst du helfen. Finde die Vasen, zu denen die einzelnen Scherben gehören.

Das Römische Reich

Als sich vor rund 3000 Jahren die ersten Hirten und Bauernvölker auf dem Gebiet des heutigen Rom niederließen, konnten sie nicht voraussehen, dass aus ihren Siedlungen einmal die Hauptstadt des römischen Weltreiches werden würde. Wie war es möglich, dass eine einzelne Stadt eine so große Bedeutung erlangen konnte? Wie haben die Römer ihre Herrschaft über ein Gebiet ausgeweitet, das sich von Afrika bis nach England, von Spanien bis in den Orient erstreckte? Welche Auswirkungen hatte die Ausdehnung des Landes auf die Menschen?
Das Gemälde von 1901 zeigt das Leben auf dem „Forum Romanum“, dem Zentrum Roms, um 300 n. Chr. Gerade wird die Eroberung eines fremden Landes mit einem Triumphzug gefeiert.

1 Tragt zusammen, welche Informationen ihr dem großen Bild über das römische Weltreich entnehmen könnt.

100
0
Christi
Geburt
100
200
200
300
300
27 v. Chr. ▶
Beginn der Kaiserzeit
unter Augustus
400
400
500
◀ 510 v. Chr.
Rom wird Republik
476 n. Chr. ▶
Ende des Weströmischen
Reiches
600
500

Die Gründung Roms

Rom wird besiedelt

Rom und sein Umland **M1**
im 7./6. Jahrhundert v. Chr.

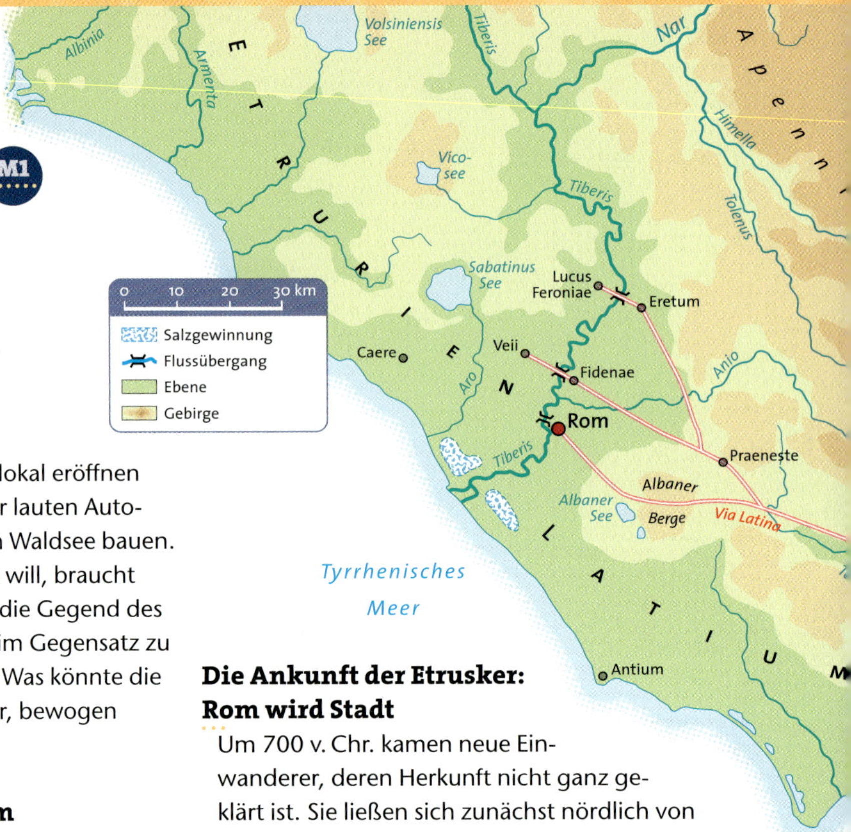

Rom – ein günstiger Standort?

Wenn heute ein Gastwirt ein Ausflugslokal eröffnen will, wird er es kaum in der Nähe einer lauten Autobahn, sondern eher an einem ruhigen Waldsee bauen. Denn ein Ort, der sich gut entwickeln will, braucht eine günstige Lage. Was machte nun die Gegend des heutigen Rom so anziehend, dass sie im Gegensatz zu anderen schon früh besiedelt wurde? Was könnte die ersten Siedler, die Latiner und Etrusker, bewogen haben sich dort niederzulassen?

Hirten und Bauern besiedeln Rom

Um 1000 v. Chr. zogen indoeuropäische* Völkergruppen vom Norden kommend nicht nur nach Griechenland, sondern auch in das heutige Italien. Auf dem Gebiet des heutigen Rom, am unteren Lauf des Tiber, ließen sich die Sabiner und Latiner nieder. Die Sabiner siedelten auf dem Hügel Palatin, die Latiner auf dem nahe gelegenen Hügel Quirinal. Der Tiber war an dieser Stelle leicht zu überqueren, weil in der Mitte des Flusses eine kleine Insel lag. Die Ebene von Latium war ein fruchtbares Land.

Sabiner und Latiner waren wie alle indoeuropäischen Einwanderer einfache Hirten- und Bauernvölker, die in strohgedeckten Hütten lebten. Gleichwohl haben zumindest die Latiner ihre Spuren in der Geschichte Roms hinterlassen: Die alte Völkerstraße, die sie nach Süden gewandert sind, trägt ihren Namen: die Via Latina. Auch der Name der Landschaft am unteren Tiberlauf – Latium – und die Sprache der Bewohner – Latein – kommen von den Latinern.

Die Ankunft der Etrusker: Rom wird Stadt

Um 700 v. Chr. kamen neue Einwanderer, deren Herkunft nicht ganz geklärt ist. Sie ließen sich zunächst nördlich von Rom nieder und brachten eine neue Lebensweise mit: Sie bauten Städte mit Häusern aus Stein und Ziegeln, waren Fachleute für Wassertechnik, importierten Kunst aus Griechenland und Ägypten, kannten neue Verfahren zur Metallverarbeitung und sprachen eine nichtindoeuropäische Sprache: das Etruskische.

Als die Etrusker um 600 v. Chr. schließlich auch das heutige Rom besiedelten, betätigten sie sich auch dort als Handwerker, Kaufleute, Baumeister und Ärzte. Und sie kamen als Herrscher, die die bäuerlich lebenden Latiner und Sabiner zur Gründung einer Stadt bewogen. Um die Stadt weiter entwickeln zu können legten sie zunächst tief liegende Gebiete trocken und gestalteten das Forum zum Stadtmittelpunkt aus.

Die Griechen nannten die Etrusker „Tyrrhenoi"; das westlich von Rom gelegene Tyrrhenische Meer hat daher seinen Namen. Die Latiner bezeichneten sie hingegen als „Tusci"; der Landschaftsname Toskana erinnert noch heute daran.

1 Erarbeite ausgehend von M1 die Siedlungsbedingungen in Rom. Ziehe einen Erdkundeatlas hinzu.
2 Vergleiche mit Athen und arbeite Gemeinsamkeiten und Unterschiede heraus.
3 Warum siedelten Latiner und Sabiner in Rom?
4 Die Etrusker hatten andere Interessen als die Latiner. Was mag sie veranlasst haben die Hüttensiedlung Rom in eine Stadt umzuwandeln?

Rom – Mythos einer Stadtgründung

M1 **Die römische Wölfin**, etruskische Bronzeplastik, um 500 v. Chr. Sie stand auf dem wichtigsten Hügel der Stadt, dem Kapitol (und ist heute im Museo Palazzo dei Conservatorii in Rom zu besichtigen). Die Zwillinge wurden um 1500 n. Chr. hinzugefügt.

M2 „Sieben-fünf-drei – Rom kroch aus dem Ei" ?

Die alten römischen Geschichtsschreiber datierten die Gründung der Stadt Rom nach unserer heutigen Zählung auf das Jahr 753 v. Chr. Dabei rankten sich um dieses Datum zunächst zwei unabhängig voneinander existierende Sagen, die sich später zu einem Gründungsmythos verbanden: die Sage von Romulus, Remus und der Wölfin und die Sage von dem Helden Äneas. Julius, eine (erfundene) Figur aus der altrömischen Gesellschaft, erzählt:

Unser Stammvater ist Äneas, einer der großen Helden der Trojaner. Sein Vater war Anchises, seine Mutter war die Göttin Aphrodite; sie wird von uns Venus genannt. Als Troja dem Untergang nahe war, befahl die besorgte Mutter dem Sohn mit dem altersschwachen Vater zu fliehen. Also machten sich Äneas und Anchises auf den Weg, der sie nach einer göttlichen Vorhersehung nach Italien führen sollte.

Nach langen Irrfahrten gelangten sie zunächst zur Königin Dido von Karthago. Dido verliebte sich in Äneas und wollte ihn immer bei sich behalten. Äneas aber folgte seiner Bestimmung und fuhr weiter. Aus lauter Verzweiflung tötete sich Dido. Das nehmen uns die Karthager bis heute übel.

Schließlich gelangten Äneas und sein Vater wie vorhergesagt nach Italien und Äneas heiratete dort die Tochter des latinischen Königs. Aus ihren Nachkommen gingen die Könige Latiums hervor.

Eines Tages gerieten zwei Königssöhne in Streit um den Thron. Der unrechtmäßige Erbe vertrieb dabei den rechtmäßigen Nachfolger und bestimmte, dass dessen Tochter Rea Silvia Priesterin werden, unverheiratet und kinderlos bleiben sollte. Da schritt Gott Mars[1] ein und zeugte mit Rea Zwillinge: Romulus und Remus. Als der unrechtmäßige König von diesem unerwünschten Nachwuchs hörte, ließ er die Zwillinge in einem Korb auf dem Tiber aussetzen. Doch der Korb wurde in Rom am Fuße des Hügels Palatin angeschwemmt, wo eine Wölfin von dem jämmerlichen Geschrei angelockt wurde. Aber die Wölfin tat den beiden nichts, sondern säugte sie, bis ein Hirte die Jungen bei sich aufnahm und aufzog.

Jahre später, als Romulus und Remus von ihrer Herkunft erfuhren, töteten sie den unrechtmäßigen König von Latium und gründeten auf dem Palatin, dem Ort ihrer Rettung, eine Stadt. Die Frage, wer Herrscher werden sollte, ließen sie durch Vogelflug entscheiden: Sieger und Herrscher sollte der sein, der in seinem Bereich des Himmels die meisten Adler vorbeifliegen sah. Romulus zählte zwölf Adler, Remus nur sechs. Aber Remus hatten sich die Vögel zuerst gezeigt und so wollte er nicht nachgeben. Da begann Romulus um das künftige Stadtgebiet eine Mauer zu errichten. Remus verspottete den Bruder, indem er über die noch niedrige Mauer sprang. Voller Zorn tötete daraufhin Romulus den Bruder und schrie: „So soll es jedem ergehen, der über die Mauern dieser Stadt steigt!" Auf diese Weise wurde Romulus zum Gründer der Stadt und gab ihr den Namen „Roma".

Verfassertext

1 Gott der Landwirtschaft, später Kriegsgott

Die Gründung Roms

Was soll ein Gründungsmythos bewirken?

In einer Gruppe von Menschen, die zum Beispiel in einer Stadt oder einem Staat zusammenleben oder die einem Verein angehören, gibt es meistens ein Gefühl der Gemeinsamkeit. Diese Gefühle können verstärkt werden, zum Beispiel durch Fahnen oder gemeinsame Lieder wie Nationalhymnen. Bei den Römern wie bei vielen anderen Völkern gehörten dazu auch Geschichten über die eigene Herkunft, in denen sich Glauben und Wissen, Erfundenes und Wahres mischten. In einer solchen Gemeinschaft konnten die Personen oder Familien Bedeutung erlangen, die einen „Stammbaum" mit Verbindungen zu alteingesessenen Familien oder gar den Gründungsfiguren hatten. Gründungsmythen zeigen, womit sich Menschen einer Gemeinschaft identifizieren, das heißt womit sie aus innerer Überzeugung voll übereinstimmen.

Äneas aus Troja trägt seinen Vater Anchises, Votivgabe (ein den Göttern geweihtes Geschenk) aus Terrakotta, um 500 v. Chr. **M3**

1 Lies die Gründungssage Roms (M2, S. 131) und erzähle sie deinem Mitschüler oder deiner Mitschülerin.
2 Beschreibe die Rolle der Frauen in dieser Sage. Was fällt auf?
3 Arbeite heraus, welche Wirkungen der Mythos auf mögliche Rivalen Roms haben sollte.
4 Der römische Geschichtsschreiber Livius schreibt über die Gründungssage Roms: „Hier ist Göttliches und Menschliches vermischt um die Stadt zu ehren." Nenne Beispiele für das Göttliche und das Menschliche und erkläre, inwieweit sie die Stadt „ehren".
5 Erkläre mithilfe von M1, S. 131, und dem Begriffskasten die Wirkung der Wölfin als Wahrzeichen Roms.
6 Vergleiche die Inhalte der Sage mit den historischen Befunden über die Entstehung Roms (siehe S. 130).

Wahrzeichen

Ein Wahrzeichen ist ein Zeichen, das auf etwas aufmerksam macht und als Sinnbild für etwas steht. Der Eiffelturm zum Beispiel ist das Kennzeichen von Paris; die Freiheitsstatue gehört zu New York, die Eule zu Athen, der Bär zu Berlin. Die Wölfin ist das Wahrzeichen Roms. Wahrzeichen und Gründungsmythen können das Zusammengehörigkeitsgefühl von Menschen in einer Stadt oder einem Land fördern.

Lesetipp

Römische Sagen. Den Quellen nacherzählt von Richard Carstensen, München (dtv junior) 1998.
Der Band enthält die Äneassage sowie weitere Sagen aus der römischen Geschichte.

Ist eine „familia“ eine „Familie“?

M1 Marcus Romilius: „pater familias“

Marcus, ein (erfundener) Römer, stellt sich vor:

Ich heiße Marcus Romilius und bin seit dem Tod meines Vaters „pater familias“. Mein Tag beginnt mit einem Opfer, das ich im Namen meiner „familia“ den Hausgöttern darbringe. Dann kümmere ich mich um unser Landgut. In letzter Zeit nehme ich öfters unseren ältesten Sohn Lucius mit, damit er den Olivenanbau kennen lernt. Der Verwalter meines Gutes lässt gerade von meinen tüchtigen Feldsklaven neue Bäume setzen, denn der Olivenanbau bringt immer guten Gewinn. Fast jeden Tag empfange ich als Patron einige meiner Klienten, die ihre Bitten aussprechen. Gestern zum Beispiel bat mich ein Klient aus dem Nachbarort beim Befehlshaber der zweiten Legion, Konsul[1] Sextus Fabius, ein gutes Wort für seine Beförderung einzulegen. Ich denke, dass es klappen wird. Ein anderer hatte Grenzstreitigkeiten mit seinem Nachbarn. Meine Klienten kenne ich alle sehr gut, denn ich habe sie von meinem Vater geerbt und muss sie schützen. In der Volksversammlung kann ich auf ihre Unterstützung zählen. Vielleicht bewerbe ich mich nächstes Jahr um das Amt des Prätors von Rom[2], denn ich kenne mich gut mit den Gesetzen aus. Meinen Schwiegervater, der einmal Konsul war, würde das bestimmt freuen.

Verfassertext

1 Bezeichnung für die beiden höchsten Amtsträger in Rom
2 einer der obersten Richter und Vertreter des Konsuls

Klientel

Nichtadlige Römer und ihre Angehörigen waren häufig Abhängige (= Klienten) eines adligen Patrons. Der Patron half in Notlagen (Überfällen, Feuer). Solche Hilfsleistungen übernimmt bei uns heute der Staat. Die Klienten unterstützten den Patron bei Versammlungen und Wahlen. Sie gehörten zur „familia“. Die Beziehungen zwischen Patron und Klient wurden vererbt. Klienten lebten nicht im Hause des Patrons. Ihre Ursprünge sind unklar: Vielleicht waren es landlose Siedler.

Die „familia“ der Römer

Wenn wir heute von einer Familie sprechen, stellen wir uns in der Regel Mutter, Vater und Kinder vor, die als Kleinfamilie in einer Wohnung zusammenleben. Manchmal sind die Großeltern dabei, insgesamt vielleicht drei bis sechs Personen. Auch in der altrömischen Gesellschaft lebten Eltern und Kinder unter einem Dach zusammen. Aber bei den Römern gab es weitere Personengruppen innerhalb und außerhalb des Hausverbandes, die zur „familia“ zählten.
Eine besondere Stellung hatte der Vater einer adligen (= patrizischen) Familie. Als Hausvater (= lat. pater familias) herrschte er über alle Güter und Personen und es gab kein Gesetz, das seine Gewalt einschränkte. Er konnte sogar die Todesstrafe aussprechen. Er war Herrscher über Familienmitglieder und Sklaven, Gutsbesitzer und Opferherr* und Beschützer (= Patron) seiner Klientel. Die Macht des „pater familias“ war entstanden, als es noch keinen Staat und daher keine staatliche Macht gab.

M2 Grabstein einer vornehmen römischen Familie aus Köln, ca. 2. Jh. n. Chr.

1 Erarbeite mithilfe von M1 und M2 die Stellung eines römischen „pater familias“.
2 Erörtere Vor- und Nachteile des Klientelverhältnisses: a) aus der Sicht des Patrons, b) aus Sicht der Klienten.
3 Erkläre, wie die Aufgaben des „pater familias“ in früher Zeit zustande gekommen sein könnten.

Die altrömische Gesellschaft

M3 **Ehepaar mit Kind,** Grabdenkmal aus Neumagen, Mitte 3. Jh. n. Chr. Frau und Mann sind durch das Reichen der Hände als Ehepaar gekennzeichnet.

M4 Römische Heirat

Der Historiker Ugo E. Paoli schreibt über die Hochzeitszeremonie bei den Römern (1961):

[Die Zeremonie] … begann mit einem Auguralopfer[1], das der Deutung der guten und schlechten Vorzeichen diente. Der normale Verlauf des Opfers galt als Zeichen, dass die Götter gegen die Verbindung nichts einzuwenden hatten … [Danach] folgte … die Unterzeichnung … des Heiratskontraktes[2], der im Beisein von zehn Zeugen vollzogen wurde; dann ergriff die „pronuba"[3] die rechten Hände der Brautleute und legte sie ineinander. Es war dies … der feierlichste Augenblick der Zeremonie, das stillschweigende Treuegelöbnis der jungen Brautleute, das gegenseitige Versprechen zusammenleben zu wollen.

Ugo Enrico Paoli, Das Leben im alten Rom, 2. Aufl., Bern (Francke) 1961, S. 140.

1 Auguren: Priester, die durch Deutung von Zeichen (z. B. Vogelflug) den Willen der Götter erkunden.
2 Heiratsvertrag
3 Brautführerin: Sie war eine verheiratete Frau und durfte nur einen Ehemann gehabt haben.

M5 Cornelia – Ehefrau des Marcus Romilius

Cornelia, eine (erfundene) Römerin, stellt sich vor:

Ich bin die Frau von Marcus Romilius. Seit zwanzig Jahren sind wir verheiratet. Mein Vater, Gaius Aemilius, hatte mit seinem Vater die neue Form der Eheschließung vereinbart. Deshalb unterstehe ich nicht der Verfügung meines Mannes, sondern der meines Vaters. So kann ich meine schöne Mitgift zurückverlangen, wenn Marcus und ich uns trennen sollten. Hätten wir geheiratet wie meine Eltern, wäre bei einer Trennung mein Vermögen auf Marcus übergegangen.
Im Haus gibt es für mich viel zu tun, obwohl nur noch Quintus, der Jüngste, bei uns lebt. Ich bin für den Speisezettel verantwortlich und beaufsichtige die Köchin beim Brotbacken. Von meiner Mutter habe ich gelernt, wie man webt und spinnt. Hätte ich doch nur nicht so viel Arbeit damit, die Vorräte der Gutswirtschaft zu verwalten: Mehl, Eier und Unmengen von Trockenobst! Am schlimmsten ist es, wenn im November die Oliven kommen. Jupiter[1] sei gedankt, dass Marcus mir nicht viel hineinredet. Nur sparsam muss ich sein. Aus dem Haus gehe ich nicht so oft wie mein Mann.

Verfassertext

1 Jupiter war der höchste römische Gott.

Formen der Eheschließung

In der Regel heiratete ein freier römischer Mann um rechtmäßige Nachkommen zu zeugen und sich eine Mitgift zu sichern. Die Liebe konnte als glücklicher Zufall hinzukommen, um Gefühle ging es ansonsten aber nicht. Es gab zwei Formen der Eheschließung:
a) die „manus"-Ehe: Sie ist die ältere Form. Die Frau und ihr elterliches Erbteil gingen dabei in die Hausgewalt des Mannes über (lat. manus = Hand, Gewalt). Die Ehe konnte nur vom Mann aufgehoben werden und auch dann nur unter besonderen Bedingungen (Kinderlosigkeit, Ehebruch);
b) die „manus"-freie Ehe: Die Frau blieb rechtlich unter der Hausgewalt ihres Vaters und behielt die Erbrechte ihrer „familia". Eine Scheidung war durch Erklärung eines Ehepartners möglich und die Frau erhielt ihre Mitgift zurück. Die „manus"-freie Ehe kam zeitlich später auf.
Sklaven durften nicht heiraten.

M6 Quintus – Sohn des Marcus Romilius

Quintus, ein (erfundener) römischer Junge, stellt sich vor:

Ich bin Quintus. Ich bin schon zwölf Jahre alt! Leider sind meine Geschwister schon aus dem Haus. Mein Bruder Lucius ist 17. Lucius war ein Jahr bei meinem Großvater Gaius Aemilius, das ist der Vater meiner Mutter. Der war früher einmal Konsul. Großvater hat Lucius in die Politik Roms eingeführt. Nun wird Lucius seinen Wehrdienst beginnen. Seit einigen Tagen plagt Vater ihn mit dem Olivenanbau.
Wenn Großvater etwas von den Taten unserer Vorfahren erzählt, höre ich gerne zu. Auch mit meinem Hauslehrer würde ich gerne solche Erzählungen lesen. Aber der hat mir Texte über Viehzucht vorgelegt, ausgesucht vom Vater. So etwas Langweiliges! Aber gegen Vaters Hausgewalt kommt halt keiner an. Wenn ich doch bloß erst so alt wäre wie Lucius. Vor zwei Jahren durfte er am Altar, der unseren Familiengottheiten geweiht ist, seine Kindertoga ablegen. Meine Schwestern Romilia und Claudia sind schon verheiratet. Meine dritte Schwester Caecilia ist Priesterin im Vestatempel[1] und darf daher nicht heiraten. Aber alle sind stolz auf sie, auch unsere Sklaven und Klienten.

Verfassertext

1 Vesta ist eine alte italische Göttin des Herdfeuers. Sechs Priesterinnen, die Vestalinnen, hüteten in Rom das ewig brennende Feuer im Tempel der Vesta auf dem Forum. Schon als Mädchen wurden sie dafür ausgewählt.

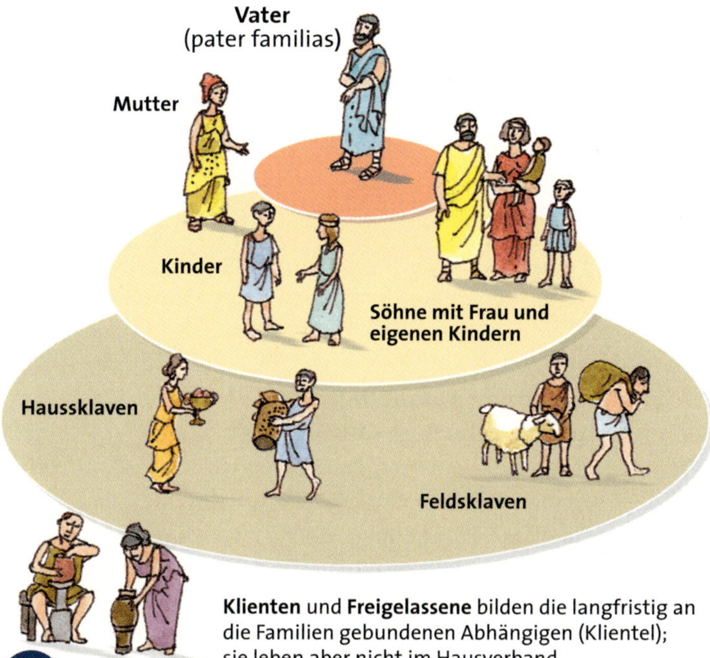

Klienten und **Freigelassene** bilden die langfristig an die Familien gebundenen Abhängigen (Klientel); sie leben aber nicht im Hausverband.

M7 Der Aufbau der römischen „familia"

4 Erläutere anhand von M5 und M7 die Rolle der Mutter in der Römerfamilie. Vergleiche mit heute.

5 Was kannst du aus M6 und M8 über römische Familien herausfinden? Schreibe deine Befunde auf.

6 Nenne mithilfe von M4 die Schritte einer Trauung. Ziehe auch M3 hinzu.

7 Die „manus"-freie Ehe wurde im Laufe der Zeit vor allem von patrizischen Familien gewählt, die nur wenige Kinder hatten. Suche eine Erklärung.

8 Informiere dich über Hochzeitsszeremonien früher und heute. Suche in Lexika und frage zu Hause. Trage deine Ergebnisse in der Klasse vor.

M8 Adliger Römer, Statue, 165 cm, 1. Jh. v. Chr. Der Adlige trägt eine Toga. In seinen Händen hält er Büsten des Vaters und Großvaters.

M9 **Szenen aus dem Leben eines römischen Kindes,** Relief, 3. Jh. n. Chr.

Jungen und Mädchen in der römischen Gesellschaft

Die Kinder unterstanden ebenso wie die Ehefrau und andere Familienangehörige der Hausgewalt des „pater familias“. Er bestimmte über die Erziehung, die Berufswahl und die Eheschließung – ohne Einschränkungen und lebenslänglich. Im Gegenzug musste er für die Ernährung und den militärischen und religiösen Schutz der Kinder sorgen. Verbrechen wie Feigheit und Verrat gegenüber dem Feind oder militärischer Ungehorsam von Angehörigen der „familia“ konnte er mit dem Tode bestrafen. Er musste dies allerdings im „Hausgericht“ gegenüber den Verwandten rechtfertigen. Aus der „familia“ ausscheiden konnten Söhne und Töchter nur, wenn sie der Vater durch eine Rechtshandlung, die „emancipatio“, entließ (= lat. aus der väterlichen „Hand“ entlassen).

9 Ein junger Mann ist gestorben: Marcus Cornelius. Die Eltern haben vier Szenen aus seinem Leben darstellen lassen (M9). Beschreibe die Szenen und die Art der Darstellung. Gib den einzelnen Lebensstationen Überschriften.

10 Vergleiche die Lebensabschnitte des Marcus Cornelius mit denen heutiger Jungen und Mädchen.

11 Beurteile die Stellung römischer Kinder aus Sicht damaliger Kinder und aus deiner heutigen Sicht.

12 Zeichne ein Schema mit einem „pater familias“ in der Mitte und Mitgliedern der „familia“. Zeichne Pfeile und Stichworte ein, die Rechte und Pflichten des „pater familias“ zeigen (M7).

13 Stelle anhand der Themeneinheit S. 133 bis 136 Wandlungen in der römischen Familie zusammen.

Römische Namen

Römische Namen bestehen in der Regel aus drei Teilen. Der erste Name ist der Vorname, zum Beispiel Lucius. Seinen zweiten Namen hat Lucius vom Geschlecht seines Vaters: Romilius. Weil es nur wenige Vornamen und Geschlechtsnamen bei den Römern gab, ergänzte man an dritter Stelle häufig Beinamen, zum Beispiel Lucius Romilius Cicero (der „Erbsenbauer“). Töchter trugen keine Geschlechtsnamen. Man verwendete allerdings gerne eine weibliche Form des Geschlechtsnamens als Vornamen, zum Beispiel Romilia.

– Erläutere den Namen: Gaius Julius Caesar.

Familiengeschichten: damals – heute

Schreibe einen Text, in dem sich die Römerin Tullia vorstellt. Tullia gehört nach ihrer Heirat zur Familie ihres Mannes Lucius, ist aber von ihrem Vater „manus“-frei verheiratet worden. Tullia erzählt von ihrem Vater, ihrem Mann, den Kindern, Klienten und Sklaven.

Schreibe einen Text über eine heutige Familie in Deutschland und stelle die Familienmitglieder vor.

Trage beide Geschichten frei in der Klasse vor.

Religion – Privatsache oder öffentliches Anliegen?

Religion, Familie und Staat

Die Religion spielte im Leben der Römer eine wichtige Rolle. Ausgeübt wurde sie zunächst in der Familie und später vom Staat in Form öffentlicher Kulte.

Die Stätte der täglichen Kultausübung in der Familie war das Lararium, das die Form eines Wandbildes oder eines Steinsockels haben konnte. Unter Aufsicht des „pater familias" wurden hier das häusliche Herdfeuer oder die Hausgötter verehrt. Auch die Büsten verstorbener Vorfahren erfuhren religiöse Verehrung.

Vor einem Kriegszug befragten die Römer die Götter. Durch Deuten von Zeichen, zum Beispiel des Vogelflugs, suchten sie den Willen der Götter zu erfassen und durch kultische Handlungen (Gebete, Opfer) Unheil zu bannen. Öffentliche Kulte lagen in der Hand von Priestern. Die Vestalinnen zum Beispiel wachten über das öffentliche Herdfeuer auf dem Forum Romanum, das als Zentrum des Staates galt. Alle Priester waren Beamte (= Magistrate) und der oberste Priester hieß „pontifex maximus".

Im Staat wie in der Familie ging es immer darum, Gefahren abzuwehren und Schuld wieder gutzumachen. Die Götter sollten gnädig gestimmt werden, aber nicht zur Erlösung des einzelnen Menschen. Die Religion diente vielmehr der Stärkung des römischen Staates und der Ordnung der Familie.

M1 Entsühnen der Felder im Mai

Der Feldherr und Geschichtsschreiber Marcus Porcius Cato verfasste im 2. Jh. v. Chr. für seinen Sohn ein Buch über die Landwirtschaft und schrieb über das Entsühnen der Felder Folgendes:

Sprich zunächst feierlich mit einer Weinspende Janus[1] und Jupiter[2] an, dann bete so: Vater Mars[3], dich bitte ich flehentlich, dass du wohlwollend und gnädig seiest mir, meinem Haus und meiner „familia"; deshalb habe ich angeordnet um meine Felder und mein Landgut das Schwein-, Schaf- und Stieropfer herumtreiben zu lassen, damit du sichtbare und unsichtbare Krankheiten, Verwaisung und Zerstörung, Misswuchs und Unwetter fern hältst, abwehrst und abwendest, damit du Feldfrüchte, Getreide, Weingärten und Jungpflanzen wachsen und gut gedeihen lässt, Hirten und Herden unverletzt hältst und mir, meinem Haus und meiner „familia" Glück und Gesundheit gibst. Deshalb … sei geehrt durch dieses Opfer eines säugenden Schweins, eines Schafs und eines Stiers.

Cato, Vom Landbau, Kap. CL. Übers. d. Verf.

1 Gott des Beginns; schützt den Eingang nach außen und innen (daher doppelköpfig dargestellt).
2 höchster römischer Gott
3 Gott der Landwirtschaft, später Kriegsgott

M2 **Der „lustrum"-Kult, ein Staatskult**, Marmorrelief, um 15 n. Chr. Der Kult war der Abschluss einer alle fünf Jahre stattfindenden Steuereinschätzung der Bürger und Musterung des Heeres. Rechts: der römische Kaiser bringt als Opferherr auf dem linken der beiden Altäre das Voropfer dar (Weihrauch, Wein); eine Tafel zeigt den Gebetstext; Fehler beim Lesen wurden als Unheil gedeutet. Links: Opfertiere; Männer mit Stecken (Ordnungshüter).

1 Halte fest, was du bislang über Religionen kennen gelernt hast (Religionsunterricht, Feste usw.).

2 Lies dir M1 durch und arbeite heraus,
a) welche Sorgen genannt werden,
b) wie eine Entsühnung erreicht werden soll,
c) warum Kulte für Bauern wichtig waren.

3 Beschreibe M2 und erläutere die Bedeutung der Religion für den römischen Staat.

4 Vergleiche Inhalte, Kulte und Bedeutung der römischen Religion mit einer heutigen Religion. Sammle dazu Informationen.

Kleidung und Getränke – eine Abendgesellschaft in Rom

Im Liegen essen?

Die reichen Römer luden am Abend oft Gäste zu einem ausgiebigen Essen in ihre Villa ein. Dabei machten es sich die Gäste auf weichen Liegen bequem. Sklaven reichten Speisen und Getränke. Zauberer, Musiker und Akrobaten sorgten für Unterhaltung. Der Duft exotischer Öle trug zur Entspannung bei.

Die Römer zeigten ihren Wohlstand, indem sie Speisen und Getränke aus allen Teilen des Reiches servieren ließen. Aus Syrien kamen Pflaumen und Granatäpfel, aus Afrika Datteln und Gewürze, aus Gallien Wurstwaren und aus Spanien Salzlake, die die Römer zum Würzen ihrer Speisen verwendeten.

M1 **Römische Abendgesellschaft,** Rekonstruktionszeichnung, 1997

Einen Grapefruit-Trunk mixen

Dieses würzige Getränk durfte bei keiner römischen Abendgesellschaft fehlen. Ihr könnt es zum Beispiel als euren Beitrag für das nächste Schulfest mixen:

Zutaten für 4 Personen:
4 Teelöffel Honig, 2 zerkleinerte Lorbeerblätter, 2 Datteln, 1 l Grapefruitsaft, jeweils eine Prise Zimt und Pfeffer, Zitronen.

1. Zerhackt die Datteln fein und entfernt die Kerne.
2. Gebt alle Zutaten in einen Topf und erhitzt sie auf kleiner Flamme.
3. Lasst das Getränk abkühlen und verziert die Gläser vor dem Servieren mit einer Zitronenscheibe.

Eine Toga anlegen

Wollt ihr euch einmal fühlen wie ein Römer? Dazu benötigt ihr eine Toga. Allen frei geborenen Männern war es gesetzlich erlaubt, eine Toga zu tragen. Doch weil das so umständlich war, trugen nur Männer aus der Oberschicht die Toga, wenn sie zum Beispiel eine Rede hielten oder zu einer Abendgesellschaft gingen.

Eine Toga herzustellen ist gar nicht so schwierig. Ihr braucht dazu ein halbkreisförmiges Stück Stoff mit einer Kantenlänge von mindestens vier Metern.

Legt ein Stoffende so über den linken Arm, dass etwa ein Drittel nach vorne überhängt. Führt das andere Ende über die linke Schulter, den Rücken und unter dem rechten Arm durch und werft dann dieses Ende über die linke Schulter zurück. Die Toga ist nun angelegt, der rechte Arm bleibt frei. Ihr werdet sicherlich merken, dass eure Bewegungsfreiheit eingeschränkt ist, dass ihr ruhig und langsam gehen müsst, was euch einen würdevollen Ausdruck verleihen wird.

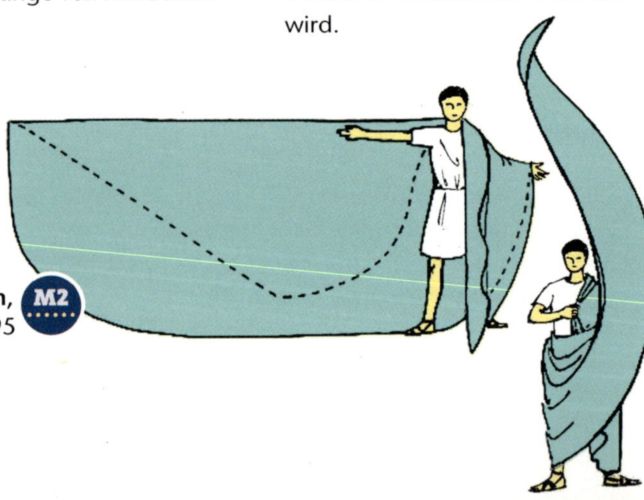

So legt ihr eine Toga an, M2
Zeichnung, 1995

Die Monarchie wird gestürzt

M1 **Ein etruskischer König** aus der Stadt Cerveteri/Etrurien im 6. Jh. v. Chr., Rekonstruktionszeichnung, 1999. Die etruskischen Könige in Rom und die Zeichen ihrer Macht können wir uns wie in Cerveteri vorstellen: elfenbeinbeschlagener Klappstuhl, Schuhe mit hochgezogenen Spitzen, Zepter, Trabea (= kurzes Obergewand) und Tunica (= kurzärmeliges Untergewand).

M2 Vertreibung des Königs von Rom

Stellen wir uns vor, es hätte im 6. Jahrhundert v. Chr. eine griechische Zeitung gegeben, vielleicht die „Athener Nachrichten". Um 510 v. Chr. hätte man von dem Korrespondenten aus Rom folgende Meldung lesen können:

Etruskischer König aus Rom vertrieben!
Patrizier ergreifen die Macht und gründen eine Republik. Rom hat keinen König mehr. Wie es dazu gekommen ist, ist zurzeit ungeklärt. Fest steht, die Patrizier haben die Regierung übernommen. Eine „res publica", eine gemeinsame Sache, so die erste Verlautbarung der Patrizier, werde die Zukunft Roms sein.

Verfassertext

1 Finde mithilfe von M2 heraus, was um 510 v. Chr. in Rom passiert ist. Welche Fragen bleiben offen?

2 Erläutere den Wandel (M2) mithilfe des Begriffskastens und des Darstellungstextes.

3 Beschreibe ausgehend von M1 Zeichen etruskischer Königsherrschaft und überlege, warum einige Herrschaftszeichen von den „Umstürzlern" übernommen wurden.

Republik
Bezeichnung für eine Staatsform, in der kein König herrscht. Die Macht wird vom Volk oder von einem Teil des Volkes, zum Beispiel von Adligen, ausgeübt. Republik ist der Gegenbegriff zur Monarchie. Eine Republik muss keine Demokratie sein. Der Begriff kommt aus dem Lateinischen: res publica = öffentliche Sache, im Gegensatz zur res privata = Sache des Einzelnen.

Das Ende der etruskischen Königsherrschaft

Die Etrusker hatten in Rom seit spätestens 600 v. Chr. geherrscht. Wie die Könige an die Macht gekommen waren, ist in der Wissenschaft ebenso umstritten wie die Frage, warum ihre Herrschaft um 510 v. Chr. zu Ende ging. Mit Gewissheit kann man nur sagen, dass die Patrizier in Rom, die über Pferde und Waffen verfügten, gegen Ende des 6. Jahrhunderts militärisch immer wichtiger geworden waren, weil die Etrusker sie zur Kriegsführung benötigten. Ebenso steht fest, dass Adlige auch in anderen Städten Mittelitaliens um diese Zeit ihre Königsherrscher ablösten.

Das Ende der Königsherrschaft in Rom bedeutete allerdings nicht, dass es fortan keine Etrusker mehr in Rom gab. Etruskische Geschlechter lebten auch nach 510 v. Chr. in der Stadt, ja, es sind sogar zahlreiche Herrschaftszeichen und Herrschaftsbräuche auf die Republik übergegangen: Ein Elfenbeinstuhl ohne Rückenlehne wurde unter dem Namen „sella curulis" von Magistraten benutzt, wenn sie Recht sprachen. „Trabea" und „Tunica" (siehe M1) trugen in ähnlicher Form auch die römischen Feldherren, wenn sie im Triumphzug durch Rom fuhren. Äxte und Rutenbündel wurden als Zeichen der Macht über Leben und Tod nicht nur den etruskischen Königen, sondern auch den höchsten römischen Beamten der Republik, den beiden Konsuln, vorangetragen.

Der Sturz der Monarchie warf auch eine neue Frage auf: Wie würden Patrizier und Plebejer, das war die Masse des Volkes, miteinander umgehen?

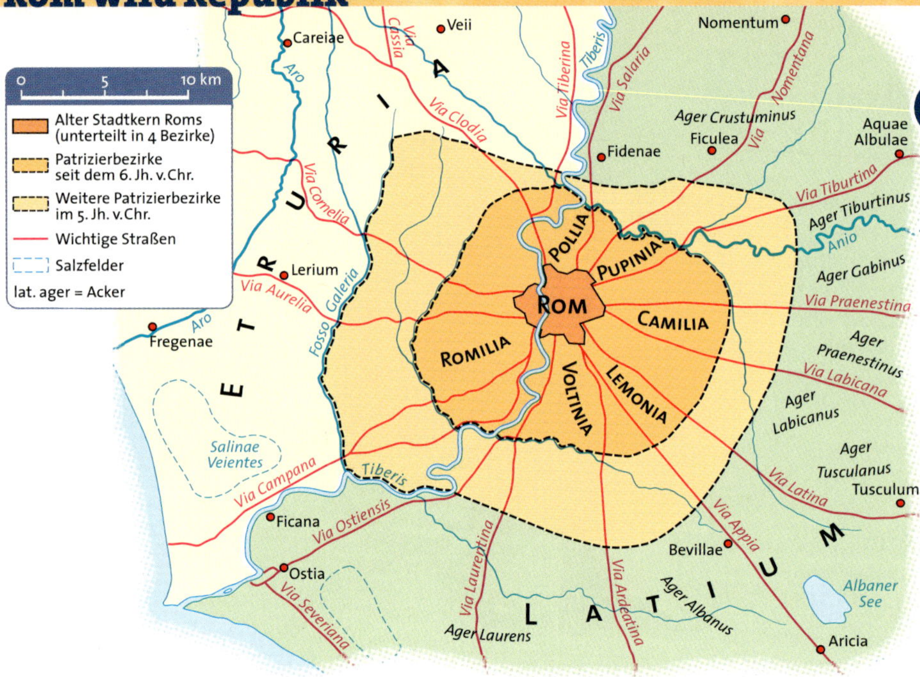

M3 **Ausdehnung des Besitzes der römischen Patrizier in Latium im 6. und 5. Jahrhundert v. Chr.**
Unter den Etruskerkönigen war Rom in vier Bezirke (= lat. tribus) eingeteilt. Seit dem Ende des 6. Jahrhunderts eroberten patrizische Geschlechter sechs Bezirke hinzu, die bis auf einen (die Romilia) alle geografische Namen trugen. Im Laufe des 5. Jahrhunderts kam ein weiterer Gürtel mit Tribus hinzu, die Namen von Geschlechtern trugen. Die Abgrenzung der Tribus geschah durch Straßen. Die Patrizier überließen das von ihnen eroberte Land den Hirten und Ackerbauern zur Nutzung.

M4 Plebejer und Patrizier – miteinander oder gegeneinander?

Publius, ein (erfundener) römischer Plebejer, stellt sich vor:

4A Ich heiße Publius. Ich wohne auf dem Aventin und gehöre zur „plebs". Allerdings bin ich kein Klient eines Patriziers. Nach meinen Vorfahren heiße ich Publius Licinius. Meine Vorfahren sind aus Aricia, einer Stadt in Latium, eingewandert. Wir sind Händler. Auch einige Handwerker gibt es unter unseren Verwandten. Mein Vater hat nicht weit von der Stadt viel Land gekauft. Die Bauern dort gehören auch zu den Plebejern. Jeden Morgen opfere ich mit meiner „familia" den Hausgöttern. Leider darf ich nicht aus der Beobachtung des Vogelflugs oder der Opferschau den Willen der Götter deuten. Wenn Krieg ist, kämpfen meine Verwandten und ich als schwer bewaffnete Fußsoldaten, weil wir uns die teure Ausrüstung leisten können. Viele Plebejer im Heer sind aber nur leicht bewaffnete Fußsoldaten.

Verfassertext

Im Folgenden sind Kennzeichen des Patriziers Marcus Romilius aufgelistet, der sich auf S. 133 vorgestellt hat:

4B
– Marcus stammt aus einem adligen Geschlecht mit angesehenen Vorfahren (den Romiliern);
– darf als Opferherr den göttlichen Willen erfragen und die Götter gnädig stimmen;
– besitzt als größerer Landbesitzer und Patron zahlreiche Klienten;
– zieht als bewaffneter Reiter in den Krieg;
– wird in der Heeresversammlung möglicherweise in ein Amt gewählt und erhält vielleicht sogar den Befehl (= lat. imperium) über das Heer.
– wird nach verschiedenen Ämtern Mitglied des Senats, das ist die Versammlung der Oberhäupter der patrizischen Geschlechter; dort wird die römische Politik bestimmt.

Verfassertext

4 Erkläre mithilfe von M3, wie die Patrizier im 6. und 5. Jahrhundert ihre Macht steigerten.

5 Prüfe, welche Kennzeichen des Patriziers aus M4B auch auf den Plebejer in M4A zutreffen und welche nicht. Prüfe, ob alle Plebejer gleich waren.

6 Publius beschreibt in M4A seine gesellschaftliche Stellung mit Stolz und Bedauern. Erläutere dies.

7 Publius wird Sprecher der Plebejer. Überlege, welche Forderungen er gegenüber den Patriziern vortragen könnte. Stelle Gründe für einen möglichen Konflikt zwischen den beiden gesellschaftlichen Gruppen zusammen.

Ständekämpfe: Aventin gegen Palatin und Capitol

M1 **Der Jupitertempel auf dem Capitol,** nachgebautes Modell, 1970er-Jahre. Der Tempel wurde um 500 v. Chr. von den Patriziern als Haupttempel Roms errichtet. Hier wurden die Opferkulte der Stadt abgehalten.

Die Plebejer – ein Stand organisiert seine Interessen

Die Patrizier hatten auf dem Hügel Kapitol, der der Sage nach zuerst besiedelt worden war, ihren Jupitertempel errichtet. Die Plebejer bauten auf dem Aventin einen Tempel, der der von ihnen verehrten Göttin Ceres geweiht war und der ihre Gemeinschaftskasse beherbergte. Wer sich im Tempel aufhielt, dem durfte niemand die Freiheit oder das Eigentum stehlen (= Asylrecht). Die Furcht vor der Gottheit und ihrer Rache stellte sicher, dass das Asylrecht tatsächlich beachtet wurde.

Die Plebejer haben sich nach der Vertreibung des letzten etruskischen Königs zunächst ihre eigene „Volksversammlung" geschaffen und Vertreter gewählt, so genannte Volkstribunen, die diese Versammlungen leiteten und im Notfall militärisch schützten. Mit einem heiligen Eid beschloss die Versammlung, dass Volkstribune unverletzlich sein sollten. Handelten die patrizischen Amtsträger unrechtmäßig gegen einen Plebejer, sollten die Volkstribune dazwischentreten und ein „Veto" (= lat. ich verbiete) einlegen können um die Amtshandlung zu unterbinden.

Das Asylrecht, die plebejische Versammlung und die Volkstribunen wurden im Laufe des 5. Jahrhunderts politisch immer wichtiger, weil immer mehr Plebejer in Armut gerieten und von der Schuldknechtschaft* bedroht waren.

M2 **Ceres, altitalische Göttin der Feldfrüchte,** römische Münze, undatiert. Die Göttin war der kultische Mittelpunkt im plebejischen Tempel auf dem Aventin.

Stände
Gesellschaftliche Gruppen, die durch rechtliche Bestimmungen (Vorrechte oder Benachteiligungen) klar voneinander getrennt sind, heißen Stände. So auch die Patrizier und die Plebejer in Rom. Von ca. 490 bis 287 v. Chr. haben sich die Plebejer in den „Ständekämpfen" wichtige Rechte von den herrschenden Patriziern erstritten.

1 Finde mithilfe von M1, M2 und des Darstellungstextes heraus, warum die Patrizier dem Gott Jupiter und die Plebejer der Göttin Ceres einen Tempel errichteten.
2 Arbeite die Bedeutung der Religion für die Gemeinschaft der Plebejer heraus.
3 Benenne die „Standes"-Grenzen zwischen Patriziern und Plebejern. Unterscheide mithilfe des Darstellungstextes und M4A Untergruppen, die sich im Laufe des 5. Jahrhunderts innerhalb der Plebejer herausbildeten.
4 Liste anhand des Darstellungstextes auf, in welchen Schritten sich die Plebejer als Gemeinschaft organisiert haben.

M3 Rom zur Zeit der frühen Republik

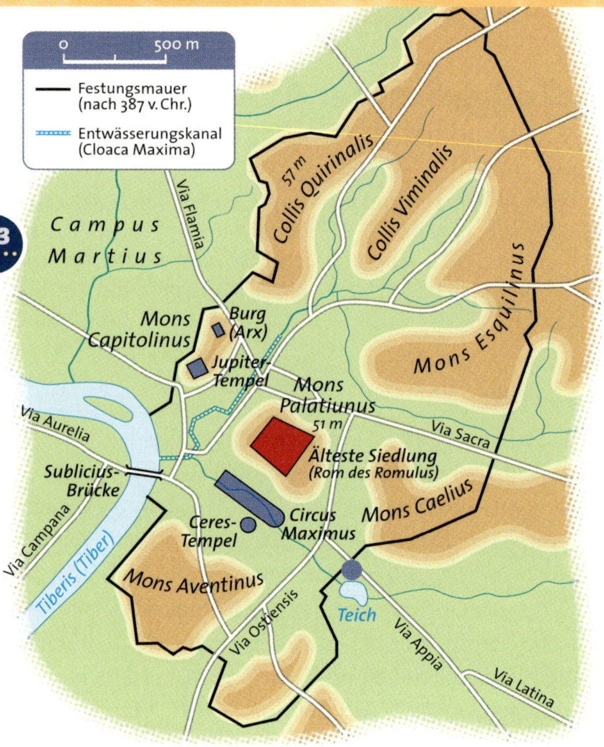

M4 Zu den Ursachen der Kämpfe

Der römische Geschichtsschreiber Livius (59 v. Chr.–15 n. Chr.) beschrieb ein Ereignis, das um 490 v. Chr. stattgefunden haben soll:

Jetzt drohte der Krieg mit den Volskern[1]... Ein alter Mann, dem man sein Elend ansah, lief auf das Forum. Seine Kleidung war schmutzig, sein Körper blass, abgezehrt und verfallen ...

Trotzdem erkannten ihn die Leute und sagten, er sei lange Hauptmann gewesen ... Warum er denn so heruntergekommen sei, fragte man ihn, und man stellte sich um ihn herum wie bei einer Versammlung. „Im Krieg gegen die Sabiner", sagte er, „habe ich Schulden gemacht. Als ich Kriegsdienst leistete, wurden meine Felder verwüstet, ich konnte nichts ernten. Mein Hof brannte ab, man nahm mir alles, auch das Vieh wurde weggetrieben. Zu diesem ungünstigen Zeitpunkt war auch noch die Kriegssteuer fällig; die Schulden wuchsen durch die Zinsen. Erst musste ich meinen väterlichen und großväterlichen Besitz veräußern, dann mein übriges Vermögen. Endlich ergriff dieses Übel auch meinen Körper. Ich wurde meinem Gläubiger übergeben, aber nicht in die Sklaverei verkauft, sondern auf dem Gut meines Gläubigers eingesperrt und unter Schlägen zur Arbeit getrieben."

Darauf zeigte er seinen Rücken, der schlimm aussah mit den noch frischen Striemen der Prügel. Als man dies sah und hörte, entstand ein lautes Geschrei ...

[Nur durch das Erscheinen der beiden Konsuln wurden die Patrizier davor bewahrt, dass die Plebejer „Hand an sie legten".]

Livius 2, 23. Übers. d. Verf.

1 Ein Volksstamm, der wie die Latiner und die Sabiner von Norden nach Italien eingewandert war.

M5 Über die Ziele der Plebejer

Der Historiker Karl Christ schreibt über die Ständekämpfe (1994):

[Z]ur römischen Plebs der frühen Republik zählten nicht nur die Klienten und damit überwiegend bäuerliche Kleinproduzenten, sondern ebenso unabhängige freie Bauern, Handwerker und Händler, jedoch auch nichtadlige Bürger mit so großem Besitz und Vermögen, dass sie die Rüstung eines Schwerbewaffneten erwerben konnten ... Je größer die Lasten waren, die [die Plebs] in zahlreichen und langjährigen militärischen Auseinandersetzungen der frühen Republik zu tragen hatte, desto entschiedener drängte sie auf eine politische Gleichberechtigung mit den ganz eindeutig privilegierten[1] Patriziern.

[Dem Großteil] der Plebs ... ging es in erster Linie um Versorgung mit Acker- und Weideland, ... aber auch um eine angemessene Bereinigung des Verschuldungsproblems.

Karl Christ, Die Römer, 3. Aufl., München (Beck) 1994, S. 20.

1 privilegiert sein = ein Vorrecht genießen

5 Erarbeite nach M4 die Schritte, die den Hauptmann in die Schuldknechtschaft (siehe S. 141) geführt haben.

6 Untersuche anhand von M5, welche Ziele die Plebejer verfolgten. Achte auf Unterschiede.

7 Stelle dir vor, du seist ein Reporter/ eine Reporterin bei der (erfundenen) Zeitung „Athener Nachrichten". Schreibe einen Bericht mit dem Titel „Unruhen in Rom – Was die Plebejer wollen".

Die Ständekämpfe – Ereignisse und Ergebnisse

Der Konflikt zwischen den Patriziern und den um mehr Rechte kämpfenden Plebejern dauerte bis 287 v. Chr. Dabei haben die Patrizier den Plebejern schrittweise Zugeständnisse gemacht. Das wäre wohl kaum geschehen, wenn Rom, das heißt die politisch führenden Patrizier, nicht immer wieder Land erobert und Kriege geführt hätten, für die sie die Plebejer als Fußsoldaten benötigten. Was haben die Plebejer erreicht?

Um 450 v. Chr. Nach dem Auszug der Plebejer aus der Stadt – und damit der Weigerung, die Heeresfolge* zu leisten – werden bestehende und neue Gesetze (zum Beispiel über Schulden, Diebstahl, Erbschaftsfragen, das Eheverbot zwischen Patriziern und Plebejern) erstmals schriftlich festgehalten. Sie werden auf zwölf Bronzetafeln veröffentlicht und damit allen im Volk zugänglich gemacht.
Die Veröffentlichung war insofern wichtig, weil in Rom nur der Recht einfordern konnte, der die mündlich überlieferten Rechtsformeln kannte. Weil diese aber nicht allgemein bekannt waren, hatten die Plebejer mit den „Zwölf-Tafel-Gesetzen" ein wichtiges Ziel erreicht: die Abschaffung der Rechtsunsicherheit.
Nach 445 v. Chr. Das Gesetz über das Verbot der Ehe zwischen Patriziern und Plebejern ist aufgehoben.
387 v. Chr. Die Eroberung der etruskischen Stadt Veji hat Rom großen Gebietszuwachs gebracht. Auch den Plebejern wird jetzt Land zugeteilt.
367 v. Chr. Von den zwei höchsten Beamten, den Konsuln, ist erstmals einer Plebejer. Er stammt aus einer angesehenen plebejischen Familie. Plebejer werden bald auch in den Senat* kommen.
326 v. Chr. Verbot der Schuldknechtschaft. Den verschuldeten Bauern werden allerdings die Schulden nicht erlassen.
287 v. Chr. Ein Beschluss der Plebejerversammlung hat ab sofort die gleiche Gültigkeit wie ein Gesetz der allgemeinen Volksversammlung.
Um 250 v. Chr. Die Ständekämpfe der vergangenen Jahrhunderte haben die altrömische Gesellschaft, vor allem die Zusammensetzung der Oberschicht, verändert: Die Plebejerfamilien, denen der Aufstieg in den Senat gelungen ist, sind mit den Patriziern zu einer neuen Oberschicht verschmolzen: der Nobilität (von lat. nobiles: die Vornehmen, die Adligen).
Theoretisch können jetzt stets „neue Männer" (= lat. homines novi) mit ihren Familien in die Nobilität aufsteigen, vorausgesetzt die Volksversammlung hat den betreffenden Mann (Frauen waren zu Ämtern nicht zugelassen) einmal zum Konsul bestellt.

M6 **Tempel der Eintracht** (= lat. concordia), römische Münze, 1. Jh. n. Chr. Der Tempel wurde 367/66 v. Chr. am Abhang des Kapitols zu Ehren der Göttin Concordia errichtet. Senat und Volk sollen den Bau beschlossen haben. Im Innern sieht man die Statue der Concordia mit Füllhorn (für den Segen), links Herkules (für die Sicherheit), rechts Merkur (für den Frieden); oben: weitere Götterfiguren. Die Münze zeigt einen Neubau des Tempels aus dem 1. Jh. n. Chr.

8 Vergleiche die Figuren und Absichten, die zum Bau des Tempels (M6) führten, mit den Tempeln M1 und M2 S. 141, und ordne die Errichtung des Concordiatempels in die Geschichte der Ständekämpfe ein.
9 Fasse mithilfe des Faktenkastens die Ergebnisse der Ständekämpfe in drei Gruppen zusammen: a) Zugeständnisse an die reichen Plebejer, b) an die armen Plebejer, c) an alle Plebejer.
10 Bewerte und begründe, welche Reformen aus deiner Sicht die wichtigsten waren.
11 Vergleiche die Ergebnisse der Ständekämpfe mit den Reformen Solons in Athen (siehe S. 92).

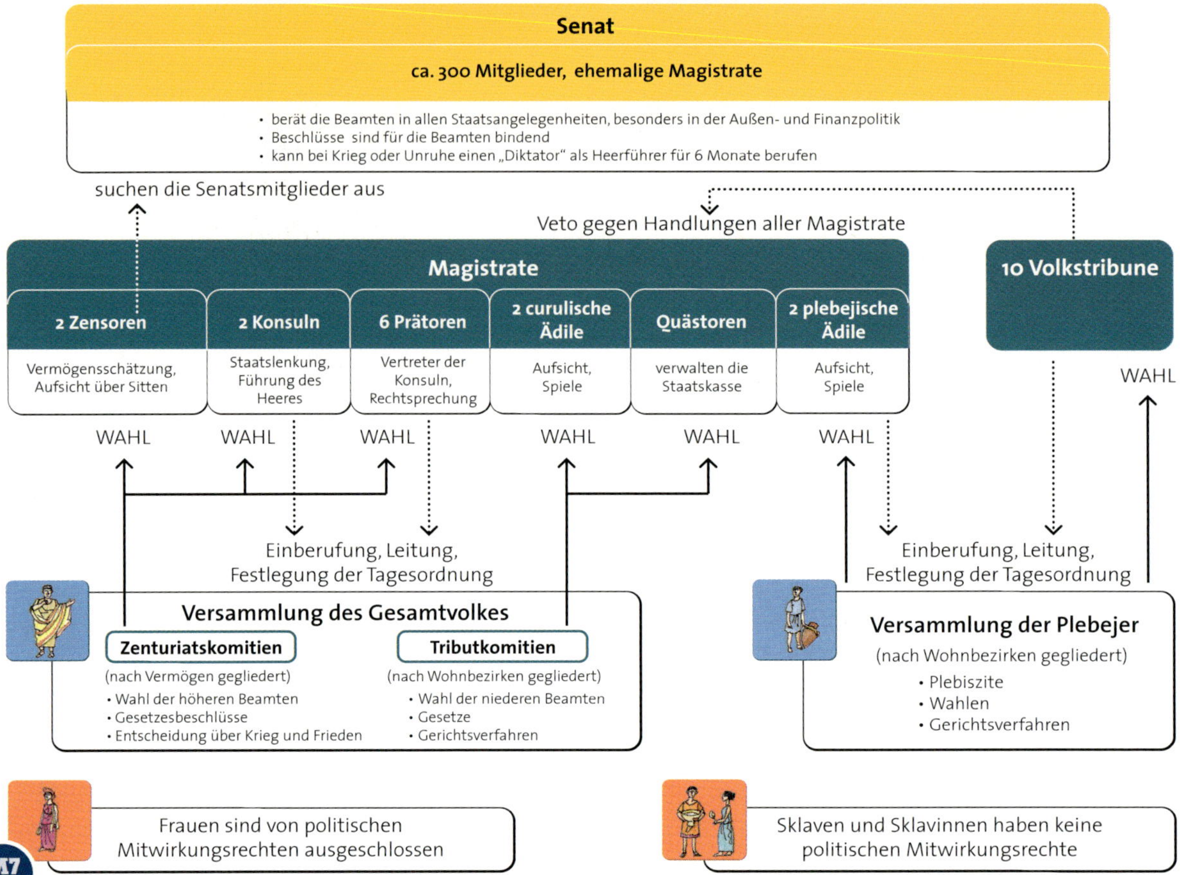

M7 **Die Verfassung der Römischen Republik** nach Abschluss der Ständekämpfe (nach 287 v. Chr.)

Politik machen in der Römischen Republik – der Senat und die Magistrate

In der Römischen Republik hat es nie eine geschriebene Verfassung gegeben, in der – wie in unserem Grundgesetz – politische Rechte, Pflichten und Verfahren festgelegt waren. Die Römer haben vielmehr ihre politische Ordnung durch Einzelgesetze neuen Erfordernissen angepasst, zum Beispiel in den Ständekämpfen: Eine „Versammlung der Plebejer“ war entstanden, deren Beschlüsse später Gesetzeskraft erhielten; ein Volkstribunat hatte sich herausgebildet, das rasch zu einem begehrten Amt wurde, weil es reichen und angesehenen Plebejern den Weg zur Mitgliedschaft im Senat ebnete.

Der Senat war das Zentrum der Politik. Denn hier saßen die Familienoberhäupter der alteingesessenen Familien, die für sich in Anspruch nahmen die ungeschriebenen gesellschaftlichen Traditionen der „res publica“ richtig zu verstehen. Diese Autorität war allgemein anerkannt. Daher wagte es kaum ein Magistrat, sich über die „Ratschläge“ der Senatoren hinwegzusetzen. Senatoren unterhielten politische Freundschaften und Familienbeziehungen, waren aber auch Gegner. Vor politischen Entscheidungen trafen viele privat Vorabsprachen. Wer in den Senat kam, darüber entschieden die Zensoren. Sie wählten die Senatoren in der Regel aus ehemaligen Magistraten aus.

Die Staatsaufgaben wurden von Beamten (= Magistraten) wahrgenommen und erledigt. Wir könnten heute sagen, dass die römischen Magistrate die Regierungsgeschäfte führten. Ordentliche Magistrate waren: Zensoren, Konsuln, Prätoren, Ädile, Quästoren und – nach den Ständekämpfen – auch die Volkstribunen. Für alle Magistrate (mit Ausnahme des Volkstribunats) galt das Prinzip der Annuität und der Kollegialität (siehe Kasten S. 145). Weil römische Magistrate – anders als heute zum Beispiel die Minister – nicht bezahlt wurden, konnten nur Reiche diese Ämter bekleiden.

Volksversammlungen bei den Römern – Beteiligung der Masse an politischen Entscheidungen?

Neben den Senatoren und den Magistraten waren die Volksversammlungen der dritte Ort, wo in der Republik Politik gemacht wurde – allerdings hier wie anderswo ohne die Frauen. Es gab drei verschiedene Versammlungen: In der Versammlung der Plebejer kamen nur die männlichen Plebejer zusammen. In den Zenturiatskomitien und in den Tributkomitien war das gesamte männliche Volk versammelt (comitium = Platz am Abhang des Kapitolhügels).

In allen römischen Volksversammlungen wurde nicht nach Personen, sondern nach Stimmeinheiten abgestimmt, die teils sehr wenige, teils sehr viele Personen umfassten. Die Zenturiatskomitien, die die Zensoren, Konsuln und Prätoren wählten, waren nach Vermögensklassen (= Zenturien) unterteilt. Insgesamt gab es 193 Zenturien. Jede Zenturie wurde als eine Stimme gezählt, egal ob 5 oder 500 Menschen zu einer Zenturie zählten. Die reichen, angesehenen Familien hatten dadurch einen großen Einfluss, denn die Masse der Armen und Besitzlosen konnte in nur ganz wenigen Zenturien jeweils gemeinsam eine Stimme abgeben.

Die Tributkomitien waren nach Wohnbezirken unterteilt. Es gab 31 ländliche und vier städtische Bezirke (= Tribus). Jeder Wohnbezirk galt als eine Stimme. Zwar galt innerhalb der Wohnbezirke das Mehrheitsprinzip, doch war es für die reichen Römer auch in dieser Volksversammlung leicht, einen großen Einfluss geltend zu machen: Der größte Teil der armen Bevölkerung wohnte nämlich in der Stadt, konnte also nur in vier Bezirken mitbestimmen. Die ärmeren Römer aus den ländlichen Bezirken wiederum konnten es sich nicht leisten, Haus und Hof für mehrere Tage zu verlassen um in der Stadt an Versammlungen teilzunehmen. So wurden die 31 ländlichen Bezirke ausnahmslos von reichen Römern bestimmt.

Diese besonderen römischen Abstimmungsformen erklären, warum in der Versammlung der Plebejer auf keinen Fall Patrizier teilnehmen sollten: Denn auch dort wurde nach Tribus abgestimmt. Allerdings gab es auch unter den Plebejern alsbald reiche Männer, die weniger mit den armen Standesgenossen als vielmehr mit den reichen Patriziern zusammenarbeiten wollten.

Annuität und Kollegialität

Bezeichnungen für feste Traditionen römischer Ämter. Seit alters her galt bei den Römern, dass ein Magistrat sein Amt immer nur für ein Jahr ausüben durfte (= Annuität). Ferner galt, dass jedes Amt mit mindestens zwei Personen besetzt und Entscheidungen gemeinsam getroffen werden mussten: Wenn zum Beispiel einer der beiden Zensoren einen neuen Senator bestellen wollte, konnte er das nicht ohne die Zustimmung des anderen tun (= Kollegialität).

Wahl eines „Klassen"-Konsuls

Organisiert die Wahl eines „Klassen"-Konsuls und stimmt nach Zenturien ab. Teilt euch in fünf Vermögensklassen auf; in der obersten Zenturie sollten ganz wenige, in der untersten Zenturie ganz viele Schüler sein. Zwei Schüler, einer aus der obersten und einer aus der untersten Zenturie, kandidieren für das Konsulat. Jede Zenturie wird wie eine Stimme gezählt. Berechnet nach der Wahl, wie viele Stimmen tatsächlich nötig waren um den Konsul zu wählen. Beurteilt wie „gerecht" das Verfahren war.

12 Beschreibe anhand von M7 die wichtigsten Einrichtungen der politischen Ordnung in der Römischen Republik.

13 Überprüfe mithilfe der Darstellungstexte und des Begriffskastens auf dieser Doppelseite die folgenden Aussagen. Schreibe sie richtig auf und gib nähere Erläuterungen:
a) Der Senat ist dem Magistrat unterstellt.
b) Die zwei Zensoren suchen die Magistrate aus.
c) Ein Diktator wird vom Senat ernannt und übt sein Amt zwölf Monate aus.
d) In den Volksversammlungen der Römer haben alle das gleiche Stimmrecht.
e) Frauen und Sklaven konnten in der Versammlung der Plebejer mitwirken.
f) Das Prinzip der Kollegialität sollte dazu beitragen, Entscheidungen schneller zu treffen.

14 Der junge Adlige Quintus Romilius (siehe S. 135, M6) und Licinia, die Tochter des Plebejers Publius Licinius (siehe S. 140, M4A), diskutieren über die Verfassung der Römischen Republik. Entwerft und spielt ein Gespräch.

Ein Stadtstaat wird Weltmacht

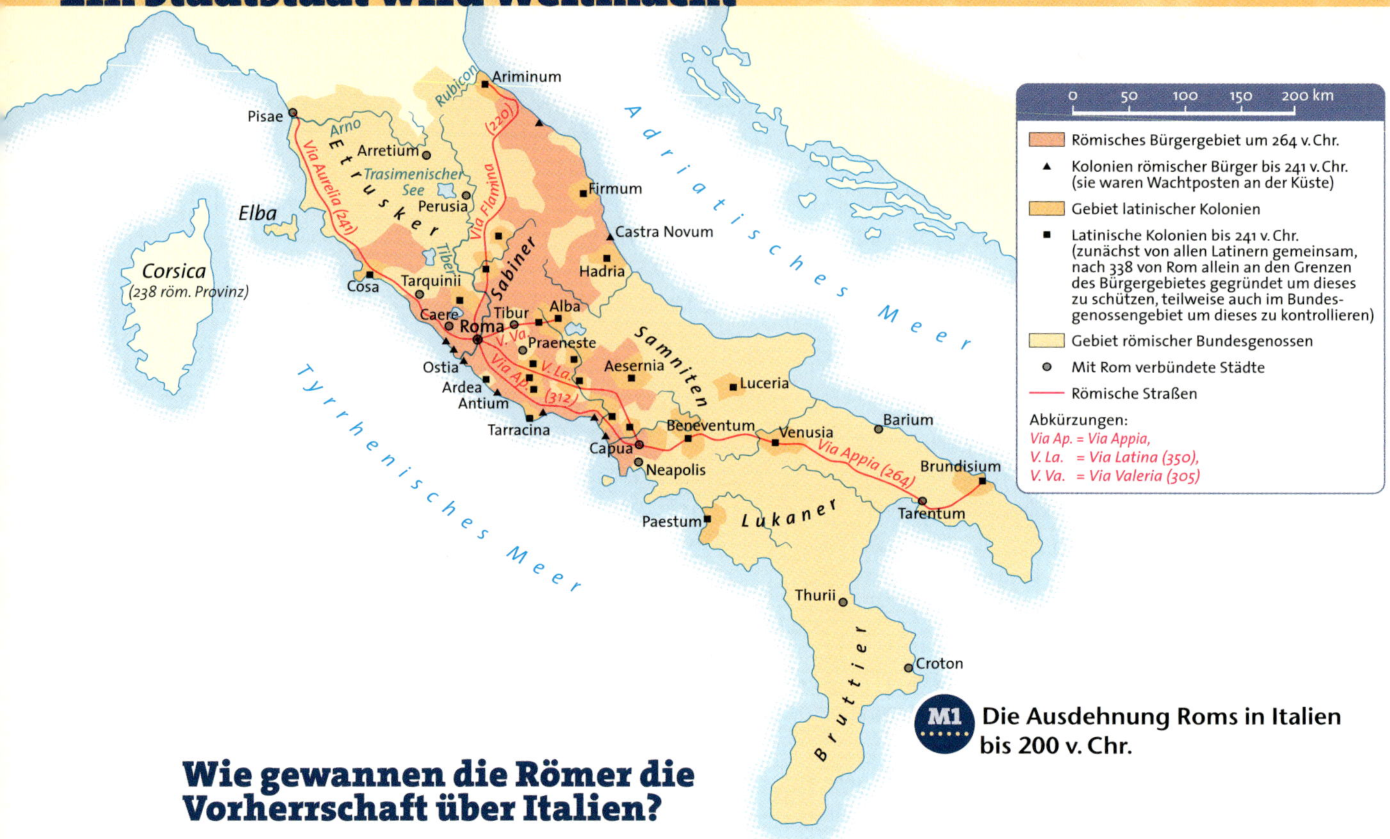

M1 Die Ausdehnung Roms in Italien bis 200 v. Chr.

Wie gewannen die Römer die Vorherrschaft über Italien?

Rom breitet seine Herrschaft über Italien aus

Um 500 v. Chr. war Rom ein kleiner Bauernstaat am Tiber. Die Fläche Roms war ungefähr so groß wie das heutige Hamburg – im Jahr 272 v. Chr. hingegen stand ganz Italien unter römischer Herrschaft! Hervorgegangen war diese Gebietserweiterung aus vielen Kriegen, die die Römer mit ihren benachbarten Völkern in Mittel- und Süditalien geführt hatten und aus denen sie in der Regel als Sieger hervorgegangen waren.

Ein Krieg zwischen den Römern und den Städten des Latinerbundes* endete in den 490er-Jahren mit einem Sieg Roms und führte zum Abschluss eines „Nachbarschaftsvertrages". Fast das ganze 5. Jahrhundert v. Chr. hindurch kämpften die Römer dann mit der benachbarten Etruskerstadt Veji. Nachdem es ihnen 396 v. Chr. gelungen war, die Stadt einzunehmen, zerstörten sie sie und verteilten das Land an römische Bauern.

Nach dem Sieg über Veji gerieten sie in weitere Kämpfe mit Nachbarstämmen, die sie aber ebenfalls zu ihren Gunsten entscheiden konnten. Nur einmal wäre Rom beinahe untergegangen: Als die keltischen Gallier in Norditalien einfielen, plünderten sie 387 v. Chr. die Stadt und waren nur durch ein Lösegeld zum Abzug zu bewegen.

Strategien der Römer in Italien

Die Strategien der Römer in Italien waren nicht eindeutig: Wurden sie in die Kriege hineingezogen oder gingen sie planmäßig vor? Roms Lage war relativ unbefestigt, die Sicherheit immer wieder bedroht. Aufgrund ihrer überlegenen politischen Organisation und wegen der militärischen Erfolge wuchs ihr Ansehen. Bedrängte Staaten in Süditalien haben daher Rom häufig um Hilfe angerufen, andere freiwillige Bündnisse geschlossen.

Der Umgang mit den Eroberten war uneinheitlich:

– Einige Gebiete eigneten sie sich gewaltsam an, machten sie zu Staatsland und erweiterten die Zahl der Tribus.

– Manche Städte behielten ihre innere Selbstständigkeit, während die Bürger das römische Bürgerrecht erhielten.

– In unsicheren Gebieten gründeten sie selbstständige Kolonien, siedelten Römer und Nichtrömer an und ordneten die Verwaltung in Anlehnung an Rom.

– Manche ihrer ehemaligen Gegner erklärten die Römer zu Bundesgenossen*.

In vielen Fällen haben die Römer den Unterworfenen ein Stück Selbstständigkeit belassen und nach dem Prinzip „Teile und herrsche" gehandelt. So wurden aus ehemaligen Feinden oftmals Verbündete.

M2 **Samnitische Krieger,** Malerei aus einem Grab bei Paestum, 4. Jh. v. Chr. Die Samniten schlossen 354 v. Chr. ein Bündnis mit Rom. 304 v. Chr. jedoch schlugen die Römer sie nach einem langjährigen Krieg.

M3 Ein Vertrag Roms mit seinen Nachbarn

Um 493 v. Chr. schlossen die Römer mit dem Latinischen Städtebund einen „Nachbarschaftsvertrag", den der griechische Geschichtsschreiber Dionysios von Halikarnassos (1. Jh. v. Chr.) überliefert hat. Ähnliche Verträge schlossen die Römer auch mit anderen Städten oder Völkern, die sie besiegt hatten oder die sich ihnen freiwillig unterwarfen:

Es soll Friede herrschen zwischen den Römern und allen Latinerstädten, solange Himmel und Erde die gleiche Stellung haben. Und sie sollen weder selbst gegeneinander Krieg führen noch von anderswo Feinde heranführen noch denen, die Krieg beginnen, sicheren Durchzug gewähren; sondern sie sollen dem, der mit Krieg überzogen wird, mit aller Macht zu Hilfe kommen und beide sollen gleichen Anteil haben an der Beute jeder Art aus der gemeinsamen Kriegsführung … Und es soll nicht erlaubt sein, diesen Verträgen etwas hinzuzufügen oder etwas davon zu streichen, es sei denn auf gemeinsamen Beschluss aller Römer und Latiner.

Dionysios von Halikarnassos 6, 95, 1 ff. Zit. nach Walter Arend (Hg.), Geschichte in Quellen, Bd. 1, 3. Aufl., München (bsv) 1978, S. 413.

M4 Das Schicksal der Besiegten

Um 340 v. Chr. erhoben sich die Latiner erneut gegen die Römer. Der Schriftsteller Livius (59 v. Chr.–17. n. Chr.) berichtet über die Senatssitzung, in der über das Schicksal der besiegten Latiner beratschlagt wurde:

[Der Konsul Camillus äußerte sich folgendermaßen:] Was durch Krieg und Waffengewalt in Latium zu tun war, das ist bereits durch die Gnade der Götter und die Tapferkeit der Soldaten bis zum Ende durchgeführt. Erschlagen sind … die Heere der Feinde; alle latinischen Städte … sind entweder im Sturm erobert oder ihre Unterwerfung auf Gnade und Ungnade angenommen worden … Wir müssen nun beschließen, auf welche Weise wir sie denn, da sie uns öfter durch Wiederaufnahme des Krieges zu schaffen machen, in ständigem Frieden ruhig halten können.
[Der Senat kam zu folgendem Beschluss:]
Den Tusculanern[1] wurde das Bürgerrecht, welches sie [bereits] hatten, gelassen und die Anklage wegen Empörung von staatlichen Umtrieben auf wenige Anstifter abgewälzt. Gegen die Veliterner[1], alte römische Bürger, wurde, weil sie sich so oft empört hatten, mit Härte verfahren … ihre Mauern wurden niedergerissen. Nach Antium[1] wurde eine Ansiedlung von Kolonisten beordert mit der Bestimmung, es sollte den Antiaten erlaubt werden, sich diesen Siedlern anzuschließen. Die Kriegsschiffe wurden von dort weggebracht und der Bevölkerung von Antium der Seeverkehr untersagt und das Bürgerrecht verliehen … Die Tiburter[1] wurden mit Landabtretung bestraft … Den übrigen latinischen Völkerschaften nahm man das Recht auf Verehelichung, Kaufgeschäfte und Versammlungen untereinander.

Livius 8, 13/14. Zit. nach Volkmar Wittmütz, Das Römische Reich, 3. Aufl., Berlin (Cornelsen) 1996, S. 9 f.

1 Mitglieder des Latinischen Städtebundes

1. Beschreibe die Ausbreitung Roms (M1).
2. Kläre mithilfe von M3 und M4, wie die Römer bei der Sicherung der eroberten Gebiete vorgingen.
3. Überlege, welche Vor- und welche Nachteile die Herrschaftsmethoden für Römer und Nichtrömer hatten.
4. Beurteile die folgende Aussage: Nach den Eroberungen vernichteten die Römer ihre Gegner und ließen keinerlei Eigenständigkeit zu.

Die römische Expansion im Mittelmeerraum

M1 **Römisches Kriegsschiff,** Marmor, um 35 v. Chr.

Rom gegen Karthago – ein Konflikt

Karthago war eine Stadt in Nordafrika, die 814 v. Chr. von Kolonisten aus der phönizischen Stadt Tyros gegründet worden war. Von Karthago aus gründeten die Phönizier viele weitere Kolonien. Die Beziehungen zwischen den Römern und den Puniern – so wurden die Karthager von den Römern genannt – waren lange Zeit friedlich gewesen. Nachdem Rom aber die griechischen Städte in Süditalien erobert hatte, gerieten Römer und Punier in Konflikt. 264 v. Chr. kam es zum Krieg. Was war der Anlass?

Als die sizilianische Stadt Messana von der Nachbarstadt Syrakus angegriffen wurde, baten Gesandte sowohl die Karthager als auch die Römer um Hilfe. Römer und Karthager sahen ihre Chance gekommen, ihren Einfluss in Sizilien auszubauen, und kämpften nun erbittert um den Sieg. Die bisher nur auf dem Lande kampferprobten Römer bauten für diesen Krieg ihre ersten Kriegsschiffe. Als die Schiffe zerstört waren und die Kriegskasse leer war, übernahmen römische Adelige die Kosten für den Bau einer neuen Flotte. Nach mehr als zwanzig Jahren gingen die Römer 241 v. Chr. aus diesem Ersten Punischen Krieg als Sieger hervor. Im Friedensvertrag verlangten die Römer die Herausgabe Siziliens sowie 80 Tonnen Silber. Wiederum hatte Rom sein Herrschaftsgebiet ausgedehnt, erstmals aber über Italien hinaus. Dabei ging man mit Sizilien anders als mit den italischen Gebieten um: Ein römischer Beamter, ein Prätor, verwaltete das Gebiet und die Bewohner mussten Tribute* zahlen. Damit war die erste römische Provinz errichtet.

Konflikte untersuchen

Die Konflikte der Römer könnt ihr mithilfe der folgenden Arbeitsschritte untersuchen. Teilt euch dazu in drei Gruppen. Zwei Gruppen übernehmen den Ersten und Zweiten Punischen Krieg (siehe S. 148 und 149); die letzte Gruppe übernimmt den Dritten Punischen Krieg und die spätere Ausbreitung der Römer (siehe S. 150). Tragt eure Ergebnisse vor und vergleicht sie.

1. Nach Anlass und Ursache eines Krieges fragen
Klärt zunächst, ob es einen bestimmten Anlass für einen Krieg gab: Ein Krieg kann zum Beispiel durch ein bestimmtes Ereignis ausgelöst werden. Der Anlass für einen Krieg erwächst oft aus weiter zurückliegenden Ursachen. Diese können darin bestehen, dass eine der Kriegsparteien nach größerer Macht strebt und den Herrschaftsbereich ausdehnen will. Ursache kann auch ein Mangel an fruchtbaren Böden im eigenen Land sein oder die Suche nach Rohstoffen.

2. Den Verlauf des Krieges klären
Stellt den zeitlichen Ablauf eines Krieges fest: Wann hat er begonnen, wann war er zu Ende? Gab es verschärfende oder hemmende Einflüsse?

3. Das Ende untersuchen
Untersucht das Ergebnis des Krieges: Wer war der Sieger, wer der Unterlegene? Gab es einen Friedensvertrag? Wie sahen die Friedensregelungen aus?

4. Eine eigene Stellungnahme formulieren
Bewertet die Rolle der beteiligten Parteien: Überlegt, wer Schuld an dem Konflikt hatte. Beurteilt die Folgen des Krieges für die Sieger und die Besiegten.

Provinz

Bezeichnung für römische Besitzungen, die außerhalb Italiens lagen. 227 v. Chr. wurde Sizilien als erste Provinz eingerichtet. Die Provinzen wurden von einem Statthalter verwaltet. Die Bewohner einer Provinz (= Provinzialen) waren römische Untertanen ohne Bürgerrecht. Sie leisteten Tribute (= Steuern), die entweder aus festen Abgaben oder aus einem Anteil am Ernteertrag bestanden (in Sizilien zum Beispiel ein Zehntel der Ernte).

M2 Rom und Karthago zur Zeit des Zweiten Punischen Krieges 218–202 v. Chr.

Der Zweite Punische Krieg – ein neuer Konflikt

Die Gründe für den Ausbruch des Zweiten Punischen Krieges sind bis heute in der Wissenschaft umstritten. Während die römische Geschichtsschreibung versuchte, den Puniern die Kriegsschuld zuzuschieben, differenzierte der Geschichtsschreiber Livius bei der Beurteilung der Kriegsschuldfrage. Unumstritten spielte der karthagische Feldherr Hannibal mit seiner Idee von der Ausweitung der punischen Macht eine bedeutende Rolle. Der Zweite Punische Krieg (218–202 v. Chr.) brachte Rom fast den Untergang. Die Römer wollten die Karthager in Spanien bekämpfen, wurden aber durch das plötzliche Erscheinen Hannibals in Norditalien überrascht. Hannibal soll in nur 15 Tagen mit einem gewaltigen Heer von 50 000 Soldaten, 9000 Reitern und 37 Kriegselefanten die Alpen überquert haben. Drei Jahre zog er unbesiegt durch Italien. Zu seinen größten Erfolgen zählt die Schlacht bei Cannae: von 86 000 Römern sollen 50 000 gefallen sein. Im Jahr 212 v. Chr. kam die Wende: Die Römer eroberten einige Städte in Süditalien zurück. Als der römische Feldherr Scipio dann nach Afrika zog und Karthago angriff, war Hannibal gezwungen mit seinem Heer nach Afrika zurückzukehren. Scipio, der den Beinamen Africanus erhielt, schlug Hannibal 202 v. Chr. in der nordafrikanischen Stadt Zama.

Die Friedensbedingungen der Römer waren für Karthago hart: In Südspanien wurden zwei neue römische Provinzen eingerichtet. Die Karthager mussten alle Kriegselefanten und alle Kriegsschiffe bis auf zehn herausgeben und 260 Tonnen Silber zahlen. Kriege, auch wenn sie der eigenen Verteidigung dienten, durften sie künftig nur mit Zustimmung Roms führen.

M3 Hannibal – ein unbezwingbarer Gegner?

Der römische Geschichtsschreiber Livius (59 v. Chr.–17 n. Chr.) beschrieb den karthagischen Feldherrn Hannibal (um 247/46–183 v. Chr.):

Er war äußerst kühn, wenn gefährliche Aufträge zu übernehmen waren. Gerade in Gefahren zeigte er sich sehr überlegt. Keine Anstrengung konnte ihn ermüden und seinen Mut besiegen … Er war der beste Soldat zu Fuß und zu Pferde … Diesen großen Vorzügen des Mannes hielten andererseits ungeheure Fehler die Waage: unmenschliche Grausamkeit und eine mehr als punische Treulosigkeit. Nichts galt ihm Wahrheit, nichts war ihm heilig. Gottesfurcht kannte er nicht, ein Eid war ihm bedeutungslos.

Livius XXI 4, 5–9. Übers. d. Verf.

1 Beschreibe anhand der Karte M2 Hannibals Zug nach Italien. Achte auf die Jahreszahlen.

2 Erarbeite, wie Livius Hannibal beschrieb (M3).

M4 Kriegselefant mit Kampfturm, etruskischer Teller, 3. Jh. v. Chr.

Ein Stadtstaat wird Weltmacht

M5 Die Ausbreitung des Römischen Reiches von 220 v. Chr.–14 n. Chr.

Der Dritte Punische Krieg

In den Friedensbedingungen des Zweiten Punischen Krieges hatte Rom den Karthagern untersagt ohne Einwilligung Roms Kriege zu führen. Dies sollte sich für die Karthager als folgenschwer erweisen. Als im Jahr 150 v. Chr. die benachbarten Numider den Kampf gegen die Karthager eröffneten, wehrten sich die Karthager ohne vorher die Erlaubnis Roms einzuholen. Die Römer nahmen dies als Anlass um Karthago 149 v. Chr. den Krieg zu erklären. Nach dreijähriger Belagerung besetzten sie 146 v. Chr. die Stadt, machten sie dem Erdboden gleich und brachten die Überlebenden als Sklaven nach Rom. Das Land der Karthager wurde zur römischen Provinz Africa.

Rom und das östliche Mittelmeer

Seit etwa 200 v. Chr. griffen die Römer immer stärker in die Konflikte im östlichen Mittelmeer ein. Im Jahr 148 v. Chr. machten sie schließlich Makedonien zu ihrer ersten Provinz im Osten. Wenig später war fast ganz Griechenland römische Provinz. Rom war zur Führungsmacht im gesamten Mittelmeerraum geworden. In der Folge brachten die Römer unermessliche Kunstschätze aus den eroberten Gebieten in die Heimat. Griechische Kultur und griechische Lebensweise beeinflussten seitdem das Leben der Römer.

Expansion

Der Begriff (von lat. expandere = ausdehnen) bezeichnet das Bestreben eines Staates seine Macht auf andere Staaten auszudehnen. Dies kann mit militärischen Mitteln durch Eroberung erfolgen. Expansion kann aber auch die Vergrößerung des Einflussbereiches mit wirtschaftlichen oder politischen Mitteln bedeuten.

Imperium

(von lat. imperare = befehlen) In Rom verstand man darunter ursprünglich die militärische und zivile Befehlsgewalt der höchsten römischen Beamten (der Konsuln). Später war damit auch die Amtsgewalt eines Provinzstatthalters gemeint sowie allgemein das unter römischer Herrschaft stehende Gebiet (= Imperium Romanum). „Imperialismus" bezeichnet eine Politik, die zum Ziel hat ein Weltreich aufzubauen und zu sichern.

3 Die Karte M5 teilt die Ausdehnung der römischen Herrschaft in vier Stufen. Stelle in einer Liste zusammen, welchen Teil der Mittelmeerwelt die Römer jeweils unter ihre Kontrolle brachten.

M6 Zeitgenössische Urteile über die römische Herrschaftsweise

Nachdem die Römer 146 v. Chr. die Stadt Karthago zerstört hatten, gingen die Urteile über das römische Vorgehen auseinander. Der griechische Geschichtsschreiber Polybios (um 200–120 v. Chr.) berichtete:

Manche billigten das Verhalten der Römer: Sie hätten klug und verständig ihre Machtinteressen wahrgenommen. Dass sie der ständigen Bedrohung ein Ende machten und die Stadt, die ihnen so oft ihre Vorherrschaft streitig gemacht hatte und sie ihnen immer noch, wenn die Umstände für sie günstig waren, streitig machen konnte, vernichteten und damit die Herrschaft Roms sicherten, zeuge von politischer Vernunft und Weitblick.
Andere nahmen den entgegengesetzten Standpunkt ein: Sie [die Römer] hätten nicht an den Grundsätzen festgehalten, mit denen sie ihre Vorherrschaft errungen hätten, und seien mehr und mehr zu der Herrschsucht der Athener und Spartaner entartet … Früher hätten sie mit allen nur so lange Krieg geführt, bis sie den Gegner besiegt und zu dem Eingeständnis gebracht hätten, man müsse den Römern gehorchen und ihre Befehle befolgen. Jetzt aber hätten sie … eine erste Probe ihrer eigentlichen Gesinnung gegeben; … denn ohne ein unverzeihliches Unrecht von ihnen erlitten zu haben seien sie hart und erbarmungslos mit den Karthagern verfahren, obwohl diese doch auf alles eingingen und es auf sich nehmen wollten, jedem römischen Befehl zu gehorchen …
Wieder andere sagten, die Römer seien im Ganzen ein zivilisiertes Volk, nähmen für sich in Anspruch und rühmten sich, in dem ganzen Krieg gegen die Karthager seien sie immer nur mit Trug und List vorgegangen, indem sie Schritt für Schritt jedes Mal durch ein Angebot falsche Hoffnungen weckten, ihre wahren Absichten wohlweislich verwahrten.

Polybios XXXVI 9–10. Zit. nach H. Brauer, Roms Aufstieg zur Weltmacht, Paderborn 1971, S. 43 f.

M7 Die Expansion der Römer: Machtstreben oder Zufall? – Zwei Historiker urteilen

Der Historiker Walter Eder äußerte sich 1994 über die Gründe der römischen Eroberungen:

7A Im Jahr 264 v. Chr. verließ ein römisches Heer erstmals italischen Boden. Damit begann eine Kette von Kriegen, die in knapp hundert Jahren das Mittelmeer zum Binnensee in einer von Rom beherrschten Welt machen sollte. Bis heute ist die Diskussion über die Triebkräfte dieses römischen „Imperialismus" nicht verstummt: Stand ein Plan hinter der recht zielstrebig wirkenden Expansion oder stolperte Rom eher defensiv[1] in die Rolle des Weltherrschers?
Die Römer, die diese Expansion erlebten, schienen eher überrascht von dem, was sie erreicht und angerichtet hatten … Tatsächlich erschien der erste Schritt gar nicht so ungewöhnlich und wenig planvoll. Wie schon so oft erreichte ein Hilferuf die mächtig gewordene Stadt … Dass der „Spaziergang nach Syrakus" zum zähen Ringen mit Karthago im Ersten Punischen Krieg führen sollte, war wohl keinem klar.

Walter Eder in: Jochen Martin (Hg.), Das Alte Rom, Gütersloh (Bertelsmann) 1994, S. 48.

1 als Verteidiger

Der Historiker Karl Christ nannte 1994 folgende Gründe für das Machtstreben der Römer:

7B Die Machtbildung (das heißt die Erweiterung des Herrschaftsgebietes) wurde … von … einer Führungsschicht diktiert, die zugleich überwiegend im Interesse der Mehrheit aller freien Bürger handelte … Denn sowohl Patrizier als auch Plebejer konnten ihren chronischen Landhunger nur auf diese Weise stillen, vor allem den jüngeren Söhnen der freien Kleineigentümer, der Bauern, Hirten, Handwerker und Händler nur auf diese Weise zur Existenz zu verhelfen.

Karl Christ, Die Römer, 3. Aufl., München (Beck) 1994, S. 23.

4 Erläutere die drei Meinungen in M6 und vergleiche sie.

5 Überprüfe, welche der Meinungen in M6 dir gerechtfertigt erscheint. Nimm selbst Stellung zur römischen Politik gegenüber Karthago. Begründe deine Meinung.

6 Erarbeite, wie in M7A und M7B die römischen Eroberungen beurteilt werden. Vergleiche.

M1 **Französischer Soldatenfriedhof aus dem Ersten Weltkrieg (1914–1918)**, Foto, 1987

Gibt es einen gerechten Krieg?

Krieg und Frieden in der Antike

In der Antike war das Verhältnis der Menschen zu einem Krieg anders als heute. Kriege wurden fast als selbstverständlich betrachtet. Aus Quellen wissen wir, dass die Römer das Recht zur Kriegführung nicht infrage stellten. Zeitgenössische Schriftsteller lobten den Mut der Römer und erkannten ihre Weltherrschaft an. Allerdings galten Kriege nur unter bestimmten Voraussetzungen als gerecht, etwa wenn ein Land bestraft werden sollte, das einen Vertrag verletzt oder einen Bundesgenossen angegriffen hatte. Kriege dienten nach der Vorstellung der Römer zur Neugestaltung der Verhältnisse und der Wiedergutmachnung. Die Römer machten die Erfahrung, dass Kriege Not und Unheil bringen, aber sie waren auch der Meinung, dass Kriege zu Verträgen, Ordnung und Stabilität führen.
Den Anspruch auf unbegrenzte Macht und Herrschaft leiteten die Römer von ihren Göttern ab. Erfolgreiche Eroberungsfeldzüge werteten sie als Lohn für ihre Frömmigkeit.
Die Ausbreitung der römischen Herrschaft setzte bei manchen Zeitgenossen auch ein Nachdenken über Krieg und Frieden in Gang: Von den Römern wurde der Krieg meist gerechtfertigt, während die Gegner die römische Kriegführung in der Regel kritisierten.

M2 Was ist ein Krieg?

In einem Jugendlexikon wird der Begriff „Krieg“ folgendermaßen erklärt (1996):

Krieg ist die mit Waffengewalt ausgetragene Auseinandersetzung zwischen Staaten oder Völkern. Eine besondere Form des bewaffneten Kampfes ist der Bürgerkrieg zwischen Gruppen innerhalb eines Staates oder in der Form eines Aufstandes gegen die Regierung … Die Frage nach der … Berechtigung des Krieges beschäftigt die Menschen seit Jahrtausenden. Dabei spielt häufig die Idee eines „gerechten Krieges“ (lateinisch: bellum iustum) eine Rolle. Nach der Satzung der „Vereinten Nationen“ (= UNO)[1] ist ein Krieg nur noch erlaubt als Mittel der Selbstverteidigung oder als Maßnahme der UNO den Frieden aufrechtzuerhalten oder wiederherzustellen.

Der Jugend-Brockhaus, Bd. 2, Leipzig/Mannheim (Brockhaus) 1996, S. 175 f.

1 Die UNO ist eine Vereinigung zur Sicherung des Friedens auf der Welt. Sie wurde 1945 gegründet und umfasst 185 Staaten (Stand 1999).

M3 Über „gerechte“ und „ungerechte“ Kriege

Der römische Politiker Cicero äußerte sich im 1. Jh. v. Chr. zu gerechten und ungerechten Kriegen:

Das sind ungerechte Kriege, die ohne Grund unternommen worden sind. Denn nur dann kann ein Krieg … als gerecht gelten, wenn es sich darum handelt, Rache an den Feinden zu nehmen oder diese abzuwehren … Ein Krieg gilt nur dann als gerecht, wenn er vorher angekündigt und erklärt wurde und wenn er zur Wiedergutmachung geführt wird … Unser Volk hat sich durch die Verteidigung der Bundesgenossen bereits aller Länder bemächtigt.

Cicero, Über den Staat, 3. Buch, Kap. 23. Übers. d. Verf.

1 Erarbeite anhand von M3, wie Cicero gerechte und ungerechte Kriege beschreibt.
2 Stelle mithilfe von M2 fest, wie Krieg in unserer Zeit beschrieben wird. Vergleiche mit M3.
3 Schildere, welche Gedanken dir beim Betrachten von M1 kommen.

Die Expansion verändert die römische Gesellschaft

Den Krieg gewonnen – den Frieden verloren?

Die Ausdehnung des römischen Herrschaftsgebietes über Italien und weite Teile des Mittelmeerraumes bedeutete für die Menschen, dass fast ununterbrochen Krieg geführt wurde. Zwischen 327 und 30 v. Chr. gab es nur sieben Jahre, in denen Rom keinen Krieg führte. Das hat die Gesellschaft der Römer verändert. Der Wandel kam allerdings nicht „über Nacht", sondern allmählich. Dabei stellen sich folgende Fragen:

– Wie hat sich die römische Gesellschaft verändert?
– Wer hatte Vorteile, wer musste Nachteile hinnehmen?
– Warum gerieten der Staat und die verschiedenen sozialen Gruppen in immer tiefere Auseinandersetzungen, obwohl die Römer doch letztlich alle Kriege gewonnen hatten?

Verarmter Kleinbauer auf dem Weg in die Stadt, Relief, 1. Jh. n. Chr. **M1**

Krisenerscheinungen am Beispiel der Landwirtschaft

Die meisten Römerinnen und Römer arbeiteten in der Zeit der Republik in der Landwirtschaft und lebten als Kleinbauern. Brach ein Krieg aus, wurden die Männer von ihren Feldern gerufen und mit ihrer leichten Bewaffnung zum Heeresdienst eingezogen. Solange die Kriege nur in Italien geführt wurden und nicht allzu lange dauerten, war die Abwesenheit der Männer vom Hof kein allzu großes Problem. Die Frauen übernahmen für diese begrenzte Zeit die Mehrarbeit, ließen sich durch die Kinder helfen und verschuldeten sich ein wenig, bis die Männer – entschädigt durch Sold und Anteile an der Beute – zurückkehrten.
Mit der Expansion nach Übersee funktionierte dieses System nicht mehr, denn die Bauern kamen erst nach Jahren oder gar Jahrzehnten wieder nach Hause – oder waren, wie viele, in der Ferne im Krieg gestorben. Die Frauen konnten die Arbeit nicht mehr bewältigen und die Schulden stiegen. Viele mussten den Hof aufgeben und zogen in die Stadt, in der Hoffnung eine Arbeit als Tagelöhner zu finden.
Die patrizischen Großgrundbesitzer profitierten von der Situation. Sie kauften die Höfe verarmter Kleinbauern auf und bewirtschafteten ihre nunmehr riesigen Landgüter (= Latifundien) zum großen Teil mit billigen Sklaven, die durch die vielen Kriegsgefangenen massenhaft nach Italien gelangt waren.
Von der steigenden Zahl der Sklaven profitierten übrigens auch die städtischen Handwerker und Kleinhändler. Denn Sklaven waren billigere Arbeitskräfte als Tagelöhner, die bald nur noch von Spenden lebten. Soldaten wurden allmählich zur „Mangelware", sodass der römische Staat dazu überging, auch Landlose einzuziehen – ohne sich Gedanken darüber zu machen, wie deren Existenz nach Beendigung des Heeresdienstes gesichert werden sollte.

1 Erarbeite anhand des Darstellungstextes und M1, wie sich die Lage der angesprochenen Gruppen entwickelte. Ordne deine Befunde mithilfe einer Tabelle, in die du weitere Gruppen und Quellenbefunde aus dieser Themeneinheit (siehe S. 153 bis 155) einträgst.

M2 Sklavinnen und Sklaven – Menschen oder Sachen?

Sklaverei war in den Hochkulturen der Antike weit verbreitet. Aber anders als zum Beispiel in Ägypten war Sklaverei die Grundlage der römischen Wirtschaft. Der Historiker Hans-Joachim Gehrke schreibt (1994):

Klar von den Bürgern geschieden waren … die Sklaven. Sie waren dadurch gekennzeichnet, dass sie sich in der Verfügungsgewalt … eines anderen befanden, dem sie prinzipiell auf Leben und Tod unterworfen waren. So galten sie in gewissem Sinne nicht als Mensch, sondern als Sache. Sie genossen nicht den Rechtsschutz des Bürgers und konnten zum Beispiel gefoltert werden … Ohne das für uns unerhörte Institut der Sklaverei beschönigen zu wollen muss man doch betonen, dass es innerhalb der Sklavenschaft erhebliche Abstufungen gab: Der Sklave war in die *familia* eingebunden … Durch die Nähe der persönlichen Beziehungen konnte das Abhängigkeitsverhältnis gemildert werden, sodass gerade verdiente Sklaven freigelassen[1] wurden … Durch die römische Expansion …, besonders durch die Errichtung von großen Gütern und Latifundien, nahm die Sklavenhaltung vor allem im 2. Jahrhundert v. Chr. erheblich zu. Sie wurde zu einem Massenphänomen … [Sklaven] wurden jetzt nicht selten in gefängnisartigen Gebäuden … gehalten und gingen ihrer Arbeit teilweise in Fesseln nach.

Hans-Joachim Gehrke, Die römische Gesellschaft, in: Jochen Martin (Hg.), Das Alte Rom, Gütersloh (Bertelsmann) 1998, S. 168 ff.

1 Im Römischen Reich konnten Sklaven von ihren Herren freigelassen werden. Sie blieben aber auch danach an ihren Herrn gebunden und trugen dessen Vor- und Geschlechternamen als Beinamen.

M3 Zur Lage der Soldaten

Der römische Schriftsteller Plutarch (um 45–120 n. Chr.) überlieferte eine Rede, die der Volkstribun Tiberius Gracchus (162–133 v. Chr.) in Rom gehalten hat:

Die wilden Tiere, die Italien bevölkern, haben ihre Höhlen und kennen ihre Lagerstätte, ihren Schlupfwinkel. Die Männer aber, die für Italien kämpfen und sterben, haben nichts als Luft und Licht; unstet, ohne Haus und Heim, ziehen sie mit Weib und Kind im Lande umher. Die Feldherren lügen, wenn sie in der Schlacht ihre Soldaten aufrufen Gräber und Heiligtümer gegen die Feinde zu verteidigen. Denn keiner von diesen armen Römern hat einen Altar von seinen Vätern geerbt, kein Grabmal seiner Ahnen. Für Wohlleben und Reichtum setzen sie im Krieg ihr Leben ein. Herren der Welt werden sie genannt: In Wirklichkeit gehört kein Krümchen Erde ihnen zu Eigen.

Plutarch, Tiberius Gracchus 8 f. Zit. nach Walter Arend, Geschichte in Quellen, Bd. 1, München (bsv) 1965, S. 472.

Ritter

Ritter waren früher Bauernfamilien, die aufgrund ihres Wohlstandes zu Pferde in den Krieg ziehen konnten. Mit der Weltherrschaft übernahmen sie neue Aufgaben: Sie zogen in den Provinzen Abgaben und Pachtbeträge ein. Sie versorgten als Händler, Transportunternehmer und Inhaber handwerklicher Großbetriebe die großen Heere mit Lebensmitteln und Geräten. Sie beuteten im Auftrag des Staates Bergwerke, Minen und Salinen aus. Auf diese Weise gewannen sie riesige Vermögen, die sie wieder in Land anlegten. Mit der Expansion wurden sie ein eigener „Stand“.

2 Arbeite aus M2 die Stellung der Sklaven und Sklavinnen in der römischen Gesellschaft heraus. Was veränderte sich? Ziehe M4 mit heran.

3 Notiere in Stichworten, wie Tiberius Gracchus in M3 die Lage der Soldaten schildert.

4 Erläutere: „Die Ritter – ein neuer Stand“.

M4 Römische Fessel für Bergbausklaven, undatiert. Bergbausklaven hatten die schwersten Lebensbedingungen.

M5 Neuer Reichtum?

Der Historiker Michael Crawford schreibt über die Auswirkungen der Expansion (1984):

[Die römische Führungsschicht war] in den Einfluss der griechischen Welt geraten …; die Kenntnis dieser Welt und der Zugang zu ihren Reichtümern ermöglichte es der römischen Führungsschicht auch, sich die griechische Kultur und den aufwändigen und prunkvollen Lebensstil zu Eigen zu machen … Die Folge war, dass das Gleichgewicht innerhalb der Führungsschicht immer stärker gefährdet war …
Darüber hinaus floss nun Geld aus Reparationszahlungen[1] vornehmlich aus Karthago, Makedonien und Syrien … an Rom … Zudem hatten Generäle und Statthalter im Ausland nahezu unbegrenzte Möglichkeiten sich auf unrechtmäßige Weise zu bereichern. P. Cornelius Scipio Africanus etwa legte nie genau Rechenschaft ab über die 18 Millionen Denare, die er von Antiochos [dem syrischen König] für den Unterhalt des römischen Heeres nach der Schlacht bei Magnesia 190 v. Chr. erhalten hatte.

Michael Crawford, Die römische Republik, dt. Übers. von Barbara und Silke Evers, München (dtv) 1984, S. 84 ff.

1 Geld- oder Sachleistungen, die besiegten Staaten auferlegt werden, um die im Krieg erlittenen Verluste zu entschädigen.

M6 Mehr Freiheiten für Frauen?

Während des 2. Punischen Krieges war es Frauen verboten worden, Gold und Purpur zu besitzen und mit einem bespannten Wagen zu fahren. Dieses Gesetz (Lex Oppia) wurde 195 v. Chr. wieder abgeschafft. Der Aufhebung gingen öffentliche Diskussionen voraus. Der römische Geschichtsschreiber Livius (59 v. Chr. – 17 n. Chr.) überlieferte eine Rede des Volkstribuns Valerius:

Was haben denn die Frauen eigentlich Neuartiges getan, dass sie in einer Sache, die sie angeht, in großer Zahl auf die Straße gegangen sind? … Wir sind … überheblich, wenn wir uns darüber entrüsten, dass ehrenwerte Frauen sich mit einer Bitte an uns wenden, während die Herren die Bitten ihrer Sklaven nicht zurückweisen … Weder Staats- noch Priesterämter noch militärische Auszeichnungen oder Beute können ihnen zuteil werden. Hübsches Aussehen, Schmuck und Kleidung, das sind die Kennzeichen der Frauen, darüber freuen sie sich und sind stolz, das haben unsere Vorfahren die „Welt der Frauen" genannt … Natürlich, wenn ihr das oppische Gesetz aufhebt, wird es nicht mehr in eurem Ermessen liegen, wenn ihr etwas verbieten wolltet, was jetzt das Gesetz verbietet. Über Töchter, Frauen und Schwestern würden dann einige weniger Gewalt haben.

Livius 34, 2,8–3; 5,7–13. Übers. d. Verf.

Geschichten erzählen

Versetze dich in eine der folgenden Personen und erzähle, wie sich ihr Leben in der Republik verändert hat: Haussklavin in einer senatorischen Familie, Sklave im Bergbau, Kleinbäuerin, Tagelöhner, Soldat, Frau eines Ritters, Großgrundbesitzer, Feldherr.

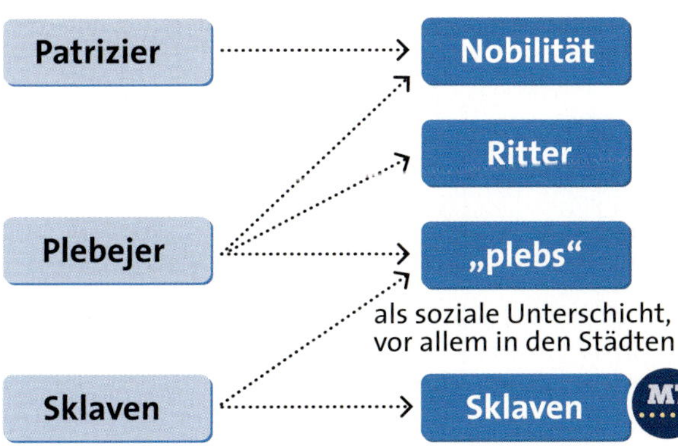

M7 Wandel der römischen Gesellschaft in der Zeit der Republik

5 Finde anhand von M5 heraus, wie sich das Leben der Oberschicht (Großgrundbesitzer, Ritter, Senatoren, Magistrate, Feldherren) veränderte.

6 Was meint der Autor von M5, wenn er von einer Gefährdung des Gleichgewichts innerhalb der Führungsschicht spricht?

7 Erarbeite, wie Valerius (M6) die Stellung der Frauen in Rom beschreibt. Welche Meinung vertritt er?

8 Über die Frage, warum die Lex Oppia (M6) erlassen wurde, gibt es verschiedene Meinungen:
a) das Gesetz sollte Freiheiten von Frauen einschränken; b) es sollte einzelne Mitglieder der Aristokratie, die durch Kriege zu Reichtum gelangt waren, an der Zurschaustellung ihres Wohlstandes hindern. Nimm Stellung.

Reformversuche der Gracchen – Ausweg aus der Krise?

M1 **Römisches Mosaik,** 2. Jh. n. Chr. Das Mosaik stammt aus Ostia, der Hafenstadt Roms. Es zeigt ein Reformvorhaben der Gracchen, das vom Senat als Einziges nicht wieder abgeschafft oder verändert wurde.

Die Krise spitzt sich zu

Mitte des 2. Jahrhunderts verschärfte sich die Krise des römischen Staates und der römischen Gesellschaft. Die militärische Macht Roms war gefährdet. Denn es gab nicht mehr genügend Kleinbauern, die einen Hof und eine Ausrüstung besaßen und als Soldaten eingezogen werden konnten. Auch wurden die Besitzverhältnisse immer ungleicher: auf der einen Seite die reichen Ritter und Senatoren mit ihren riesigen Ländereien und Geldvermögen, auf der anderen Seite die wachsende „plebs" der verarmten Tagelöhner.
Eine Gruppe von Politikern unter Führung des 133 v. Chr. zum Volkstribun gewählten Tiberius Gracchus (162–133 v. Chr.) und seines jüngeren Bruders Gaius Gracchus (153–121 v. Chr.) versuchte die Probleme zu lösen. Welche Reformen wollten sie durchsetzen? Wie endeten ihre Reformen?

1 Im Jahr 130 v. Chr. berichtet ein Kleinbauer seinem Bruder in Rom über die Reformvorhaben der Gracchen. Schreibe mithilfe der Materialien dieser Seite einen Brief.

2 Finde aus M1 heraus, welches Reformgesetz dort abgebildet ist und erläutere die Maßnahme.

3 Nimm zum Verlauf der Reformen Stellung.

Die Reformversuche der Gracchen

Die Ursachen:
- Kleinbauern verarmen.
- Kleinbauern gehen in die Städte und leben dort von Gelegenheitsarbeiten und Almosen.
- Die Zahl der Kleinbauernhöfe geht zurück.
- Es gibt zu wenig Kleinbauern für den Kriegsdienst.
- Die Wehrkraft des Heeres sinkt.

Inhalte der Reformvorhaben (133–121 v. Chr.):
- Die so genannten Ackergesetze: Der Besitz von Staatsland* wird für jeden Einzelnen auf 125 Hektar (1 Hektar = 100 x 100 Meter) begrenzt; Söhne können zusätzlich jeweils ca. 60 Hektar beanspruchen. Frei werdendes Staatsland wird in Einheiten zu je ca. 7 Hektar an besitzlose römische Bürger verteilt. Die Größe eines Landes wird begrenzt. Ein Land wird auf Erbpacht vergeben (das heißt es ist unverkäuflich), damit Großgrundbesitzer es nicht aufkaufen können.
- Soldaten sollen die Ausrüstung vom Staat erhalten.
- Die arme Stadtbevölkerung wird mit verbilligtem Getreide versorgt.
- Bundesgenossen sollen in das römische Bürgerrecht aufgenommen werden.

Der Ausgang:
- Senat und Teile der Ritter lehnen die Reformen ab.
- Die politischen Kämpfe enden mit der Ermordung des Tiberius und 300 seiner Anhänger. Gaius lässt sich bei Straßenkämpfen auf der Flucht von einem treuen Sklaven töten; 3000 Anhänger werden zum Tode verurteilt.
- Das „Ackergesetz" bleibt bestehen, wird aber abgeschwächt: keine weiteren Landzuweisungen; der Verkaufsstopp der Bauernstellen wird aufgehoben.
- Der Einfluss der Reichen wird wieder stärker.

Kampf der Bürger um die Republik

M1 **Marius als Triumphator,** Münze des Münzmeisters und Q(uästors) G(aius) Fundan(ius), 101 v. Chr. In den Händen hält Marius Zepter und Zweig; auf dem Pferd sitzt Gaius, sein Sohn aus der Ehe mit Julia, einer Tante Caesars.

M2 **Sulla als Diktator,** Goldmünze, 81 v. Chr. Die Umschrift lautet: L(ucius) Sull(a) Feli(x) Dic(tator). 82 v. Chr. wurde ihm nach militärischen Siegen der Beiname „Felix" (der Glückliche) verliehen. Er führte den Ehrentitel „Imperator" (Befehlshaber) und war von 82 bis 79 v. Chr. Diktator. Der Senat ließ für ihn eine vergoldete Reiterstatue (wie auf dieser Münze) vor der Rednertribüne auf dem Forum aufstellen.

Popularen gegen Optimaten: Die römische Führungsschicht bricht auseinander

S P Q R – diese Abkürzung ist in Rom heute noch zu finden. Sie steht für „Senatus Populusque Romanus", das heißt „Senat und Volk von Rom", und benennt die beiden wichtigsten Träger der Macht. Stimmten beide überein, herrschten in Rom Einheit und Stärke. Doch schon die Reformen der Gracchen hatten gezeigt, dass die Einheit gestört war. Die einen, wie die Gracchen, wollten über das Amt des Volkstribuns und die Volksversammlung Reformen durchsetzen. Nach dem lateinischen Wort für „Volk" nannten die Römer sie „Popularen". Die anderen vertraten Interessen der Reichen und der Großgrundbesitzer und wollten die alte Verfassung mit der Macht des Senats beibehalten. Sie wurden von den Römern „Optimaten" (= lat. die Besten) genannt.

Die immer blutigeren Kämpfe im Innern wurden stark von außenpolitischen Gefahren bestimmt: 111 v. Chr. brach Krieg in Nordafrika aus und seit 113 v. Chr. bedrohten die germanischen Stämme der Kimbern und Teutonen die Nordgrenze des Reiches. Schon mehrere römische Heere waren unterlegen.
Welche Ziele verfolgten die beiden Machtgruppen in dieser Situation? Wie gingen sie vor? Zu welchen Ergebnissen führten die Machtkämpfe? Die Heeresreform des Popularen Marius und die Diktatur des Optimaten Sulla waren zwei wichtige Ereignisse im Kampf um die Republik.

1 Vor welchen Problemen stand die Republik Ende des 2. Jahrhunderts v. Chr. (siehe Darstellungstext)?
2 Ordne die beiden in M1 und M2 gezeigten Personen mithilfe des Darstellungstextes in die Kämpfe um die Republik ein.
3 Beschreibe die Münzbilder M1 und M2 und vermute, wie sie auf die Römer gewirkt haben könnten.

Marius – Heeresreformer und Popular

Gaius Marius, aus dem Ritterstand, wurde 156 v. Chr. geboren. Er kämpfte als Reiter in Spanien und wurde Quästor, Volkstribun, Prätor und Prokonsul. Er heiratete Julia, die aus dem patrizischen Geschlecht der Julier stammte und eine Tante Caesars war.
Gegen den Widerstand des Senats, aber mit Unterstützung der Ritter und der Volksversammlung wurde er 107 v. Chr. Konsul und Oberbefehlshaber im Kampf gegen die Numider in Afrika. Seit 104 v. Chr. war er viermal hintereinander Konsul und konnte erfolgreich die Germanengefahr abwehren.
Marius setzte eine Heeresreform durch, die die römischen Traditionen stark veränderte: Er nahm landlose Freiwillige aus der „plebs" sowie Bundesgenossen in seine Legionen auf; ihre Ausrüstung erhielten die Soldaten auf Staatskosten; für die Zeit nach dem Heeresdienst versprach Marius ihnen ein Stück Land. Aus dem *Bürgerheer* wurde so ein *Berufsheer.*
Die Reform bedeutete eine Gefahr für die Republik, denn Auskommen und Sicherheit der Soldaten beruhten nicht mehr auf dem Besitz eines Bauernhofes, sondern lagen in den Händen eines einzigen Feldherrn – und diesem würden sie folgen, auch wenn er sich gegen die Republik wenden würde.
Über einen Volkstribun ließ Marius Gesetze zur Versorgung seiner ausgedienten Soldaten (= Veteranen) vor die Volksversammlung bringen, denn viele Veteranen waren ja besitzlos und zum Teil nur Bundesgenossen (also keine römischen Bürger mit vollem Bürgerrecht). Doch die Römer wollten diese Gesetze nicht, da auch Bundesgenossen versorgt werden sollten. Marius gab nach. Erst später konnte er einige Optimaten für sich gewinnen: Die Bundesgenossen erhielten das Bürgerrecht und fielen so unter die Versorgungsgesetze. Den blutigen Machtkampf mit dem Optimaten Sulla um den Oberbefehl verlor Marius. Er starb 86 v. Chr.

Sulla – Optimat und Diktator

Lucius Cornelius Sulla wurde 138 v. Chr. geboren und stammte aus einem alten, aber verarmten Patriziergeschlecht. Als Quästor begleitete er Marius mit Erfolg beim Feldzug in Afrika, wurde Prätor, dann Prokonsul.
88 v. Chr. wurde er zum Konsul gewählt und erhielt den Oberbefehl gegen den König Mithridates von Pontus, der die Provinz Asia bedrohte. Noch bevor Sulla nach Asien aufbrach, trennte er sich von seiner dritten Frau und heiratete Caecilia Metella, die einem einflussreichen Patriziergeschlecht angehörte.
Kaum in Asien angelangt veranlasste ein Volkstribun die Volksversammlung in Rom Sulla den Oberbefehl zu entziehen und auf Marius zu übertragen. Daraufhin kehrte Sulla zurück. Er überschritt mit seinen Soldaten die heilige Stadtgrenze, an der eigentlich jeder Amtsträger seine militärische Befehlsgewalt (= lat. imperium) abgeben musste. Marius und seine Popularen wurden geächtet – rächten sich aber, während Sulla wieder in Asien kämpfte.
Als Sulla 83 v. Chr. nach großen Erfolgen wieder in Italien landete, besiegte er das Heer der Popularen und tötete und ächtete seine Gegner. Ganze Städte und Gemeinden traf die Rache der Optimaten, über 40 Senatoren und 1500 Ritter wurden umgebracht. Die eingezogenen Vermögen erhielten seine Veteranen; für 120 000 von ihnen wurden Kolonien auf dem enteigneten Land gegründet.
82 v. Chr. ernannte der Senat Sulla auf unbegrenzte Zeit zum Diktator* „für die Neuordnung des Staates". Sulla schränkte das Vetorecht der Volkstribunen ein; Gesetzesanträge an die Volksversammlung mussten jetzt vom Senat genehmigt werden. Zwar schloss er die Ritter von den neuen Geschworenengerichten aus, nahm aber 300 von ihnen in den Senat auf, der jetzt 600 Personen umfasste. 79 v. Chr. legte Sulla zur Überraschung aller seine Diktatur nieder. Ein Jahr später starb er.

4 Suche Hinweise dafür, dass Marius zu den Popularen gehörte.
5 Stelle fest, inwieweit Sulla als Optimat handelte. Beurteile seine Verfassungsänderungen.
6 Erarbeite in einer Übersicht Gemeinsamkeiten und Unterschiede zwischen Marius und Sulla.
7 Belege mithilfe der Personenkästen, dass mit Marius und Sulla die Bürgerkriege begannen.

Caesar – vom Triumvirat zur Alleinherrschaft

M1 **Caesar**, römische Silbermünze (Denar), 44 v. Chr. (vor Caesars Tod). Die Umschrift lautet: Caesar Dict(ator) Quart(um). Caesar wurde 45 v. Chr. zum Diktator auf Lebenszeit ernannt. Der Kranz um sein Haupt besteht aus Gold. Es ist der Schmuck Jupiters, Auszeichnung des Triumphators und Herrschaftszeichen des etruskischen Königs. Porträts lebender Personen auf Münzen hat es vordem in Rom nicht gegeben.

Das Triumvirat – die Republik in der Hand von Einzelherrschern

Sullas Ziel war es gewesen, die geschwächte Vorherrschaft des Senats wieder zu festigen. Und doch brach sie innerhalb von zehn Jahren zusammen, weil Sullas Enteignungen* und Verfolgungen eine starke Gegnerschaft gegen die Optimaten hervorgerufen hatten. Auch wurde die Entmachtung des Volkstribunats durch Sulla als Bruch mit der bisherigen Verfassung bewertet. Die Popularen wollten die Rechte der Volkstribunen wieder herstellen.
Dies gelang Gnaeus Pompeius und M. Licinius Crassus, dem reichsten Mann Roms, 70 v. Chr. in ihrem gemeinsamen Konsulat. Zehn Jahre später gingen sie ein Bündnis mit Gaius Julius Caesar ein und bildeten eine Dreierherrschaft, das so genannte 1. Triumvirat.
Über Caesars Ziele waren sich damals nur wenige einig. Auch heute streiten sich Historiker über seine Person: Suchte Caesar nur nach Möglichkeiten seinen persönlichen Ruhm zu steigern? Wollte er das Staatswesen, dessen Probleme er erkannt hatte, grundlegend erneuern? Oder griff er wie ein Spieler nach allen Möglichkeiten zu herrschen ohne genau zu wissen, wohin der Weg führen sollte?
Die drei teilten die Macht im Staat unter sich auf. Und solange jeder von dem „Zweckbündnis" profitieren konnte, legten sie auch ihre Streitigkeiten gütlich bei. Die Grundsätze der Republik einzuhalten war für sie ganz offensichtlich kein Ziel. Den Senat schalteten sie weitgehend aus und ließen ihre Abmachungen als „Gesetze" verkünden:
– Für Caesar wurde 59 v. Chr. die Wahl zum Konsul und danach die Statthalterschaft in Gallien durchgesetzt.
– Pompeius konnte seine Veteranen so versorgen, wie er es ihnen versprochen hatte. Seine Beliebtheit bei den ehemaligen Soldaten stieg dadurch noch mehr.
– Crassus, der immer wieder Ämter anstrebte um seinen Reichtum zu mehren, führte nach eigenem Willen im Osten des Reiches einen Feldzug gegen die Parther. Allerdings fiel er 53 v. Chr. in einer verlustreichen Schlacht.

1 Beschreibe das „Zweckbündnis" des Triumvirats und nimm zum Verhalten der Herrscher Stellung.
2 Beschreibe M1 und stelle Vermutungen über politische Ziele Caesars an.

M2 **Asterix und sein gallisches Dorf**, französischer Comic, 1963: „Wir befinden uns im Jahre 50 v. Chr. Ganz Gallien ist von den Römern besetzt … Ganz Gallien? Nein! …" – Die Autoren von Asterix haben den Römerlagern im Umkreis des gallischen Dorfes Namen gegeben, die nichts mit Rom oder der lateinischen Sprache zu tun haben: Babaorum (frz. „baba au rhum") ist ein Rosinenkuchen, Aquarium ein Fischbecken, Laudanum ein Schlafmittel und Kleinbonum eine Abwandlung des französischen „petit bonhomme" (= Männlein).

Caesar – vom Eroberer zum Einzelherrscher

Zwischen 58 und 51 v. Chr. war es Caesar gelungen, ganz Gallien zu erobern – also ungefähr das heutige Frankreich – und Pompeius an militärischer Stärke und politischer Macht zu überragen. In die Enge gedrängt unterstützte Pompeius nun die Politik des Senats und forderte Caesar auf nach Ablauf seiner Statthalterschaft und vor dem Betreten Italiens seine Legionen zu entlassen, denn so war es üblich. Doch Caesar überschritt den Rubikon, den Grenzfluss zwischen der Provinz und dem italischen Machtbereich, und zog mit seinem Heer nach Rom. Dort besiegte er Pompeius und brach den Widerstand von dessen Söhnen und Anhängern. Caesar war jetzt unbestrittener Alleinherrscher. Da er im Bürgerkrieg mit seinen Feinden relativ milde umgegangen war, gewann er rasch Sympathien. Die bestehende Verfassung setzte er nicht außer Kraft, entwertete sie aber durch viele Maßnahmen:

– Er erhöhte die Zahl der Senatoren von 600 auf 900 und besetzte die Posten mit seinen Anhängern.
– 46 v. Chr. ließ er sich für zehn Jahre zum Diktator ernennen und 44 v. Chr. zum Diktator auf Lebenszeit.
– In der Öffentlichkeit zeigte er sich wie nach einem Triumph mit einem goldenen Lorbeerkranz.

3 Wo wird in dem Darstellungstext oben deutlich, dass Caesar außenpolitische Erfolge innenpolitisch nutzen wollte?

4 Finde anhand von M2 heraus, ob die Asterix-Autoren aufseiten der Römer oder der Gallier standen.

Großer Triumph und rascher Tod Caesars

Caesar setzte eine Reihe von Reformen durch: Die Veteranen erhielten Landzuweisungen. Er halbierte die Zahl der Getreideempfänger in Rom, indem er sie in überseeischen Kolonien ansiedelte, und den Kalender stellte er auf das Sonnenjahr mit 365 Tagen um.

Seine Position als Staatsmann wurde äußerlich immer herausragender: Bei allen offiziellen Handlungen trug er das Purpurgewand des Triumphators. Im Senat saß er auf einem goldenen Stuhl. Ehrenbeschlüsse rückten ihn immer stärker in die Nähe der Göttlichkeit. Er besaß fast die Stellung eines Königs – nur der Titel fehlte. Der jedoch war nach der Verfassung der Republik verboten; auf ihn stand die Todesstrafe.

Warum die Senatoren Caesars Machtzuwachs hinnahmen, ist umstritten. Vielleicht wollten sie sich gegenseitig überbieten um seine Gunst zu erringen. Manche hielten ihn vielleicht wirklich für übermenschlich. Oder wollten sie ihn mit Ehren überhäufen um ihn dann als Tyrannen hinzustellen, der willkürlich, ohne Bindung an die Gesetze herrschte? Das hätte ihnen das Recht gegeben ihn zu beseitigen.

Seine Gegner im Senat jedenfalls hegten den Verdacht, dass er die Monarchie erstrebe. Unter Führung von Brutus, der Caesar zuvor gedient hatte, schlossen sich 60 Verschwörer zusammen und ermordeten Caesar am 15. März 44 v. Chr. mit 23 Dolchstichen.

Caesars Ermordung inmitten der Senatoren, Ölgemälde von Karl von Piloty, 19. Jahrhundert **M3**

M4 Zwei Münzpräger im Gespräch über Caesar

Das folgende Gespräch zwischen Secundus (S) und Tertius (T) spielt in einer Druckerwerkstatt, in der neue Denare mit dem Bildnis von Caesar hergestellt werden (siehe S. 159, M1). Der Dialog ist erfunden, gibt aber einen Einblick in die Stimmung, die in Rom zu Beginn des Jahres 44 v. Chr. herrschte:

S: Schau dir diesen Caesar an, jetzt ist er größenwahnsinnig geworden: Diktator auf Lebenszeit! Er muss doch wissen, dass der Senat das nicht mitmacht.
T: Warum denn? In den Senat hat er doch erst neulich seine Gefolgsleute gesetzt.
S: Aber die alten Senatoren wissen doch, dass Konsuln wie andere Beamte nur für ein Jahr gewählt werden dürfen – und nun das: lebenslänglich!
T: Vielleicht will er damit zeigen, dass er das Prinzip der Annuität nicht mehr für zeitgemäß hält. Denn wie soll auch ein Konsul einen Feldzug gegen unsere Feinde weit im Norden und Osten vorbereiten und durchführen, wenn er nach wenigen Monaten zurückkehren muss, weil die Amtszeit zu Ende geht?
S: Hm …
T: Überlege, was Caesar in acht Jahren in Gallien erreicht hat. Da gibt's jetzt Straßen und blühende Städte!
S: Gibt es eigentlich noch einen Unterschied zwischen seiner Stellung und der eines Königs?
T: Glaube ich nicht. Vielleicht will er ja tatsächlich ein König werden? Schau dir nur den Goldkranz an. Vielleicht meint er erst noch einen Sieg erringen zu müssen, damit seine Herrschaft auch voll akzeptiert wird.
S: Man munkelt, er wolle im Osten einen Feldzug gegen die Parther durchführen …
T: Und wenn er wiederkommt, ordnet er alles neu …
S: Meinst du, er würde dann alle Senatoren umbringen und die Alleinherrschaft anstreben?
T: Glaube ich nicht. Es ist doch egal, ob es 300, 600 oder 900 Senatoren gibt – er und seine Berater machen einfach die bessere Politik. Und wenn er einen Feldzug siegreich beendet und mit reicher Beute nach Hause kommt – wer fragt da schon nach?
S: Und wenn man ihn gar nicht erst zu diesem Krieg aufbrechen lässt?
T: Wie willst du ihn daran hindern?

Verfassertext

5 Benenne Caesars Reformen. Wem kamen sie vor allem zugute (siehe Darstellungstext S. 160)?
6 Stelle fest, wie Caesar seine Ehrungen immer mehr steigerte. Worin lagen Gefahren für ihn?
7 Beschreibe mithilfe von M4 die politische Lage der Republik kurz vor der Ermordung Caesars.
8 Schildere, wie der Maler in M3 die Ermordung Caesars dargestellt hat (Entstehungszeit).
9 Angenommen du wärst ein alter Senator, der seit Jahrzehnten die Krise der Republik miterlebt. Welche Probleme müsste die römische Politik zunächst einmal lösen? Einige dich mit deinem Nachbarn auf zwei Probleme und entwickelt Lösungsvorschläge.

Schriftliche Quellen vergleichen

Zur Einführung

Im vorherigen Kapitel, S. 119, hast du gelernt, mit welchen Arbeitsschritten eine Textquelle entschlüsselt wird.
Du erinnerst dich:
– Im **1. Schritt** waren Fragen zum Aufbau und zum Inhalt der Quelle zu bearbeiten (W-Fragen, unbekannte Wörter erläutern, Quelle gliedern).
– Im **2. Schritt** ging es darum, Fragen zum Verfasser bzw. zur Verfasserin (= Autor/in) zu klären (Informationen aus dem Leben der Person; zeitlicher Abstand zu dem Geschilderten; persönliche Einstellungen, Parteinahmen, Absichten des Autors/der Autorin).
In diesem Kapitel gehen wir nun einige Schritte weiter. Wir wollen zwei Textquellen miteinander vergleichen, die sich beide mit demselben Thema beschäftigen, und lernen, wie man in diesem Fall zu historischen Befunden und Urteilen gelangt.
Unsere Frage lautet: Welche Form der Herrschaft erstrebte Caesar: Wollte er die Königswürde? Wir untersuchen dazu Quellenauszüge von den antiken Autoren Plutarch und Cassius Dio.

M1 **Caesar** – Szenenfoto aus dem Fernsehspiel „Die Verschwörung" von Walter Jens, 1969, Regie: Franz Josef Wild

Arbeitsschritte

Zunächst musst du auch beim Vergleich von zwei oder mehreren Textquellen immer mit den beiden oben genannten Arbeitsschritten 1 und 2 beginnen und jede Quelle erst einmal einzeln entschlüsseln. Dann folgen weitere Schritte:

1. und **2. Schritt** siehe S. 119

3. Schritt:
Glaubwürdigkeit der Autoren
– Mit welchem zeitlichen Abstand zum Geschehen schreiben die Autoren? Wer war möglicherweise Augenzeuge?
– Aus welchem Blickwinkel schreiben die Autoren?
– Geben sie persönliche Werturteile ab?

4. Schritt: Vergleich der Inhalte
– Welche Informationen stimmen überein, welche sind unterschiedlich?

5. Schritt:
Weitere Informationen einholen
Gegebenenfalls weitere Quellen und Informationen heranziehen (Lexika, Bücher von Geschichtsforschern, Quellensammlungen).

6. Schritt: Ergebnisse formulieren
Zusammentragen der Einzelbefunde, Deuten der Ergebnisse und sein eigenes Urteil begründen.

Plutarch

Plutarchos von Chaironeia war ein populärer griechischer Schriftsteller und Gelehrter. Er lebte um 46–120 n. Chr., bereiste mehrere Male Italien und Rom und pflegte persönliche Beziehungen zu römischen Kaisern. Berühmt wurde er durch seine „Vergleichenden Lebensbeschreibungen", in denen er jeweils einen berühmten Griechen und einen berühmten Römer nebeneinander stellte. Dabei ging es ihm vor allem um menschliche Gefühle und Fragen der Ethik. Bis ins hohe Alter hat er als Leiter einer Privatakademie gelehrt.

Cassius Dio

Cassius Dio Cocceianus stammte aus der kleinasiatischen Provinz Bithynien und lebte um 150–235 n. Chr. Er bekleidete hohe Reichsämter, war Senator und leitete mehrere Male Provinzen. Er schrieb eine Gesamtgeschichte Roms in griechischer Sprache und zog hierzu die römischen Annalen und die Geschichtswerke älterer Autoren, zum Beispiel von dem römischen Geschichtsschreiber Livius (59 v. Chr.–17 n. Chr.), mit heran.

Caesar, Marmorbüste, undatiert M3

M2 Welche Herrschaft erstrebte Caesar: Wollte er die Königswürde?

Der griechische Schriftsteller und Philosoph Plutarch (um 46–120 n. Chr.) über Caesar:

2A Als er [Antonius, der Vertraute Caesars, Konsul und Augur[1]] aufs Forum kam und die Menge ehrerbietig vor ihm auseinander wich, streckte er Cäesar ein lorbeerumkränztes Diadem[2] entgegen. Man hörte Händeklatschen, das aber dünn und schwächlich klang; denn es rührte von ein paar Leuten her, welche dazu bestellt worden waren. Als aber Caesar das Diadem zurückwies, brauste ihm der Jubel des ganzen Volkes entgegen. Noch einmal reichte ihm Antonius die Königsbinde dar, wiederum regten sich nur wenige Hände. Caesar schlug sie zum zweiten Mal aus – und begeisterter Beifall wurde ihm zuteil. Da der Versuch so kläglich gescheitert war, stand Caesar auf und gebot den Kranz aufs Kapitol zu bringen.

Plutarch, Caesar, 61. Zit. nach Von großen Griechen und Römern, übers. von Walter Wuhrmann, Zürich (Artemis) 1991, S. 201.

1 Auguren hießen in Rom die Priester, die aus dem Verhalten der Vögel die Zukunft zu erkennen glaubten.
2 Die weiße Binde, das Diadem, war ein Zeichen der „Königswürde".

Der römische Geschichtsschreiber Cassius Dio (um 150–235 n. Chr.) schrieb über Caesar:

2B Als er nämlich beim Luperkalienfest[1] das Forum betreten und geschmückt mit dem Königskleid sowie im Glanze seines goldbestickten Kranzes die Rostra[2] bestiegen hatte, begrüßte ihn Antonius [Mitkonsul Caesars] samt seinen Mitpriestern als König und umwand sein Haupt mit einem Diadem. Dazu sprach er: „Dies bietet dir das Volk durch meine Hände an!", worauf Caesar jedoch erwiderte: „Jupiter allein möge König der Römer sein!" und dem Gott den Schmuck auf das Kapitol bringen ließ. Gleichwohl fühlte er sich nicht unangenehm berührt, im Gegenteil, er befahl in die Tagebücher einzutragen, er habe sich geweigert, die ihm vom Volk durch den Konsul angebotene Königswürde anzunehmen.

Cassius Dio, Buch 44, 11,2. Zit. nach Cassius Dio, Römische Geschichte, übers. von Otto Veh, Bd. 3, Zürich (Artemis) 1986, S. 15.

1 Fest zur Abwehr von Wölfen und sonstigen Gefahren
2 Rednertribüne auf dem Forum Romanum

M4 Eine weitere Textquelle zur Herrschaft Caesars

Der römische Geschichtsschreiber Sueton (ca. 70–140 n. Chr.) schrieb über Caesar:

In der Öffentlichkeit gab er Äußerungen einer nicht geringen Überheblichkeit von sich …: „Nichts ist das Gemeinwesen [res publica], bloße Bezeichnung, ohne Leib und Gestalt." „Sulla hat das ABC der Politik nicht gekannt, sonst hätte er die Diktatur nicht niedergelegt." „Die Leute müssen jetzt mit mehr Überlegung mit mir sprechen und für Gesetz halten, was ich sage."

Sueton, Caesar 76–79. Übers. d. Verf.

1 Lies dir den einleitenden Darstellungstext S. 162 zum Textquellenvergleich durch und erläutere die dort gestellte Leitfrage zu Caesar.

2 Bearbeite mithilfe der Arbeitsschritte auf S. 162 die schriftlichen Quellen M2A und M2B.
Hinweis zu Schritt 1 und 3: Lies dir die Personenkästen durch.
Hinweis zu Schritt 5: Lies dir M4 durch; Informationen über Caesar findest du auch auf S. 159 bis 161 dieses Buches.

Augustus begründet das Kaiserreich

Der Prinzipat – eine neue politische Lösung?

Marmorstandbild des Augustus, Höhe 2,03 m. **M1**
Die Figuren auf dem Brustpanzer zeigen einen besiegten Gegner, der den Römern erbeutete Truppenabzeichen zurückgibt; darüber schweben Himmelsgötter. Die kleine Figur am Fuß könnte Gott Amor sein. Die Barfüßigkeit antiker Statuen ist ein Zeichen für eine Gott ähnliche Stellung. Augustus lebte von 63 v. Chr. bis 14 n. Chr.

M2 Die Römer – eine Gesellschaft in Auflösung?

Der römische Geschichtsschreiber Sallust (86–35 v. Chr.) schrieb über das Römische Reich zur Zeit der Ermordung Caesars (44 v. Chr.). Das Land hatte zu dieser Zeit fast ein Jahrhundert lang Krisen und Bürgerkriege durchlebt:

Übrigens war das Unwesen der Parteien im Volk und Adel mit all ihren üblen Gewohnheiten … eine Folge des müßigen Lebens und des Überflusses an allen Gütern … Denn der Adel begann seine Machtstellung, das Volk seine Freiheit in Willkür ausarten zu lassen, jeder suchte für sich zu nehmen, zu raffen und zu rauben. So wurde alles in zwei Parteien auseinander gerissen, der Staat aber, der einst beider Gemeingut war, wurde elend zerfleischt, … das Volk wurde von Kriegsdienst und Armut bedrückt, die Kriegsbeute rissen die Feldherren mit einigen Freunden an sich, … es entstand allmählich eine Spaltung aller Bürger.

Sallust, Jugurthinischer Krieg 41. Zit. nach Wilhelm Schöne (Hg.), Werke und Schriften, Stuttgart (Heimeran) 1969, S. 203.

1 Arbeite aus M2 den Zustand der römischen Gesellschaft und des Staates am Ende der Krisen- und Bürgerkriegsjahre heraus.

2 Wiederhole wichtige Namen und Ereignisse der Krisen- und Bürgerkriegsjahre seit 133 v. Chr.

3 Finde heraus, worin Sallust die Ursachen für die „Spaltung aller Bürger" sieht. Nimm zu seiner Bewertung Stellung.

Octavian – der Erbe Caesars wird „Augustus"

Nach der Ermordung Caesars 44 v. Chr. entbrannte der Kampf um die Spitze im römischen Staat von neuem. Dieses Mal hieß der Sieger Octavian, ein Großneffe Caesars. Caesar hatte Octavian adoptiert und ihm damit die Soldaten seiner Heeresklientel vererbt.
Hatte Octavian noch zu Beginn der Kämpfe seine Gegner grausam verfolgt und getötet, ging er nach seinem militärischen Sieg bei Actium (31 v. Chr.) vorsichtiger vor und überlegte: Wenn er wieder eine stabile Herrschaft errichten wollte, musste er dafür sorgen, dass seine Herrschaft auch anerkannt wurde.
Einen Schritt in diese Richtung machte er 27 v. Chr., als er alle seine außerordentlichen Vollmachten an Volk und Senat zurückgab und die Republik äußerlich wiederherstellte. Der Senat verlieh ihm daraufhin den Ehrennamen „Augustus" (= der Erhabene).
Augustus nannte sich „Princeps": der Erste. Tatsächlich war er aber ein Monarch: Er hielt den Oberbefehl über das Heer und die wichtigsten Provinzen. Er hatte lebenslang die Befugnisse eines Volkstribuns* und leitete alle Senats- und Volksversammlungen. Auch war er oberster Priester und bestimmte seinen Nachfolger selbst. Sein Name, Caesar (= Kaiser) Augustus, wurde nach seinem Tod 14 n. Chr. zum Titel aller römischen Kaiser.

M3 **Römisches Theater mit Augustus-Statue in Orange, Südfrankreich,** Foto, 1997. Die Marmorstatue, die in einer Nische der Bühnenrückwand steht, ist 3,55 m hoch und eine von zahlreichen Augustus-Statuen, die überall im Römischen Kaiserreich aufgestellt waren.

Die „Pax Romana": Frieden gegen Freiheit?

Im Bürgerkrieg hatten die Angehörigen der Oberschicht – Senatoren, Ritter, Feldherren – immer um persönlichen Ruhm gekämpft und damit die Republik und den Frieden zerstört. Augustus wollte die Oberschicht wieder dazu bringen, Verantwortung für das Gesamtwohl des Staates zu übernehmen.
Zu diesem Zweck beteiligte er Senatoren und Ritter an seiner Macht, aber in Grenzen. Senatoren konnten weiterhin ein Kommando über ein Heer erstreben, aber Augustus blieb Oberbefehlshaber und entschied zum Beispiel die jahrhundertelange Eroberungspolitik zu beenden. Weiterhin konnte ein Senator in einer Provinz als Statthalter* tätig sein und Steuern eintreiben, aber vor korrupten Steuereintreibern wurden die Provinzbewohner geschützt. Sie konnten sich mit Problemen jetzt direkt an den Kaiser wenden.
Mit „Brot und Spielen" versuchte Augustus die Einwohner der Hauptstadt zu „befrieden": Er ließ kostenlos Getreide verteilen und viele Pferderennen und Gladiatorenkämpfe veranstalten (S. 167 f.). Mit Feuerwehr- und Polizeistationen erhöhte er die Sicherheit. Auch ließ er in Rom neue Tempel, Theater und Triumphbögen bauen und Bauwerke aus der Republikzeit wieder herrichten. Und er ermahnte die Römer die Götter zu verehren, denen Rom die Weltherrschaft verdankte.

Prinzipat

„Prinzipat" bedeutet Vorherrschaft und ist abgeleitet von lateinisch „princeps": der Erste im Staat. Der Prinzipat wurde als Herrschaftsform von Augustus eingeführt und war nach außen eine Republik, tatsächlich aber eine Monarchie. Für Augustus und seine Nachfolger wird auch der Begriff „Kaiser" (abgeleitet von „Caesar") verwendet.

4 Stelle mithilfe der Darstellungstexte S. 164 und 165 fest, a) wie Augustus seine Macht errang und b) wie er sie sicherte. Lies auch den Kasten durch.
5 Erläutere den Begriff „Pax Romana".
6 Sieh dir M1 an und arbeite heraus, wie sich Augustus in der Öffentlichkeit darstellen ließ. Was sagen M1 und M3 über seine Herrschaft aus?
7 Stelle dir vor, 27 v. Chr. – der Senat hat Octavian gerade zum „Augustus" ernannt – würde eine Reporterin unter den Bürgern Roms eine Umfrage durchführen und dir die Frage stellen: „Fühlst du dich unter unserem ‚Princeps' Augustus eher als Bürger einer Republik oder als Untertan eines Kaisers?" Was würdest du antworten? Begründe deine Meinung.

Augustus begründet das Kaiserreich

M4 Augustus auf einem Schmuckanhänger, um 10 n. Chr., 19 x 23 cm. Oberer Teil: Augustus thront neben der Göttin Roma. Hinter ihm sieht man, dargestellt als Personen, das Meer, die Erde und die Städte des Reiches. Eine Figur hält ihm die römische Bürgerkrone. Das Füllhorn rechts ist ein Zeichen der Fruchtbarkeit. Links der erfolgreiche Feldherr Tiberius, Stiefsohn des Augustus. Unterer Teil: Römische Soldaten errichten ein Siegeszeichen; am Boden liegen besiegte Gegner.

M5 Augustus – Urteile über seinen Weg zur Macht

Augustus schrieb 13 n. Chr. in seinem „Tatenbericht“, den er in Stein meißeln und öffentlich aufstellen ließ:

5A Im Alter von 19 Jahren [44 v. Chr.] brachte ich aus eigenem Entschluss und mit eigenen Mitteln ein Heer auf, mit dessen Hilfe ich den Staat, der durch die Gewaltherrschaft einer Partei unterdrückt war, in die Freiheit zurückgeführt habe. Aus diesem Grunde nahm mich der Senat … in seine Reihen auf [43 v. Chr.] … und gab mir die militärische Befehlsgewalt … Die meinen Vater ermordet haben, sie habe ich in die Verbannung gejagt und ihr Verbrechen gerächt durch gesetzmäßige Gerichtsurteile … Die Diktatur, die mir … sowohl vom Volk als auch vom Senat angetragen wurde, habe ich nicht angenommen.

Res gestae 1 ff. Zit. nach Walter Arend, Geschichte in Quellen, Bd. 1, München (bsv) 1965, S. 581.

Der römische Geschichtsschreiber Tacitus (55–120 n. Chr.) gab zeitgenössische Urteile über Augustus wieder:

5B Dagegen sagten nun die anderen: … Im Grunde sei es Herrschsucht gewesen, wenn er als junger Mensch ohne Amt die Veteranen durch freigebige … Spenden an sich zog, ein Heer warb, die Legionen des Konsuls bestach … Er habe vom Senat das Konsulat erzwungen und das Heer … gegen den Staat geführt. Dann ist allerdings Friede geworden, aber ein blutiger: Lollius und Varus sind geschlagen worden, in Rom sind Varro, Egnatius und Jullus hingerichtet worden.

Tacitus, Annalen 1, 9 f. Zit. nach Walter Arend, Geschichte in Quellen, Bd. 1, München (bsv) 1965, S. 585 f.

8 Untersuche anhand von M5A, wie Augustus seine Rolle bei der Übernahme der Macht betrachtet.
9 Stelle fest, welche Meinungen Tacitus in M5B über Augustus wiedergibt. Vergleiche mit M5A.
10 Beschreibe die Augustus-Darstellung in M4. Welches Augustus-Bild sollte verbreitet werden?
11 Sieh dir noch einmal an, welche Meinung du dir zu Aufgabe 7 (siehe S. 165) gebildet hast. Würdest du dein Urteil nach der Untersuchung der Quellen M4 und M5 aufrechterhalten oder verändern? Nimm Stellung.

Spiele – ein Mittel kaiserlicher Politik?

M1 **Wagenrennen im Circus Maximus in Rom,** Rekonstruktionszeichnung, 1999. Zur Zeit von Caesar bot die Arena 60 000 Zuschauern Platz, nach Erweiterungen in der Kaiserzeit etwa 185 000.

M2 Mit Livia und Titus im Circus Maximus

Die folgende Geschichte ist erfunden, könnte sich aber, den Quellen nach zu urteilen, durchaus so zugetragen haben:

Livia und Titus stehen vor dem Haupteingang des Circus Maximus und beobachten den feierlichen Einzug der Wagenlenker und Reiter. Auf dem Fuße folgen Tänzer, Musikanten, Chöre und natürlich Männer, die Weihrauchfässer, Opferzeug und Götterbilder tragen.
„Jeder Fahrer", erklärt Livia, „gehört einer bestimmten Factio an. Das ist ein Rennstall mit einer Menge Personal: Tierärzte, Ärzte, Fahrlehrer, Handwerker, Schneider, Boten, Verwalter."
„Und was bedeuten die Farben der Wagen?"
„Jede Factio wird nach ihrer Farbe benannt: die rote, grüne, blaue, weiße Factio. In den Farben spiegelt sich noch der alte Gegensatz zwischen Volk und Adel: Die Weißen gehören zum Beispiel zur plebejischen Factio, die Roten zur senatorischen."
„Wer hat die heutigen Rennen eigentlich veranstaltet?", fragt Titus. „War es Senator Flavius?"
„Nein, es war mal wieder der Kaiser persönlich und es soll eine Menge Geld gekostet haben."
Als der Spielgeber sein Tuch fallen lässt, stürmen die Vierergespanne aus den Rennboxen: „Jetzt wirst du einen Hexenkessel erleben!", ruft Livia. „Denn die Zuschauer haben alle in den Wettbüros Geld gewettet. Es müssen sieben Runden gefahren werden. Siehst du auf der Mittelbarriere die großen klappbaren Marmordelfine? Das sind die Rundenanzeiger."
Plötzlich geht ein Aufschrei durch das Publikum. An einer Wendemarke sind zwei Wagen zusammengestoßen. Sind die Lenker verletzt?
Das Rennen läuft bis zum Schluss weiter. Unter dem Beifall der Zuschauer wird der Sieger geehrt. Während er sich beim Publikum mit einer Ehrenrunde bedankt, warten in den Boxen schon die nächsten Gespanne …

Verfassertext

1 Arbeite aus M2 die Merkmale der „zirzensischen" Spiele im kaiserzeitlichen Rom heraus (z. B. Veranstalter, Ziele, Verhalten der Zuschauer). Ziehe M1 hinzu.

2 Vergleiche die Spiele im Circus Maximus mit Massenveranstaltungen heute. Benenne Gemeinsamkeiten und Unterschiede. Begründe, welche Veranstaltungen dir besser gefallen, alte römische oder heutige?

Augustus begründet das Kaiserreich

M3 Bei den Spielen im Amphitheater

Unsere (erfundenen) Freunde Livia und Titus kommen auf ihrem Spaziergang durch Rom am Colosseum vorbei, einem riesigen ovalen Gebäude mit Zuschauertribünen, einem offenen Dach, einer Spielfläche in der Mitte und unterirdischen Gängen. Über die Spiele, die in diesem Amphitheater regelmäßig veranstaltet werden, sind sie in Streit geraten:

„Spiele im Amphitheater sind die beliebtesten Spiele", sagt Livia. „Früher hatten sie etwas mit einem religiösen Kult zu tun, aber heute sind sie nur noch Sensation und Unterhaltung."

„Find ich unmöglich", sagt Titus, „wenn – wie ja in den meisten Fällen – Sklaven oder Kriegsgefangene als Gladiatoren ausgebildet werden, damit sie mit Schwertern, Schilden, Netzen, Dreizack aufeinander losgehen."

„Aber es gibt doch auch Kämpfe, wo nur Tiere gegeneinander kämpfen: Bären, Stiere, Tiger, Löwen."

„Und was ist mit den zum Tode verurteilten Männern, die gegen wilde Tiere antreten müssen?", fragt Titus.

Livia konnte nicht viel dagegen einwenden. „Aber viele Gladiatoren sind durch Siegprämien reich geworden. Du kennst doch Gladiator Flamma. Er hat schon 33-mal gekämpft. Und überleg doch mal: Wenn zum Beispiel ein Kaiser oder Senator die hohen Kosten für die Ausbildung eines Gladiators aufbringt, wird er sich überlegen, ob er jeden Gladiator, der mit dem nach oben gestreckten Daumen um Gnade fleht, dem Tode preisgibt – und den Daumen nach unten senkt."

Verfassertext

Brot und Spiele – „Panem et circenses"

Spiele wie Wagenrennen oder Gladiatorenkämpfe hat es im Römischen Reich schon seit dem 4. und 3. Jahrhundert v. Chr. gegeben. Sie dienten anfangs dazu, die Götter zu verehren. Je stärker allerdings Einzelherrscher, vor allem Feldherren und später die Kaiser, die Politik bestimmten, desto häufiger wurden Spiele von diesen Einzelpersonen veranstaltet. Sie wollten damit ihre Leistungen und Siege vorführen und die Gunst des Volkes für sich gewinnen.

An Feiertagen wurden fast immer Spiele veranstaltet. Daher kann man an der Zahl der Feiertage die Bedeutung von Spielen ablesen: Gegen Ende der Republik gab es ca. 65 Feiertage, im 3. Jahrhundert n. Chr. fast dreimal so viel! Vor allem im 1. Jahrhundert n. Chr. gaben die Kaiser sehr viel Geld für Spiele aus. Augustus und seine Nachfolger achteten auch darauf, dass außer der Reihe veranstaltete Spiele ein Vorrecht der Kaiser blieben. Denn sie hofften, dass alle, die sich von spannenden Spielen unterhalten ließen, die Politik dem Kaiser und seinen Soldaten und Beamten überlassen würden.

Es ist schwer zu sagen, ob die Spiele immer die politischen Ungerechtigkeiten einer Monarchie überdecken konnten. Glaubt man dem römischen Satiriker* Juvenal, hatten die Römer tatsächlich nur noch Lust auf „Brot und Spiele" (= lat. panem et circenses).

M4 Gladiatoren im Kampf, Detail eines Bodenmosaiks einer Villa bei Tusculum/Italien, 3. Jh. n. Chr.
Der Gladiator ist bewaffnet. Bei 26 reinen Tierkämpfen unter Augustus wurden etwa 3500 Tiere afrikanischer Herkunft getötet.

3 Arbeite mithilfe von M3 und M4 Merkmale römischer Gladiatorenkämpfe heraus.

4 Untersuche mithilfe des Darstellungstextes, wie sich der Zweck römischer Spiele verändert hat.

5 Zeige, inwieweit Spiele ein Mittel der Politik der römischen Kaiser waren.

6 Der junge Römer Lucius lehnt es ab, mit seinem Freund zu den Spielen im Amphitheater zu gehen. Spielt ein Gespräch.

Rom – Großstadtleben im Kaiserreich

„Haupt der Welt"

„Ich bin froh, dass ich heute geboren bin!" Dies schrieb zur Zeit des Augustus der römische Dichter Ovid und er lobte die „goldene Stadt" Rom mit ihren Hügeln, wo einst das Weideland für die Rinder lag. In der Kaiserzeit zählte Rom fast eine Million Bewohner. Das waren fünf bis zehn Prozent aller Einwohner des Reiches. Mit Amphitheater, Forum, Bädern und über 46 000 Mietskasernen wurde die Stadt zum Vorbild für viele andere Städte des Imperiums. Zum Beispiel für die berühmte süditalische Stadt Pompeji, die 79 n. Chr. durch einem Vulkanausbruch verschüttet, aber von Archäologen wieder vollständig ausgegraben wurde. Zeitgenossen meinten, frühere Könige hätten über leeres Land und Wehranlagen geherrscht, die Römer aber seien Herren über Städte.

Spätestens seit Augustus sprachen viele von Rom als dem „Haupt der Welt" (= lat. caput orbis). Denn die Stadt war mehr als ein groß gewordenes Dorf, in dem riesige Menschenmassen in engen Mietswohnungen hausten. Hier wirtschafteten Großhändler und Tuchfabrikanten und führten im Palatin, einem vornehmen Stadtviertel, ein luxuriöses Leben. Und hier residierte der Kaiser mit seinen Beamten. Rom war Großstadt und Herrschaftssitz zugleich.

1 Schau dir M1 an und schildere deinen Eindruck von der Stadt Rom. Vergleiche mit deinen Erfahrungen aus einer heutigen Großstadt.

2 Diskutiert über Vor- und Nachteile des Großstadtlebens heute.

M1 **Rom in der Kaiserzeit,** Modell, 1980.
1 – Tiber; 2 – Circus Maximus; 3 – Palatin (Hügel, auf dem kaiserliche Paläste standen); 4 – Wasserleitung; 5 – Colosseum; 6 – Thermen (Bäder); 7 – Forum des Augustus; 8 – Kapitol.

Leben in der Großstadt

M2 Straßenszene in einer römischen Stadt, Foto aus dem Spielfilm „Die letzten Tage von Pompeji", 1960er-Jahre.
Die meisten Einwohner römischer Städte lebten in Mietskasernen (= lat. insulae), die im Untergeschoss Werkstätten und Läden (= lat. tabernae) und darüber Wohnungen hatten. In der Großstadt Rom waren manche Mietshäuser 20 Meter hoch und hatten 6 Geschosse.

M3 Schöner wohnen in Rom?

Der Architekt und Ingenieur Vitruvius (exakte Lebensdaten unbekannt) schrieb zur Zeit des Augustus:

3A Bei der gewaltigen Ausdehnung der Hauptstadt und der unermesslichen Zahl ihrer Bevölkerung besteht die Notwendigkeit unzählige Wohnungen zu beschaffen. Da nun das vorhandene Baugelände bei einer ebenerdigen Bebauung nicht mehr dem Bedarf … genügen kann, zwang die Not dazu, durch Errichtung höherer Gebäude Abhilfe zu schaffen. Da auf diese Weise der Umfang der Stadt durch die vielen Stockwerke sozusagen nach der Höhe hin vervielfacht wurde, verfügt die Bevölkerung Roms ohne irgendwelche Einschränkung über vortreffliche Wohnungen.

Vitruvius, Über die Baukunst, 2, 8, 17. Zit. nach Walter Arend, Geschichte in Quellen, Bd. 1, München (bsv) 1965, S. 595.

Der römische Dichter und Satiriker* Juvenal (um 60–127 n. Chr.) berichtete über das Wohnen in der Stadt:

3B Unser Hausverwalter ist wahrlich erfinderisch. Wenn das Haus einzustürzen droht, übertüncht er die Risse, die sich seit langem gebildet haben, weiß und sagt, jetzt könnten wir beruhigt schlafen. Unterdessen droht dir das Dach über dem Kopf zusammenzustürzen. Leben müsste man dort, wo es keine Gefahr in der Nacht und keine Feuersbrünste gibt.

Zit. nach Freya Stephan-Kühn, Viel Spaß mit den Römern!, 3. Aufl., Würzburg (Arena) 1998, S. 134.

3 Beschreibe das Leben in einer römischen Stadt (M2). Ordne deine Befunde nach Bereichen: Arbeiten, Wohnen, Fortbewegen, Umwelt.

4 Vergleiche mit dem Straßenleben heute.

5 Lies dir M3A durch und erläutere, wie der Autor die Wohnverhältnisse in Rom sieht.

6 Vergleiche die Ansichten in M3A und M3B zum Thema Wohnen. Stelle Vermutungen an, warum sich die Ansichten unterscheiden; achte dabei auf die Berufe der Verfasser.

7 Welche Aussage in M3 hältst du für glaubwürdiger? Begründe deine Meinung.

M4 **Die Villa eines wohlhabenden Senators,** Rekonstruktionszeichnung, 1999

8 Sieh dir M4 an und stelle dir vor, du würdest einem befreundeten Ehepaar dein Haus vorführen. Schreibe eine Szene mit verteilten Rollen.

9 Erläutere ausgehend von M5 die Wohnverhältnisse in einem römischen Handwerkerhaus.

10 Lucia, die Frau eines in Rom lebenden Senators, schreibt ihrer ägyptischen Freundin Hathor: „Liebe Hathor, du fragtest in deinem letzten Brief, wie die Menschen hier in Rom wohnen und ihren Tag verbringen. Das ist eine schwierige Frage …" Schreibe den Brief zu Ende.

M5 **Wohn- und Handwerkerhaus in einem ärmeren Stadtteil,** Rekonstruktionszeichnung, 1999

Arbeit und Berufe

Vom Ansehen der Arbeit

Das Ansehen der Arbeit im Römischen Reich war von den Wertvorstellungen des Adels* geprägt. Danach waren die Tätigkeiten des Politikers, des Kriegers und die selbstständige Arbeit in der Landwirtschaft anerkannt und ehrenhaft. Jede Arbeit, die von Aufträgen und Anweisungen abhing, insbesondere Lohnarbeit, wurde als unwürdig angesehen.

Eine Erklärung für diese Unterscheidung könnte darin liegen, dass der Aufstieg Roms vor allem den Bauernkriegern zu verdanken war. Der Landmann hatte also am Ruhm des „Vaterlandes" besonderen Anteil.

Ebenso galt die Verwaltung von Großgrundbesitz, besonders in der Landwirtschaft, als ehrenhafte Arbeit. Waren doch viele Aristokratenfamilien seit Jahrhunderten Großgrundbesitzer.

Als sich im Laufe der Zeit vor allem in den Städten spezialisierte Handwerksberufe herausbildeten, wandelten sich die Vorstellungen: Wer technisch und künstlerisch hochwertige Produkte wie Schmuck und Kleidung herstellte, konnte auch das Ansehen seines Berufes steigern. Darstellungen von Handwerkern und Produkten auf Grabsteinen zeugen von dieser Absicht mit Blick auf die Aristokraten Handwerks- und Dienstleistungsarbeit als „wertvoll" herauszustellen.

M1

M2 „Als unedel und unsauber gilt ..."

Der römische Schriftsteller und Philosoph Cicero (106–43 v. Chr.) schrieb:

Als unedel und unsauber gilt … der Erwerb aller ungelernten Tagelöhner … Alle Handwerker fallen auch unter diese unsaubere Zunft; was kann schon eine Werkstatt Edles an sich haben? … Am allerwenigsten kann man sich einverstanden erklären mit Berufen, die nur sinnlichen Genüssen dienen: Fischhändler, Fleischer, Köche, Hühnermäster, Fischer … Tänzer und das ganze leicht geschürzte Schauspiel.

Diejenigen Berufszweige aber, die eine tiefere Vorbildung verlangen und höheren Nutzen anstreben wie die Heilkunde, die Baukunst, der Unterricht in den edlen Wissenschaften sind anständig … Der Kleinhandel aber ist zu den unsauberen Geschäften zu rechnen, während der kapitalkräftige Großhandel, der die Verbrauchsgüter aus aller Welt heranschafft und den Massen zugute kommen lässt, nicht ganz zu tadeln ist …

Von allen Erwerbsarten ist die Landwirtschaft die beste, die ergiebigste und angenehmste, die des freien Mannes würdigste.

Cicero, De officiis I. Zit. nach Karl Christ, Die Römer, 3. Aufl., München (Beck) 1994, S. 102.

M3

M4

M5

1 Ordne die Bilder M1 und M3 bis M6 den Bildunterschriften A bis E richtig zu.
2 Begründe deine Zuordnungen, indem du jedes Bild mit dem dargestellten Beruf beschreibst.
3 Arbeite aus M2 heraus, was Cicero über das Ansehen der Berufe im Römischen Reich schreibt.
4 Aus welcher Sicht formuliert Cicero seine Aussagen? Nimm Stellung (siehe Darstellungstext).
5 Erläutere ausgehend von M2 und den Bildunterschriften (rechts), wie wir zu Kenntnissen über Arbeit und Berufe im Römischen Reich gelangen.

Bildunterschriften

A **Schlosserwerkstatt,**
Relief von einem Grabmal in Aquileia

B **Großbäckerei,**
Relief von einem Grabmal in Rom (Ausschnitt)

C **Brothandel,**
Malerei aus Pompeji

D **Gastwirtschaft,**
Relief von einem Grabmal in Trier

E **Kleinhandel,**
Relief eines Ladenschildes in Ostia

M6

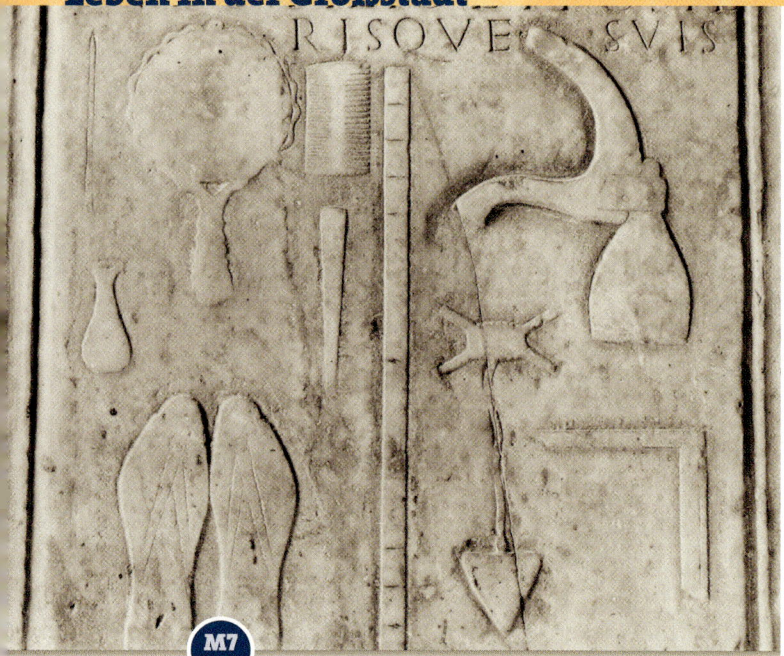

M7 **Grabrelief des P. Ferarius Hermes aus Florenz,** 1./2. Jh. n. Chr. Das Relief ist geteilt: Auf der linken Seite sind Gegenstände wie z. B. ein Parfümfläschchen zu sehen, auf der rechten Seite z. B. ein Dechsel (ein beilähnliches Werkzeug).

M8 Quellen zur Frauenarbeit – Sprache der Männer?

Die Historiker Anita Rieche und Hans J. Schalles schreiben über „Frauen und Berufe" im Römischen Reich (1994):

Ist im … Quellenmaterial der Anteil derjenigen Inschriften, Darstellungen und literarischen Texte schon gering, der über Frauen, zumal Frauen in beruflicher oder gewerblicher Tätigkeit, informiert: Selbstzeugnisse von Frauen fehlen völlig …
Wie sehr sich die Lücken in den Quellen auf unser Bild von der römischen Gesellschaft auswirken, zeigt die Tatsache, dass bei [modernen] Modellen und Rekonstruktionen Frauen bei der Arbeit nur selten zu sehen sind: Wir übernehmen das überlieferte Bild der römischen Gesellschaft.

Anita Rieche/Hans J. Schalles, Arbeit. Handwerk und Berufe in der römischen Stadt, 2. Aufl., Köln (Rheinland-Verlag) 1994, S. 18 f.

M9 **Frau und Mann in einer Metzgerei,** Grabrelief aus Rom, 1./2. Jh. n. Chr. Die Frau führt vermutlich die Bücher des Geschäfts.

Frauenberufe in Rom

Verheiratete freie Frauen werden auf Grabinschriften erwähnt, meist aber nur in ihrer Rolle als Gattinnen. Von Freigelassenen und Sklavinnen wissen wir, dass sie als Kellnerinnen, Buchhalterinnen und Hausangestellte, Bibliothekarinnen und Vorleserinnen arbeiteten; ebenso waren sie in gesellschaftlich geächteten Bereichen tätig: als Flötenspielerin, Wirtin, Tänzerin, Schauspielerin, Prostituierte.
Zahlreich sind Frauen im Gesundheits- und Bildungswesen zu finden: Hebammen, Ärztinnen, Erzieherinnen von Kleinkindern. Für den Handwerksbereich liegen Belege nur für Weberinnen vor. Keine Belege gibt es für Frauenarbeit in der Holz-, Metall-, Ton- und Lederverarbeitung.
Die Geschäftsfrau Eumachia aus Pompeji finanzierte und gestaltete in ihrem eigenen und im Namen ihres Sohnes ein Gebäude, die Wollbörse.

6 Beschreibe die Gegenstände in den beiden Hälften des Grabreliefs M7. Was kannst du daraus über die Arbeit von Männern und Frauen im Römischen Reich ablesen?

7 Sieh dir Bild M9 an und vergleiche mit deinen Ergebnissen aus Aufgabe 6.

8 Erläutere anhand von M8 den Begriff „Selbstzeugnis".

9 Überlege, warum es schwierig ist, sicheres Wissen über das Arbeitsleben römischer Frauen zu erlangen. Prüfe deine Antwort an M7 und M9.

Frauen im römischen Arbeitsleben

Wer sich mit der Rolle von Frauen in der römischen Arbeitswelt beschäftigt, muss sich bewusst sein, dass eine Sache grundlegend anders war als heute: Arbeit außerhalb des Hauses galt für freie, ehrbare Römerinnen als „unstatthaft". Das Ideal war die Frau als Hausfrau und „Herrin des Hauses". Ebenso wenig gab es eine „Frauenbewegung". Die Möglichkeiten der Römerin zum sozialen Aufstieg waren immer an ihre Geburt und ihre Familie geknüpft. Dabei waren ihre Chancen immer geringer als die des Mannes, ihre Rolle stets vom Bild der Ehefrau und Mutter bestimmt.
Als „Herrin des Hauses" hatte die Römerin allerdings eine freiere Stellung als die Griechin. Sie durfte im vorderen Teil des Hauses verweilen und öffentliche Feste, Theater, Thermen und Spiele besuchen.
Mit der Kaiserzeit verbesserte sich ihre rechtliche Stellung: Die freie Römerin konnte jetzt selbst entscheiden, wen sie heiratete, und sie war bei Erb- und Scheidungsangelegenheiten besser geschützt. Das hatte auch Auswirkungen auf die Berufs- und Arbeitswelt, in der Frauen vor allem in den Städten eine größere Rolle spielten als noch in der Republik.

M10 **Römische Sklavin frisiert eine römische Bürgerin,** Relief aus Neumagen/Mosel, 1. Jh. n. Chr.

M11 **Frau mit Schreibtafel und Griffel,** Wandbild aus Pompeji, 1. Jh. n. Chr.

10 Partnerarbeit: Informiert euch mithilfe des Faktenkastens und M9 bis M11 über Berufstätigkeiten römischer Frauen. Legt eine Berufeliste an.

11 Lest euch den Darstellungstext durch und arbeitet grundlegende Unterschiede zwischen der Frauenarbeit im Römischen Reich und heute heraus.

Berufe im Wandel – eine Gruppenarbeit

Bäcker, Metzger, Maurer und andere Berufe gab es nicht nur bei den Römern, sondern gibt es auch heute noch. Darüber hinaus haben sich bei uns Berufe herausgebildet, die damals noch nicht existierten.

a) Teilt euch in kleine Gruppen ein und sammelt Material zu heutigen Berufen:
- Schneidet aus Zeitungen und Zeitschriften Stellenanzeigen und Stellengesuche aus.
- Sucht Zeitungsartikel und -bilder über Berufe.
- Fragt beim Berufsinformationszentrum (Arbeitsamt) nach Broschüren über verschiedene Berufe.

b) Tragt euer Material zusammen und sortiert es.

c) Legt auf einem großen Bogen Papier eine Berufeliste mit zwei breiten Spalten an: alte Berufe – neue Berufe. Unterscheidet in jeder Spalte, ob diese Berufe nur von Männern, nur von Frauen oder von beiden ausgeführt wurden bzw. werden. Bebildert eure Liste und hängt sie auf.

d) Diskutiert eure Ergebnisse in der Klasse.

M1 **Aquäduktbrücke** in einer römischen Stadt (Segovia/Spanien), 1. Jh. n. Chr., Foto, um 1980. Das Wasser kam aus einer 16 km entfernten Quelle und floss durch einen mit Steinplatten abgedeckten Kanal auf dem obersten Brückenbogen.

Römische Wasserbaukunst – zum Wohle aller?

Wasserversorgung bei den Römern

Die Versorgung mit Wasser war für die Bewohner römischer Städte eine der wichtigsten Aufgaben. Zwei Dinge galt es zu beachten: Wasser musste in ausreichender Menge herbeigeschafft und dann als Trink-, Brauch- und Löschwasser gerecht unter die Leute verteilt werden. Relativ einfach war es, Wasser aus nahe gelegenen Flüssen zu entnehmen oder Brunnen anzulegen. Um die Menschen in den ständig wachsenden Städten zu versorgen reichten diese Möglichkeiten jedoch nicht aus. Daher musste Wasser aus Quellflüssen nahe gelegener Gebirge in die Stadt transportiert werden. Die Römer bewältigten diese Anforderung mit dem Bau spezieller Fernwasserleitungen, den Aquädukten. Dabei galt es, Täler, Flussläufe und Senken zu überbrücken und zu diesem Zweck gigantische, brückenartige Bauwerke zu konstruieren.
Aquädukte gelten auch heute noch als eine der größten technischen Leistungen römischer Ingenieurskunst. Die meisten Fernwasserleitungen gab es in der Umgegend von Rom: 11 Stück mit einer Länge zwischen 17 und 91 Kilometern. Das Wasser aus den Fernleitungen wurde zunächst zu höher gelegenen Sammelstellen in Stadtnähe geführt und dann über unterirdische Blei- und Tonrohre weitergeleitet.
Knapp die Hälfte der Hauptstadtbewohner verfügte über einen Wasseranschluss im Haus. In Mietskasernen jedoch, wo sehr viele römische Familien lebten, war er sehr selten. Ein eigener Hausanschluss musste zur Zeit der Republik bei den Ädilen* oder Censoren* beantragt werden, in der Kaiserzeit bei der kaiserlichen Verwaltung. Genehmigungen erhielten aber meist nur Angehörige der Oberschicht, z. B. Senatoren und Ritter. Außerdem hatte ein Privatmann ohne Vermögen kaum die Chance einen Wasseranschluss zu erhalten. Der Grund: Die Zuleitungen von den Verteilerstellen zum Haus waren selbst zu zahlen.
Wer Wasser verschmutzte, musste übrigens mit hohen Geldstrafen rechnen.

1 Erläutere mithilfe von M1 die Anlage und Funktion eines Aquäduktes.
2 Ein römischer Wasserbaumeister erhält den Auftrag für die Stadt Nîmes eine Fernwasserleitung aus den 20 km entfernt liegenden Bergen zu bauen. Welche technischen Aufgaben muss er meistern? Siehe M1 und den Darstellungstext.

M2 **Wasserzuleitung und Abwasserkanal** in einer römischen Stadt, Rekonstruktionszeichnung, 1985

M3 „Wo geht's hier zur Latrine?“

Der Historiker Helmuth Schneider schreibt (1985):

Da die Mietskasernen nicht an die Schwemmkanalisation angeschlossen waren, gab es in den Wohnungen der Armen keine Toiletten; … üblicherweise wurde der Topf nachts aus dem Fenster entleert, die Fußgänger mussten sehen, dass sie von den Fäkalien nicht beschmutzt wurden … Tagsüber konnte die Bevölkerung auch die mit der cloaca [Abwasserkanal] verbundenen öffentlichen Latrinen [Toiletten] benutzen, die mehrere Sitze nebeneinander aufwiesen; es gab keine Trennwände.

Helmuth Schneider, Cloaca Maxima, in: Journal für Geschichte, Weinheim (Beltz) Juli/August 1985, S. 17.

3 Beschreibe mithilfe von M2 bis M4, wie die Römer in ihren Städten Abwasserprobleme lösten.

4 Nimm Stellung zu der Behauptung: „Rom war eine sehr saubere Stadt, in der jedes Haus einen eigenen Wasseranschluss hatte.“

5 Sammelt Informationen über die Wasserversorgung in eurem Wohnort und wertet sie aus (Anfragen bei Gemeindeverwaltungen oder Stadtwerken).

6 Nimm zu M5 Stellung. Nenne aktuelle Beispiele.

M4 **Öffentliche Toilette** in einer römischen Stadt (Vaison-la-Romaine/Südfrankreich), 2. Jh. n. Chr.

M5 **Ein Urteil zur römischen Ingenieurskunst.** Die Äußerung der Comicfigur Asterix, der im von Römern besetzten Gallien lebt, könnte es tatsächlich gegeben haben.

Das römische Weltreich – Frieden nach Art der Römer

M1 **Kaiserzeitliches Relief,** um 100 n. Chr. Das Relief wurde an einem Triumphbogen angebracht, den die Römer 315 n. Chr. in Rom zu Ehren Kaiser Konstantins (306–337 n. Chr.) errichteten.

M2 Die Welt zum Frieden zwingen?

Rom im Jahr 320 n. Chr. Antonia, aus der Provinz Gallien, und ihr Freund Flavius – zwei erfundene Figuren – spazieren durch die Stadt. Vor dem Konstantinsbogen bleiben sie stehen und schauen sich das große Relief an (M1). Flavius' Familie lebt seit Generationen in Rom und schon oft hat er mit seinem Großvater hier gestanden und über die Szene am Relief gesprochen:

„Schau, Antonia, in der Mitte siehst du einen der Kaiser", erklärt Flavius.
„Ist das Konstantin?", fragt Antonia.
„Nein. An diesem Triumphbogen haben die Baumeister auch Reliefs aus alten Zeiten angebracht. Das hier ist zweihundert Jahre alt und zeigt entweder Kaiser Traian oder Domitian." Flavius fährt fort:
„Den Kaiser begleiten Feldzeichenträger. Sieh, wie der Kaiser auf seinem Ross in die Gruppe der ‚Barbaren' einfällt! Die armen Kerle sind wahrscheinlich Daker."
„Der eine da fällt auf die Knie", ergänzt Antonia.
„Ja, er will sich dem Kaiser unterwerfen."
„Freiwillig?!", ruft Antonia entsetzt.
„Siehst du rechts im Hintergrund, wie römische Soldaten abgeschlagene Köpfe des Gegners hochhalten, als Trophäen für den Kaiser? Der Daker wusste, warum er auf die Knie fiel. Denn so konnte er zumindest auf die Milde, die ‚clementia', des Imperators hoffen. Es war bekannt, dass die Imperatoren der Kaiserzeit den Widerstand der Feinde – der ‚Stolzen', wie unser Gott Jupiter sagt – grausam brachen. Aber es war auch bekannt, dass sie die schonten, die sich unterwarfen."
„Und die Unterworfenen fanden das alle ganz toll …", mokiert sich Antonia und denkt daran, dass Gallien, ihre Heimat, einst von den Römern erobert wurde.
„Das weiß ich nicht", erwidert Flavius, „aber du musst zugeben: Nachdem Kaiser Augustus die Eroberungen fast ganz beendet hatte, haben wir in unserem Reich fast keine Kriege mehr erlebt."
„Frieden ja, aber im römischen Sinne", erwidert Antonia. „Mir leuchtet das immer noch nicht ganz ein: die Welt beherrschen, Nichtrömern mit grausamen Taten drohen und das Ganze Friedensherrschaft nennen?"
Verfassertext

1 Erläutere mithilfe von M1 und M2, wie die Römer im Weltreich der Kaiserzeit ihre Herrschaft ausübten.
2 Diskutiert über den letzten Satz von Antonia. Formuliert eine eigene Stellungnahme.

Das Römische Reich vom 1. bis 3. Jahrhundert n. Chr.

Ziele römischer Herrscher in der Kaiserzeit

Nach den gewaltigen Eroberungen in der Zeit der Republik und nach dem Tode von Augustus weiteten die Kaiser das Reich nur noch an wenigen Stellen aus. Das Ziel im Norden die Reichsgrenze vom Rhein an die Elbe vorzuschieben mussten sie bald aufgeben: Ein aufständisches germanisches Heer unter dem Cherusker Arminius besiegte die Römer in der Schlacht im Teutoburger Wald 9 n. Chr.

Im 2. Jahrhundert n. Chr., als die größte Ausdehnung erreicht war, lebten 50 bis 60 Millionen Menschen in fast 40 Provinzen.

Was Augustus begonnen hatte, wurde für zwei Jahrhunderte Ziel römischer Herrschaft: aus den vielen eroberten Gebieten ein zusammenhängendes Reich zu schaffen und die 16 000 km langen Grenzen zu sichern. Die Kaiser sahen sich im Gefolge von Augustus nicht nur als Eroberer, sondern immer auch als Hüter des Friedens. Eintracht im Inneren und Frieden nach außen – dieses Ziel wurde unter den Schutz der Göttin Pax, der Friedensgöttin, gestellt.

212 n. Chr. war das Reich so weit zusammengewachsen, dass alle freien Männer das römische Bürgerrecht* erhielten.

... und wie die Ziele durchgesetzt wurden

1. Die nichtrömischen Bürger in den Provinzen bekamen im 1. und 2. Jahrhundert n. Chr. mehr Rechte. Nichtrömische Soldaten zum Beispiel, die als Hilfstruppen dienten, erhielten nach ihrem Ausscheiden aus dem Heeresdienst das volle Bürgerrecht.
2. Die Kaiser förderten die Städte. Vorhandene Städte wurden ausgebaut, andere neu gegründet und die Ämter in Anlehnung an Rom organisiert. Die Kaiser sorgten dafür, dass die Reichen aus der örtlichen Regierung die Vorzüge römischer Lebensart genießen konnten. Aber auch die Massen kamen nicht zu kurz: Wie in Rom wurden überall Amphitheater, Thermen, Tempel, Theater und Wasserleitungen gebaut.
3. Die Kaiser stärkten den Austausch zwischen Provinzen und Städten durch Ausbau des Straßennetzes.

3 Beschreibe anhand von M3 die Ausdehnung des Römerreiches vom 1. bis 3. Jahrhundert n. Chr.

4 Erarbeite mithilfe der Darstellungstexte Ziele der römischen Herrschaft in der Kaiserzeit.

5 Beurteile die folgende Aussage: „Die römischen Kaiser sahen sich nur als Feldherren und Eroberer. Ihre Ziele setzten sie mithilfe der Bauern durch."

Roms Legionen – Basis der Weltherrschaft

Eine der größten Aufgaben in der Kaiserzeit war die Sicherung der 16 000 Kilometer langen Grenze. Diese Aufgabe übernahm eine große Armee, die in den Grenzprovinzen stationiert war. Die Armee setzte sich aus Legionen mit je 6000 Mann zusammen. Jede Legion bestand aus 10 Kohorten. Im 2. Jahrhundert n. Chr. standen rund 250 000 Mann unter Waffen. Legionäre waren römische Bürger. Unterstützt wurden sie von Hilfstruppen, die sich aus nichtrömischen Bewohnern der Provinzen zusammensetzten. In der Kaiserzeit wurde die Armee zu einem Berufsheer* mit fest besoldeten und sozial abgesicherten Soldaten umgebildet. Nach innen wie nach außen war sie die Grundlage römischer Macht und das wirksamste Mittel um die römische Friedensordnung durchzusetzen.
Die Legionen waren in der Nähe der Grenzen stationiert. Zwar mussten die Grenzregionen die Lasten der Truppenversorgung tragen. Aber mit ihrer Kaufkraft* und ihrem technischen Wissen war die Armee auch ein positiver Wirtschaftsfaktor.

1 Wurflanzen
2 Helm
3 Kurzschwert
4 Schild
5 Feldflasche
6 Korb
7 Zeltplane
8 Getreidevorrat
9 Spaten
10 Spitzhacke
11 „Tornister“ mit Löffel, Sichel, Topf, Säge und Kettengliedern

Römische Legionäre – nicht nur Soldaten

Das Leben der Legionäre war nicht immer von Kampf und Krieg bestimmt. Sie mussten ihre Festungsanlagen, Kasernen, Straßen und Kanäle selbst anlegen und auch Äcker in der Nähe des Lagers bewirtschaften. Soldaten mit speziellen Kenntnissen waren von den allgemeinen Dienstpflichten befreit: Feldvermesser, Architekten, Tierärzte, Schiffbauer, Wagenbauer, Schwertschmiede, Trompetenbauer, Bogenmacher, Bleigießer, Metzger, Jäger, Buchführer. Die Dienstzeit in der Legion dauerte 20 Jahre, bei den Hilfstruppen 25 Jahre. Nach ihrer Dienstzeit ließen sich die altgedienten Soldaten (Veteranen) mit ihren Familien zumeist in Siedlungen nieder, die in der Nähe der Festungen entstanden waren, zum Beispiel in Bonna (Bonn), Mogontiacum (Mainz), Novaesium (Neuss). Dort lebten sie als angesehene und bevorrechtigte Bürger.

6 Erläutere den Aufbau der römischen Armee und deren Rolle bei der Sicherung der Macht.

7 Stell dir vor, eine Legion soll nach Köln verlegt werden. Erörtere Vor- und Nachteile aus der Sicht von Kölner Bürgerinnen und Bürgern.

8 Nach dem berühmten Heerführer Marius (157–86 v. Chr.) wurden die Legionäre „Muli Mariani“, also „Maultiere des Marius“, genannt. Erkläre diese Bezeichnung mithilfe von M4.

9 Ein Veteran aus der Provinzstadt Bonn berichtet von seiner Armeezeit. Schreibe eine Erzählung.

M4 Römischer Legionär mit Marschgepäck, Rekonstruktionszeichnung, 1992. Das Gepäck bestand unter anderem aus Grundnahrungsmitteln, die für 1 bis 3 Tage reichen mussten. Das Gepäck wog etwa 48 kg.

Lesetipp

CD-ROM: Römer und Germanen. Ein Museum wird eingerichtet, freies historiker büro (Hg.), Berlin (Cornelsen) 2000.
Die CD-ROM informiert auf spannende Weise über das Zuammenleben von Römern und Germanen.

M5 Leben am Limes im 2. Jahrhundert n. Chr.

Der Limes – Grenze für den Frieden?

Nach der Niederlage gegen die Germanen 9 n. Chr. beschränkten sich die Römer im Norden im Wesentlichen darauf, das Eroberte zu halten. Rhein und Donau bildeten einfach zu sichernde Grenzen gegen die Germanen. Das Landstück zwischen Rhein und Donau jedoch war nicht so leicht zu verteidigen. Daher errichteten die Römer hier gegen Ende des 1. Jahrhunderts n. Chr. eine besondere Grenze: den Limes. Anfangs bestand der Limes nur aus einem Flechtwerkzaun, kleinen Erdbefestigungen und hölzernen Signaltürmen, die in bestimmten Abständen aufeinander folgten. Im Laufe des 2. Jahrhunderts wurde er stärker befestigt. Handel und Verkehr hat der Limes in keiner Weise behindert. Im Gegenteil: Der durch die Grenzsicherung erreichte Friede beförderte einen regen Warenaustausch und ein im Großen und Ganzen friedliches Leben an der Grenze zu Germanien. Erst 260 n. Chr. wurde der Limes von den Germanen überrannt.

M6 **Der obergermanische Limes (links) und der rätische Limes (rechts) um 200 n. Chr.,** Rekonstruktionszeichnung, 1992

10 Beschreibe anhand von M6 die verschiedenen Bauformen des Limes.

11 Erläutere mithilfe der Karte M5 und des Darstellungstextes die Lage und die Aufgabe des Limes.

12 Der Legionär Julius lebt in einem Militärlager am Limes. Sein Freund Titus aus Rom fragt in einem Brief: „Stimmt es, lieber Julius, dass ihr durch den Limes komplett von den Germanen abgeriegelt seid?" – Überlege dir weitere Fragen und schreibe einen Antwortbrief (siehe M5, M6 und Darstellungstext).

Köln – römische Provinzstadt in Germanien

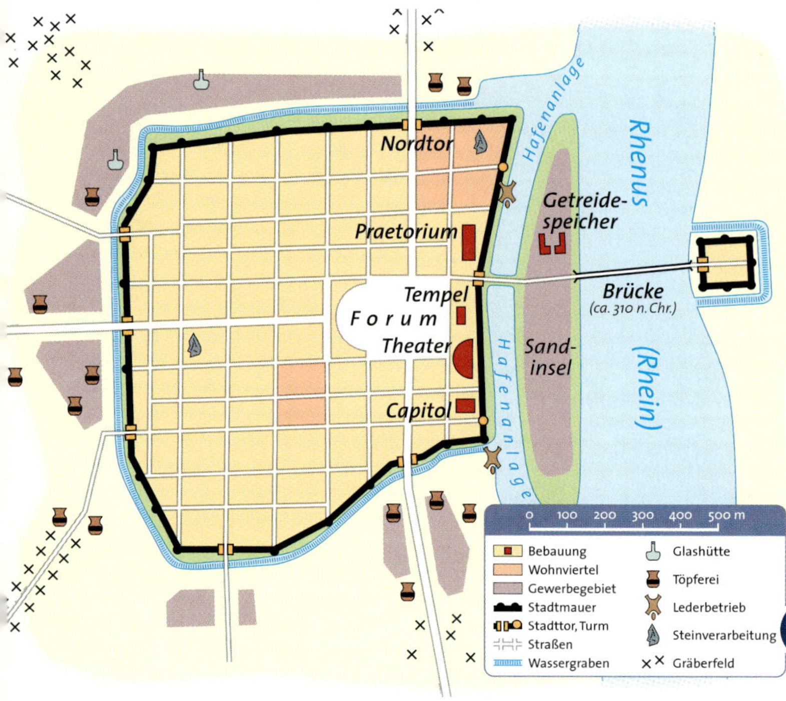

M1 **Das römische Köln** mit umliegenden Gewerbebetrieben, Anfang 4. Jh. n. Chr.

Provinzstädte: Zentren römischen Lebens

In ihrem Weltreich haben die Römer über 1000 Städte gegründet und Verwaltungen aufgebaut um von dort aus ihre Herrschaft auszuüben. Städte entwickelten sie in der Nähe von Militärstandorten oder aus kleinen Siedlungen eroberter Stämme, die meist an Handels- oder Verkehrsknotenpunkten lagen – im Rheinland zum Beispiel in Köln, Xanten und Trier. Äußerlich wurde jede Stadt in der Provinz zu einem Abbild Roms. Auch die Verwaltung ähnelte derjenigen Roms: An der Spitze standen zwei oberste Beamte (= lat. duumviri), die für ein Jahr gewählt wurden. Die Mitglieder des Stadtrats (= lat. decuriones) wurden auf Lebenszeit gewählt.
In vielen Bereichen gestanden die Kaiser den Provinzstädten eine Selbstverwaltung zu. Steuern ließen sie jedoch nur von ihren kaiserlichen Beamten eintreiben. Weit außerhalb der Städte gab es überall römische Gutshöfe (= lat. villae rusticae), die wie in Italien mit Bädern, Malereien und Mosaiken ausgestattet waren.

M2 Römischer Städtebau – das Beispiel Köln

38 v. Chr. siedelte Agrippa, ein Freund des Augustus, am linken Rheinufer unterworfene germanische Ubier an. 50 n. Chr. wurde der Ort von Agrippina, der Frau des damaligen Kaisers Claudius, zur römischen Kolonie erhoben, der „Colonia Claudia Ara Agrippinensium“ (CCAA). Die Kölner Journalistin Ute Kaltwasser schreibt 1977 auf der Basis historischer Quellen eine Erzählung über den römischen „Umbau“:

War das ein Durcheinander. Floscus, der Ubier, stöhnte: „Was zu viel ist, ist zu viel. Dauernd gibt es neue Anordnungen und Befehle. Als wären wir nur Handlanger. Nichts machen wir diesen Römern ordentlich genug. Rom ist auch nicht an einem Tag gebaut worden. Warum muss Köln von heute auf morgen schlüsselfertig sein? Da kommt der römische Feldherr Agrippa, ruft seine Bauspezialisten zusammen, so eine Art Gründungsausschuss, und lässt sie planen.“
Tagelang, wochenlang waren römische Militärs damit beschäftigt gewesen, dem ubischen Gemeinderat zu erklären, wie die neue Hauptstadt aussehen sollte. Zunächst ließ Agrippa aus Rom kaiserliche Inspektoren und Landvermesser kommen, die den zentral gelegenen Bauplatz für die Stadtanlage vermessen und abstecken mussten. Sie orientierten sich dabei an dem jahrtausendealten Naturweg, der am Rhein entlang von Bonn nach Neuss führte. Erst danach wurde das Straßennetz, wurden die Plätze für Tempel und Bauten festgelegt, wurden Holzhütten und Fachwerkhäuser gebaut. Schließlich erhielt die Stadt noch einen Schutzwall aus Holz und Lehm.
Das alles ging nicht von heute auf morgen. Es dauerte wohl zwei Generationen.

Ute Kaltwasser, Die Kölner in der Römerzeit, Köln (Greven) 1977, S. 7 u. 10. Gekürzt und bearb. v. Verf.

1 Schildere ausgehend von M2 Gründung und Aufbau einer römischen Provinzstadt (lies auch den Darstellungstext). Vergleiche mit Rom (siehe S. 169).

2 Sieh dir Karte M1 an und arbeite heraus, was du über das Leben im römischen Köln erfahren kannst. Ordne deine Befunde nach Bereichen: Wirtschaft, Politik, Kultur und Religion.

DIE CCAA – GOLDENER BODEN FÜR IHR HANDWERK

Rom sind wir nicht – aber ...

Wo liegt die CCAA?
Unsere Stadt liegt verkehrsgünstig am Ufer des Rheins und hat einen leistungsfähigen Hafen. Gut ausgebaute Straßen verbinden die Stadt mit anderen städtischen Siedlungen in Untergermanien.

Welche Handwerke werden gesucht?
Töpfereien, Metallgießereien, Schmieden, Glasbläsereien, Gerbereien. Grundstücke können wir am Rhein und am Duffesbach zur Verfügung stellen.
Unsere Gewerbegebiete liegen stadtnah.

... leben und arbeiten können Sie in unserer Provinzhauptstadt wie in Rom

Energie und Rohstoffe?
Kein Problem. Die Wasserversorgung für Ihren Betrieb ist durch das Fluss- und Bachwasser gesichert. Trinkwasser führen wir über einen 50 Meilen langen Aquädukt aus der Eifel heran. Rohstoffe für die Betriebe – Quarzsand, Ton, Kalk – werden mit Schiffen auf dem Rhein oder über die Landstraßen transportiert.

Was gibt es sonst noch in der CCAA?
Leben wie in Rom! Forum, Arena, Theater, Thermen, der Jupitertempel auf dem Kapitolshügel, der Marstempel, das Prätorium (die Residenz des Statthalters) gehören zu den wichtigsten Einrichtungen. Einkaufsstraßen, viele überdacht, und Geschäfte mit Waren aus dem ganzen Reich machen hier, wo Römer und Ubier friedlich zusammenleben, das Leben angenehm.

Viele Gründe sich bei uns niederzulassen!
Amt für Gewerbeansiedlungen der CCAA
Niedergermanien

M3 **Werbung für die „Colonia Claudia Ara Agrippinensium" (CCAA).** Stellen wir uns vor, es hätte vor etwa 2000 Jahren schon Werbeprospekte gegeben – vielleicht hätte ein Prospekt für Handwerker ja wie M3 ausgesehen (Verfassertext).

Urbanisierung

Urbanisierung (von lat. urbs = die Stadt) bezeichnet in der Antike den Vorgang der Städtegründungen und der Verbreitung städtischer Lebensweisen (Verwaltungseinrichtungen, gepflasterte Straßen, Wasserleitungen, Feuerwehr, Thermen, Theater, Spiele usw.). Städte gab es schon in Ägypten, Mesopotamien und Griechenland. Neu waren bei den Römer die große Zahl der Stadtgründungen, das systematische Vorgehen sowie der technisch hohe Stand der Baukunst.

3 Stelle mithilfe von M3 zusammen, was dir am römischen Köln „modern" erscheint.
4 Eine Ubierin und ein Ubier, die im römischen Köln leben, erzählen ihren Verwandten auf dem Lande über das „neue Köln". Erfinde ein Gespräch.
5 Erläutere mithilfe des Begriffskastens und Beispielen aus dem römischen Köln „Urbanisierung".

Statuettengruppe „made in" CCAA, 2. Jh. n. Chr. M4
Töpfer Fabricius stempelte seine Produkte:
CCAA IPSE FABRICIUS F(ECIT) – Fabricius hat die Figur selbst in Köln hergestellt.

Eine Exkursion durchführen

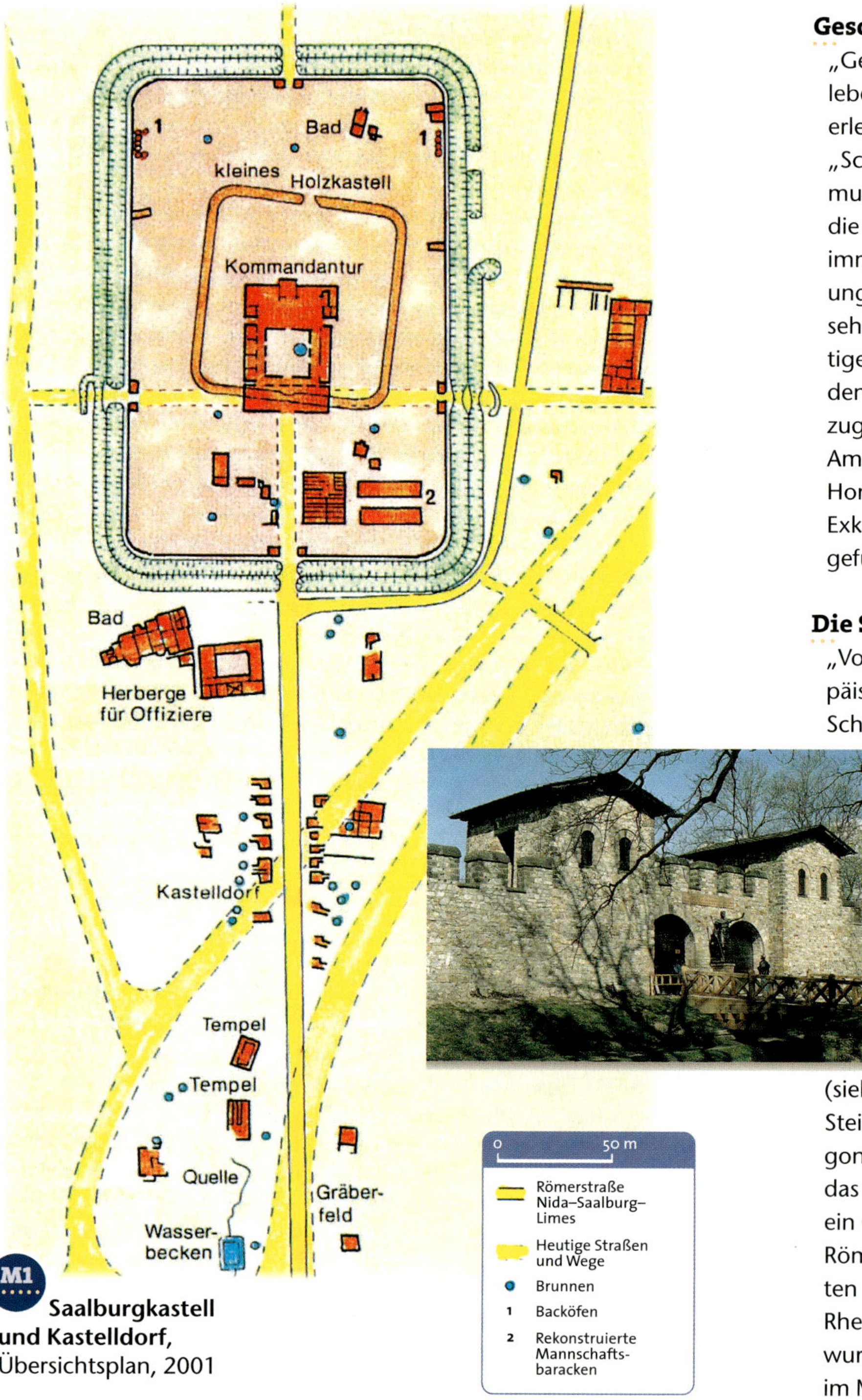

M1
Saalburgkastell und Kastelldorf, Übersichtsplan, 2001

Geschichte erleben „vor Ort"

„Geschichte" wird anschaulich und lebendig, wenn man sie „vor Ort" erlebt. Aber eine Reise, die an den „Schauplatz" der Geschichte führt, muss gut vorbereitet werden, denn die Zeit für eine Besichtigung ist immer begrenzt. Und wer nicht ungefähr weiß, was es vor Ort zu sehen gibt, der läuft Gefahr an wichtigen und interessanten Gegenständen und Gebäuden achtlos vorüberzugehen.
Am Beispiel der Saalburg bei Bad Homburg könnt ihr lernen, wie eine Exkursion vorbereitet und durchgeführt werden kann.

Die Saalburg – ein Beispiel

„Vom Grenzposten Roms zum europäischen Museum": Mit dieser Schlagzeile warb das Saalburg-Museum zum 100-jährigen Jubiläum im Jahre 1997. Den Wiederaufbau der Kastellruinen – die um 1800 als Steinbruch genutzt wurden – beauftragte im Jahre 1897 Kaiser Wilhelm II., um die Funde in einem Museum vor Plünderern zu schützen. Die Saalburg war Teil des römischen Limes (siehe S. 181). Mit dem Bau des Steinkastells wurde 135 n. Chr. begonnen. Fast 100 Jahre lang waren das Kastell und das zugehörige Dorf ein Ort der Begegnung zwischen Römern und Germanen. Dann mussten die Römer ihre Grenze an den Rhein zurückverlegen. Die Saalburg wurde zerstört. Heute befinden sich im Museum Funde aus einem weiten Umkreis. Die Saalburg bietet die besten Möglichkeiten der römischen Geschichte vor Ort auf die Spur zu kommen.

„Abenteuer Archäologie“: M2
Ein museumpädagogisches Programm bringt Erwachsenen und Schülern interessante Themen näher, Foto, 2001.

Arbeitsschritte **Eine Exkursion durchführen**

1. Schritt: Informationen besorgen
Beschafft euch zunächst Übersichtspläne und Informationsmaterial von der Museumsverwaltung:
Saalburg-Museum • Saalburgkastell
61350 Bad Homburg v. d. H.
Telefon (0 61 75) 93 74-10 (Zentrale)
Internet-Adresse:
www.Saalburgmuseum.de/home.htm

2. Schritt: Organisation
Klärt, welcher Termin infrage kommt und ermittelt Fahrzeiten und Fahrpreise der günstigsten Verkehrsmittel.
Stellt vor der endgültigen Entscheidung fest, was die Fahrt wohl insgesamt kosten wird.

3. Schritt: Themen in der Schule vorbereiten
Sichtet das Informationsmaterial, entscheidet über die Arbeitsschwerpunkte, teilt euch in Gruppen ein. Jede Gruppe bereitet ein Teilthema vor und bearbeitet es im Museumspark.
Formuliert Einzelfragen, die ihr bearbeiten wollt. Bleibt aber auch offen für Unbekanntes.

4. Schritt: Orientierung und Entdeckungen im Museum
Verschafft euch vor Ort gemeinsam bei einem Rundgang einen ersten Überblick. Die einzelnen Gruppen können als Experten schon Informationen geben.
Anschließend gehen die Gruppen an die Arbeit: Notizen, Skizzen, Fotos (Video?) anfertigen.

5. Schritt: Befunde auswerten und dokumentieren
Wertet eure Arbeitsergebnisse in der Schule aus. Jede Gruppe berichtet. Entscheidet, wie ihr eure Ergebnisse dokumentieren wollt. Einige Anregungen:
- ein Exkursionsbuch anlegen,
- eine Wandzeitung erstellen,
- Spielszenen/Hörspiel produzieren,
- eine Reportage für die Schülerzeitung erstellen.

Beispiele für Einzelthemen
- Anlage, Entwicklung des Saalburgkastells
- Ausgrabungs- und Rekonstruktionstechniken
- Alltag
- Religion, Tempel
- Berufe
- Wohnhauser
- Gewerbe, Backöfen
- Freizeit
- Schule
- Spiele
- Rekonstruierte Mannschaftsbaracken

Überlegt euch mithilfe der Informationsmaterialien weitere Themen, die ihr bearbeiten könnt.

Wirtschaften im römischen Rheinland

M1 **Römischer Gutshof im Rheinland aus dem 4. Jh. n. Chr., Rekonstruktionszeichnung, 1999.**
1 – Wohnhaus für Gesinde;
2 – Herrenhaus mit Fußbodenheizung, Warmbad, Abort mit Wasserspülung;
3 – Trockenspeicher; 4 – große Scheune; 5 – offener Schuppen;
6 – Getreidespeicher;
7 – Pferdestall; 8 – Schafstall;
9 – Schweinestall;
10 – Kuhstall; 11 – Keller.

M2 Römischer Gutshof in Kreuznach – Chronik einer Entdeckung

In Bad Kreuznach sind heute Reste vom Herrenhaus eines römischen Gutshofes aus dem 2./3. Jh. n. Chr. zu besichtigen. In einer Broschüre des Museums finden sich Informationen zur Geschichte seiner Entdeckung:

1772 Entdeckung eines alten Römerbaus mit großen Säulen, Wasserleitungen, Römermünzen.
1893 Bei Ausschachtungsarbeiten zur Errichtung eines Wohnhauses wird ein 59 m² großer Mosaikboden mit Gladiatorenszenen entdeckt und im folgenden Jahr systematisch freigelegt.
1930er-Jahre Kleinere Funde bei Bauarbeiten.
1952–1965 Unsystematische Notgrabungen anlässlich der Bebauung angrenzender Straßenzüge.
1966 Beim Ziehen eines Kabelgrabens wird in 1 m Tiefe ein 8 x 8 Meter großes Mosaik mit Meeresszenen entdeckt und systematisch freigelegt.
1967–1974 Kleinere Funde bei Bauarbeiten.
1975–1980 Groß angelegte Forschungsgrabung: Freilegung aller noch nicht überbauten Teile des Herrenhauses und einer separaten Badeanlage; Verlegung aller Funde in eine Museumshalle; Bau eines Modells des Herrenhauses im Maßstab 1:100.

Zusammengestellt nach unpublizierten Informationsblättern der Römerhalle der Stadt Bad Kreuznach, 1990er-Jahre.

Landwirtschaft – Basis römischer Wirtschaft?

Im Römerreich arbeiteten 70 bis 80 Prozent der Einwohner, so schätzen Wissenschaftler, in der Landwirtschaft. Produziert wurden vor allem Getreide (Weizen und Gerste), Wein und Oliven. Wein war das wichtigste Getränk der Römer. Oliven dienten als Tafelfrüchte, Speiseöl, Körperöl und Brennstoff für Lampen. Mit Getreide, Wein und Oliven konnte man viel Geld verdienen – jedoch nur, wenn man einen großen Gutshof mit Plantagen besaß und ein Großgrundbesitzer war wie die Ritter und Senatoren in Rom oder Angehörige der Oberschicht in den Provinzstädten. Für die vielen Sklaven war die Landarbeit ein hartes Los.
In der Provinz Niedergermanien hatten die Römer in weiten Teilen schon eine entwickelte, ertragreiche Landwirtschaft vorgefunden. Unter dem Feldherrn Agrippa (64–12 v. Chr.) wurden die Ländereien vermessen und neu aufgeteilt. Im Rheinland gab es vor allem Kleingüter, die durch Ansiedlung von Veteranen unter Caesar und Augustus stark vermehrt wurden. Grabungsfunde von Back- und Räucheröfen, Mühlen, Webstühlen und Schmieden zeigen, dass der römische Gutshof (= lat. villa rustica) im Rheinland trotz mancher Spezialisierung ein „ganzheitlicher" Wirtschaftsbetrieb war.

1 Beschreibe anhand von M1 einen römischen Gutshof.
2 Finde mithilfe von M1 und M2 heraus, woher wir Kenntnisse über die römische Landwirtschaft gewinnen. Welche Probleme gibt es?
3 Erläutere mithilfe des Darstellungstextes die Bedeutung der Landwirtschaft für die römische Wirtschaft.
4 „Leben auf dem römischen Gutshof war ein Leben im Luxus." Nimm Stellung.

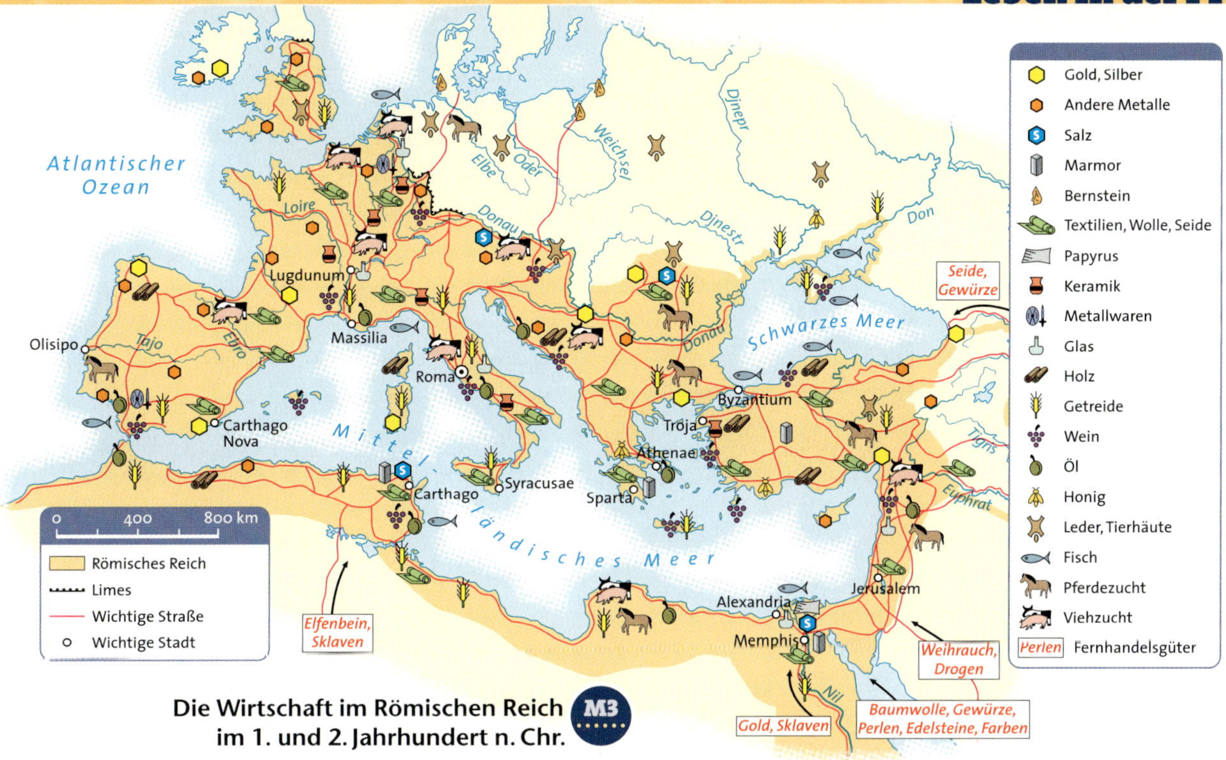

Die Wirtschaft im Römischen Reich im 1. und 2. Jahrhundert n. Chr. M3

Handel und Gewerbe in der Kaiserzeit

In der langen Friedenszeit des 1. und 2. Jahrhunderts n. Chr. gelangten Handel und Gewerbe im ganzen Römerreich zu großer Blüte. Ostia bei Rom war ein Welthandelshafen. Güter wurden entweder per Schiff oder mit Wagen auf gut ausgebauten Straßen befördert. Wer mit dem Reisewagen fuhr, konnte 100 bis 200 km pro Tag zurücklegen – entlegene Bergdörfer erreichte man aber weiterhin nur mit dem Esel. Voraussetzungen für den Handel waren feste Währungen, Maße und Gewichte, die überall im Reich galten. Kaiser- und Götterbildnisse auf den Münzen und den Gewichten römischer Waagen garantierten Echtheit und ermöglichten so einen reibungslosen Handel über die Grenzen der Provinzen hinweg. Und überall im Reich wurde nach römischen Gesetzen Recht gesprochen. Ein Blick auf das Verkehrsnetz darf allerdings nicht zu der Annahme verleiten, Wirtschaft im Römischen Reich sei vor allem Fernhandel gewesen. Das war nicht der Fall. Grundlage von Handel und Gewerbe war der handwerkliche Betrieb, der vor allem für den örtlichen oder regionalen Markt produzierte.

In den Provinzen wurde die Wirtschaft in starkem Maße von der Ansiedlung von Truppen beeinflusst. So auch im Rheinland, wo sich in Köln mit den 11000 Soldaten auch viele Handwerker niederließen. Sie produzierten für das Militär und versorgten die Zivilbevölkerung – zum Beispiel mit feinen Lederschuhen. Wurde ein Produkt besonders nachgefragt, vergrößerten und spezialisierten viele Handwerker ihre Betriebe. Köln mit seinen über 1000 Handwerksbetrieben war berühmt für seine Glasprodukte.

Die meisten Handwerker verkauften ihre Waren selbst in ihrem Ladenlokal oder auf den Märkten der Umgebung. Erst im 2. Jahrhundert wurde zunehmend für den Export* produziert und rheinische Keramikwaren erreichten sogar Märkte im Donau- und Alpenraum.

5 Beschreibe mithilfe von M3 Wege und Waren im römischen Fernhandel.

6 Finde mithilfe des Darstellungstextes heraus, welche Voraussetzungen den Fernhandel innerhalb des Reiches begünstigt haben. Welche Bedeutung hatte der Fernhandel für die römische Wirtschaft?

7 Schau dir Etiketten deiner Kleidung oder Spielsachen an: In welchen Ländern wurden die Waren produziert?

8 Stell dir vor, du wärst ein Reporter aus Rom, der 10 n. Chr. über die Wirtschaft im römischen Rheinland schreiben soll. Verfasse einen Artikel.

Leben nach Art der Römer

M1 **Lehrer mit Schülern,** Marmorrelief aus Neumagen an der Mosel, Ende 2. Jh. n. Chr. Zwei Schüler werden unterrichtet, ein dritter kommt hinzu.

Die „Romanisierung" des Reiches

Die römische Herrschaft veränderte das Leben in den Provinzen nachhaltig. Vor allem mit den Städtegründungen kam die römische Lebensweise in die eroberten Regionen. In der Geschichtswissenschaft wird dieser Vorgang „Romanisierung" genannt. Von den Bewohnern der Provinzen wurde die römische Lebensart meist bereitwillig aufgenommen, weil sie ein komfortableres Leben bot.
Mit ihrer Sprache und ihrer Schrift haben die Römer das Leben in Europa bis heute beeinflusst. Die heutigen „romanischen" Sprachen (Französisch, Spanisch, Italienisch, Portugiesisch, Rumänisch) sind aus dem Lateinischen hervorgegangen. Dieses Buch ist in „lateinischen" Buchstaben gedruckt. Auch im Deutschen finden wir lateinische Lehnwörter.

Romanisierung

„Romanisieren" heißt wörtlich „römisch machen". Allgemein ist damit die Übertragung römischer Lebensformen auf die besiegten Völker gemeint. Dazu gehörten zum Beispiel:
- die Bauweise der Städte, der Häuser und ihrer Einrichtung,
- alltägliche Lebensgewohnheiten,
- der Straßenbau,
- das römische Recht,
- die lateinische Sprache,
- die römischen Götter (als Hauptgötter).

M2 Römische Einflüsse in Britannien

Der römische Geschichtsschreiber Tacitus schrieb um 100 n. Chr. über die Römer in Britannien:

Um die verstreuten, rohen und darum leicht zum Kriege geneigten Menschen durch Annehmlichkeiten an Ruhe und Muße zu gewöhnen, ermunterte er [Agricola, der Statthalter in Britannien] sie persönlich und unterstützte sie öffentliche Tempel, Märkte, Häuser zu errichten, wobei er die Raschen lobte und die Trägen schalt … Dann ließ er die Söhne der Fürsten in den freien Künsten ausbilden und stellte die Begabung der Britannier über den Lerneifer der Gallier, sodass die, welche eben noch die römische Sprache abwiesen, jetzt Beredsamkeit begehrten. In der Folge kam sogar im äußeren Auftreten römisches Wesen zu Ehren und die Toga wurde häufig. Und allmählich ließ man sich auf Dinge ein, die zur Entartung verführen: Säulenhallen, Bäder und erlesene Festtage. Und das hieß bei den Unerfahrenen Kultur, während es ein Teil der Knechtschaft war.

Tacitus, Agricola 21. Zit. nach Walter Arend, Geschichte in Quellen, Bd. 1, München (bsv) 1965, S. 642.

1 Welchen Einfluss hatte das Leben der Römer auf die römischen Provinzen (M1, M2)?
2 Stelle mithilfe von M2 zusammen, welche römischen Einflüsse Tacitus für Britannien nennt.
3 Finde heraus, wie der Autor von M2 den Einfluss der Römer beurteilt.
4 Setze dich mit der Behauptung auseinander: „Die Romanisierung – ein Akt der Gewalt."

Sprachenmix

In dem folgenden Text findest du einige lateinische Wörter, die im Deutschen als Lehnwörter vorkommen. Schreibe sie heraus und übersetze ins Deutsche, z. B. strata – Straße; plastrum – Pflaster:
Auf einer strata bedeckt mit plastrum nähert sich ein germanischer Händler auf seinem carrus dem römischen Gutshof. Seine Waren hat er sorgfältig verpackt in cista, saccus und corbis. Umgeben war der Gutshof von einer murus. Durch die geöffnete porta gelangte er in den Innenhof. Jetzt stand er vor der villa, die mit roten tegulae gedeckt war. In der villa gab es eine camera und ein geheiztes Zimmer mit einem langen discus. An der Wand hing ein speculum. Jedes Zimmer hatte ein großes fenestra. Im cellarium befand sich die riesige pressa, mit deren Hilfe vinum und mustum hergestellt wurden. Unter dem Dach war noch ein spicarium. Für seine Waren, Felle und Bernstein, erhielt der germanische Händler Obst und Gemüse wie prunum, persicum und radix; außerdem oleum, vinum und den guten caseus. Einige Waren ließ er sich auch in römischer moneta bezahlen.

M3 Grenzen der Romanisierung?

Der römische Geschichtsschreiber Tacitus schrieb um 100 n. Chr. über die Einstellung der nicht besiegten germanischen Fennen zur römischen Lebensweise:

Bei den Fennen herrscht entsetzliche Wildheit, abstoßende Dürftigkeit. Sie haben keine Waffen, keine Pferde, kein Heim. Zur Nahrung dienen Pflanzen, zur Kleidung Tierfelle, als Lager der Erdboden. Ihr Hoffen beruht allein auf den Pfeilen, die sie aus Mangel an Eisen mit spitzen Knochen versehen. Mann und Frau ernähren sich in gleicher Weise von der Jagd … Die kleinsten Kinder birgt man zum Schutz gegen wilde Tiere in einem notdürftigen Gezelt von Zweigen. Dort sucht auch der Erwachsenene immer wieder sein Heim … Und doch halten sie dieses Leben für glücklicher, als bei der Feldarbeit zu seufzen, sich mit Häusern zu plagen, in Furcht und Erwartung um eigenes und fremdes Gut besorgt zu sein. Unbekümmert um Menschen, unbekümmert um Götter haben sie das Schwerste erreicht: völlige Wunschlosigkeit.

Tacitus, Germania 46. Zit. nach Walter Arend, Geschichte in Quellen, Bd. 1, München (bsv) 1965, S. 666.

M4 **„Die Vorzüge der römischen Kultur"**, Karikatur aus einer englischen Zeitschrift, 1912

5 Beschreibe die Karikatur M4 und arbeite die Gegensätze heraus, die dargestellt werden. Auf welche „Vorzüge" weist der römische Offizier hin?

6 Untersuche in M3, wie Tacitus das Leben der Fennen sieht und erläutere den letzten Satz.

Auflösung und Erbe des Römischen Reiches

Warum ging das Römische Reich unter?

Kaiser Diokletian (284–305 n. Chr.) im Vier-Kaiser-Kollegium M1
(„Tetrarchen") in militärischer Uniform, Anfang 4. Jh. n. Chr.:
Diokletian, Maximian, Galerius, Constantius.

Roms Untergang – eine Gruppenarbeit
Die Darstellungstexte und Materialien auf den Seiten 190 bis 194 thematisieren aus verschiedenen Perspektiven den Untergang Roms und können in Gruppen bearbeitet werden. Jede Gruppe bearbeitet eine Seite und stellt ihre Ergebnisse in der Klasse vor.

Ende der Weltherrschaft

Mit Beginn der Herrschaft des Augustus 27 v. Chr. hatten die Römer von einer ewigen Weltherrschaft gesprochen. Doch im 3. Jahrhundert n. Chr. geriet ihr Reich in eine Krise, von der es sich nicht mehr erholte. 395 n. Chr. wurde es in eine westliche und östliche Hälfte geteilt und der letzte weströmische Kaiser, Romulus Augustulus, 476 n. Chr. von dem germanischen Truppenführer Odoaker abgesetzt. Das Oströmische Reich („Byzanz") blieb zwar noch bis 1453 bestehen, aber eine Einheit kam nicht mehr zustande. Über die Ursachen des Untergangs gibt es unterschiedliche Ansichten: Waren es die kriegerischen Einfälle in das Reich? Finanzielle Probleme? Neuerungen in der kaiserlichen Herrschaftsordnung? Wirtschaftliche Veränderungen? Oder Wandlungen in der römischen Staatsreligion?

Der „Zwangsstaat"

Im 3. Jahrhundert fielen an den Grenzen des Römischen Reiches immer öfter fremde Volksstämme ein. Diese außenpolitische Notlage zwang die Römer das Heer zu vergrößern, die Grenzbefestigung zu verbessern – und immer mehr Geld auszugeben. Da auch der kaiserliche Hof und die Verwaltung große Geldmengen verschlangen, geriet der Staat in eine Finanz- und Wirtschaftskrise. Die Herrscher bewältigten diese Krise aber nicht durch neue Ideen und Modernisierung. Vielmehr erhöhten sie die Steuern und Abgaben und übten damit Druck auf die Produzenten in der Landwirtschaft, im Handel und im Gewerbe aus.

Auf dem Weg zum Mehrkaisertum?

Durch die kriegerischen Überfälle in den Grenzregionen bekamen einige Heerführer immer mehr Macht im Staat und wurden von ihren Soldaten zu „Kaisern" ausgerufen. So kam es, dass zwischen 235 und 284 n. Chr. 22 Kaiser regierten. Die so genannten Soldatenkaiser bekämpften sich zum Teil untereinander, gründeten Sonderreiche mit eigenen Hauptstädten. So wurde das Reich geschwächt. Erst Kaiser Diokletian (284–305 n. Chr.) beendete diese Zustände. Um weitere Spaltungen des Reichs zu verhindern teilte er die Herrschaft auf vier Regenten auf: zwei ranghöhere Kaiser (= lat. augusti) und zwei Mitkaiser (= lat. caesares). Diese „Tetrarchie" (= griech. Vierherrschaft) scheiterte jedoch an der Nachfolgefrage. Schließlich setzte sich Konstantin I., der Sohn des Constantius, gegen seine Mitkaiser durch und übernahm die Alleinherrschaft (324–337 n. Chr.). Er gründete eine neue Hauptstadt im Osten des Reiches: Konstantinopel. Roms Bedeutung als Hauptstadt und Herrschaftszentrum ging zu Ende.

1 Erarbeite Merkmale der Krise im Römerreich.
2 Finde heraus, wie Diokletian die Herrschaftsprobleme lösen wollte. Hatte er Erfolg damit?
3 Untersuche M1. Vergleiche mit der Augustus-Statue S. 164 und fasse den Wandel der Herrschaftsordnung zusammen (Stichworte, Skizze).

M2 **Bauern bezahlen ihre Pacht beim Grundbesitzer,** Relief aus Neumagen an der Mosel, 2. Jh. n. Chr. Der Bauer rechts trägt die charakteristische Kapuze der Bauern aus dem Trierer Land.

M3 Römische Wirtschaft in der Krise?

Der Bischof und christliche Kirchenlehrer Johannes Chrysostomus schrieb Ende des 4. Jh. n. Chr. über Bauern und Grundbesitzer im Römischen Reich:

3A Wenn man nämlich untersucht, wie sie [die Grundbesitzer] mit den armen und elenden Landleuten verfahren, kommt man zu der Überzeugung, dass sie unmenschlicher sind als Barbaren. Den Leuten, die ihr Leben lang hungern und sich quälen müssen, legen sie fortwährend unerschwingliche Abgaben auf, bürden auf ihre Schultern mühsame Dienstleistungen und gebrauchen sie wie Esel und Maultiere, ja, wie Steine, gestatten ihnen auch nicht die mindeste Erholung und gleichviel ob die Erde Erträgnis abwirft oder nicht; man saugt sie aus und kennt keine Nachsicht ihnen gegenüber … Von ihren Arbeiten, von ihrem Schweiße füllt man Speicher und Keller, ohne sie auch nur ein weniges mit heimnehmen zu lassen; man heimst vielmehr die ganze Ernte in die eigenen Truhen und wirft jenen ein Spottgeld als Lohn dafür hin.

Johannes Chrysostomus, Matthäuskommentar, 61, Homilie, 3. Zit. nach Karl Christ, Die Römer, 3. Aufl., München (Beck) 1994, S. 203 f.

Der Historiker Norbert Brockmeyer schreibt über die Wirtschaft im Römischen Reich seit dem 3. Jh. n. Chr (1972):

3B Der Kaufmannsstand konnte sich nicht mehr weiterentwickeln. Wurde ein Unternehmen gegründet, so musste es sofort Mitglied in einer Zwangsvereinigung (Korporation) werden. Solche Vereinigungen waren zum Beispiel die navicularii und die mercatores. Der Unternehmer musste dann für eine geringe Entschädigung für den Staat arbeiten und Frachtgut transportieren oder bei Absatz seiner Ware dem Staat den Vortritt vor anderen Kunden lassen; natürlich zu einem geringeren Preis. Ähnlich war es auch es im Bereich des Gewerbes. Der Staat wurde zum Hauptauftraggeber. Er setzte aber die Preise so niedrig an, dass sie für Handwerker und andere Produzenten zum Ruin werden mussten. Da der Staat diese Betriebe aber brauchte, wurden sie wie die Kaufleute zu Zwangskorporationen vereinigt.

Norbert Brockmeyer, Sozialgeschichte der Antike, Stuttgart (Kohlhammer) 1972, S. 118 ff. Bearb. d. Verf.

4 Erarbeite mithilfe von M3A Probleme in der römischen Landwirtschaft. Ziehe auch M2 hinzu. Stelle fest, welche Position der Autor Chrysostomus einnimmt. Begründe dein Ergebnis.

5 Untersuche ausgehend von M3B, in welcher Weise der Staat Einfluss auf die Wirtschaft nahm. Halte die Folgen fest.

6 Fasse deine Ergebnisse aus den Aufgaben 4 und 5 unter dem Aspekt „die römische Wirtschaft in der Krise" zusammen (siehe auch den Darstellungstext S. 190 links) und berichte.

Auflösung und Erbe des Römischen Reiches

Die Krise der alten römischen Staatsreligion

In der Spätzeit des römischen Kaiserreiches begannen viele Menschen danach zu fragen, warum das Reich in diesen bedrückenden Zustand geraten war und worin angesichts von Ungerechtigkeiten und Gefahren der Sinn des Lebens lag. Die alte römische Staatsreligion war in dieser Situation keine Hilfe für den Einzelnen. Denn sie wurde vor allem als Hilfe der Götter für den Bestand des Staates gesehen. Hoffnung für die Zukunft und die Aussicht auf Trost und Erlösung für jeden einzelnen Menschen – solche Botschaften gab es am römischen Götterhimmel nicht.

M4 Christus als guter Hirte, Malerei aus der Priscilla-Katakombe, 2. Jh. n. Chr. In der Antike sind Menschen, die Gaben als Opfer zum Tempel bringen, häufig in ähnlicher Weise dargestellt worden. Die christliche Darstellung steht also in Verbindung mit älteren religiösen Traditionen.

7 Kläre mithilfe des Darstellungstextes, inwieweit die alte römische Staatsreligion in eine Krise geriet.

8 Finde heraus, worin die Anziehungskraft der christlichen Religion lag (M4, Darstellungstext).

9 Arbeite heraus, wie sich das Verhältnis des Christentums zum römischen Staat entwickelte. Achte auf Wandlungen.

10 Trage deine Ergebnisse aus den Aufgaben 7 bis 9 zusammen und berichte.

Christentum und römischer Staat

Deshalb suchten viele Menschen nach einem Gott oder Kult, der ihrem Bedürfnis nach Frömmigkeit und persönlicher Ansprache entgegenkam. In der christlichen Lehre fanden die Menschen Antworten auf Fragen, die viele von ihnen in der damaligen Zeit bewegten: Woher kommt der Mensch und wohin geht er? Gibt es ein Weiterleben nach dem Tod? Werden die Guten belohnt, die Bösen bestraft? Gibt es nach dem Tod Frieden und ewige Erlösung von Qualen, Bedrohungen und Ängsten? Wer kann Trost, Sicherheit und Geborgenheit bereits im Diesseits gewähren? Die christlichen Gebote der Nächstenliebe, der Brüderlichkeit und der Demut begeisterten die Menschen aller Bevölkerungsschichten.

Dass ein Gott, Christus, Mensch geworden, für die Menschen gestorben und wieder auferstanden war, das waren Glaubensinhalte, die keiner der unzähligen römischen Götter vermitteln konnte. Doch die Christen gerieten mit ihrer Glaubenslehre alsbald in Gegensatz zum römischen Staat, der fremde Religionen an sich akzeptierte. Voraussetzung war, dass sie die öffentliche Ordnung nicht störten. Doch die Christen waren oftmals Vorurteilen und einzelnen Übergriffen ausgesetzt. Wusste man doch nicht so recht, was sie taten, wenn sie sich zu Gebet und Gottesdienst in Privathäusern trafen. Wurden hier Verschwörungen geplant? Auch lehnten die Christen die Anbetung mehrerer Götter und die Verehrung der römischen Kaiser als Götter ab.

Als 64 n. Chr. in Rom ein verheerender Brand wütete, schob Kaiser Nero den Verdacht auf die Christen und ließ viele im Circus qualvoll hinrichten. Seither häuften sich die Verfolgungen. Selten allerdings sind die Christen so systematisch verfolgt worden wie 249 bis 251 n. Chr., als Kaiser Decius nach der Jahrtausendfeier Roms (248 n. Chr.) viele grausam hinrichten ließ. Kaiser Galerius beendete 311 n. Chr. die Verfolgungen und Kaiser Konstantin erkannte das Christentum als eine der Religionen im Reiche an. Denn nur so glaubte er das Heil und die Zukunft des Staates gewährleisten zu können. Als Konstantin sich kurz vor seinem Tod 337 n. Chr. taufen ließ, war das römische Kaiserreich ein christliches Reich geworden. Unter Kaiser Theodosius wurde das Christentum 391 n. Chr. zur alleinigen Religion des Staates ernannt.

Jesus Christus und die christliche Kirche

Jesus von Nazareth stammte aus der römischen Provinz Judäa und war ein Jude. Er lehrte, dass er der von den Juden erwartete Messias (Erlöser) sei, was aber die Vorsteher der jüdischen Gemeinden nicht anerkannten. Um 30 n. Chr. klagten sie ihn beim römischen Provinzstatthalter Pontius Pilatus an. Warum Pilatus Jesus zum Tod am Kreuz verurteilte, ist nicht genau bekannt. Vermutlich fürchtete er, dass Jesus den Einfluss der römischen Herrschaft gefährdete.

Doch überall im Reich entstanden nach dem Tode von Jesus christliche Gemeinden, die nach der Lehre Jesu lebten. „Sendboten", vor allem die Apostel Petrus und Paulus, zogen durchs Reich und verbreiteten die Lehre von Jesus Christus als dem Erlöser und Sohn Gottes.

Die wachsende Zahl der christlichen Gemeinden erforderte alsbald eine Organisation. Bischöfe als Vorsteher einer Gemeinde sollten die Einheit der christlichen Gemeinde garantieren und gegen Sonderströmungen bewahren. Damit entstand die christliche Kirche. Durch zunehmende Macht bekam der Bischof von Rom bald eine Sonderstellung: Als Papst wurde er Oberhaupt der christlichen Kirche und konnte den römischen Kaisern als neue Macht entgegentreten.

M5 Papst oder Kaiser – wer steht höher?

Papst Gelasius schrieb 494 n. Chr. in einem Brief an den oströmischen Kaiser Anastasios:

Zwei sind es nämlich, erhabener Kaiser, durch die an oberster Stelle diese Welt regiert wird: die geheiligte Autorität der Bischöfe und die kaiserliche Gewalt [= lat. potestas]. Von diesen beiden ist die Last der Priester umso schwerer, als sie auch selbst für die Könige der Menschen vor Gottes Gericht Rechnung abzulegen haben. Denn Ihr wisst es, allergnädigster Sohn: Wohl überragt Ihr an Würde das ganze Menschengeschlecht; dennoch beugt Ihr fromm den Nacken vor den Amtswaltern der göttlichen Dinge.

Zit. nach Walter Arend, Geschichte in Quellen, Bd. 1, München (bsv) 1965, S. 820.

M6 **Jesus Christus**, Ausschnitt aus einem Mosaik der Kirche Santi Cosma e Damiano am Forum Romanum, 4. Jh. n. Chr. Christus hat die rechte Hand erhoben und hält in der linken die Gesetzesrolle. Er trägt Tunika und Toga und wird als Verkünder eines neuen Zeitalters dargestellt.

11 Erläutere die Entstehung und Verbreitung der christlichen Glaubenslehre (Kasten, M5, M6).

12 Erarbeite ausgehend von M5, welchen Machtanspruch die christliche Kirche entwickelte und wie sie ihn begründete. Was konnte das für den Staat bedeuten?

13 Trage deine Ergebnisse aus den Aufgaben 11 und 12 zusammen und berichte.

Auflösung und Erbe des Römischen Reiches

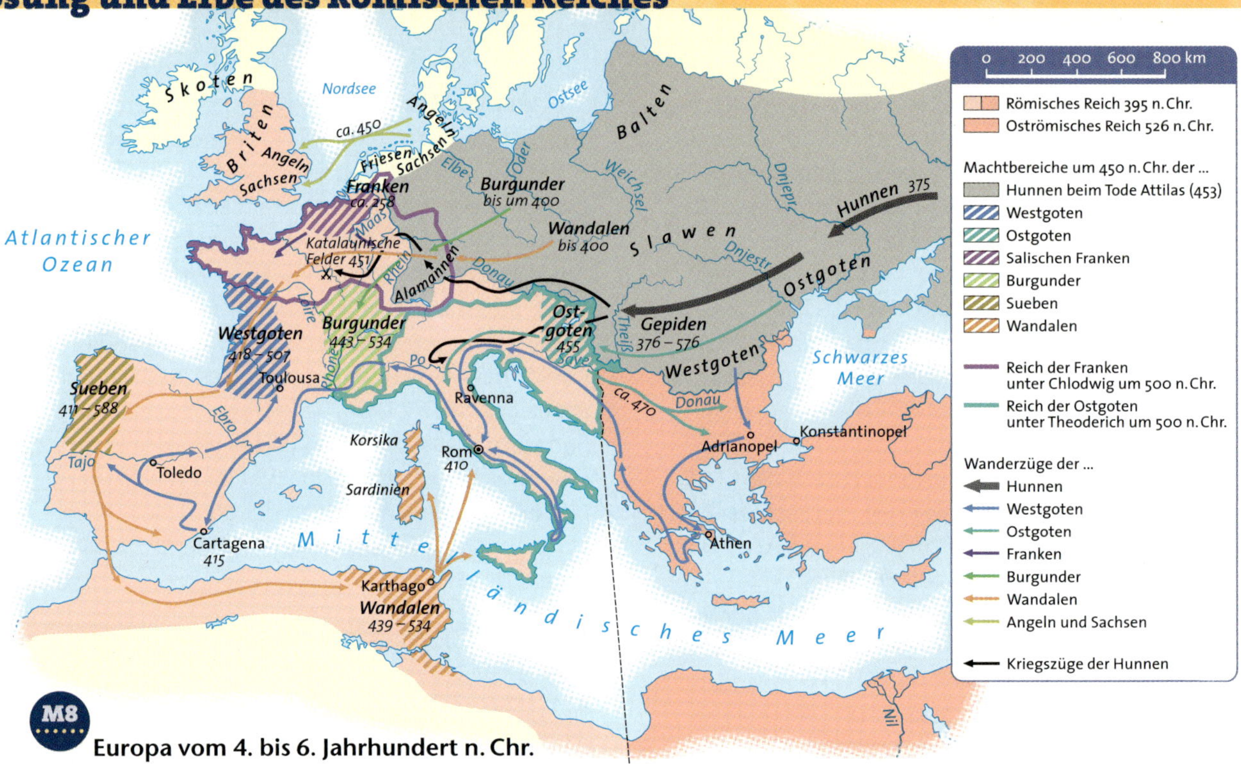

M8 Europa vom 4. bis 6. Jahrhundert n. Chr.

Die Völkerwanderung – Europa wandelt sich

Das Römische Reich veränderte sich im Laufe der Jahrhunderte nicht nur im Inneren. Durch Wanderungen germanischer und slawischer Völker geriet das Reich seit dem 3. Jh. auch von außen unter Druck. Mit dem Einfall der Hunnen, einem asiatischen Reitervolk, nach Westeuropa begannen 375 n. Chr. schließlich so gewaltige Wanderungsbewegungen, dass in der Geschichtsforschung von der „Zeit der Völkerwanderung" gesprochen wird. Die Völkerwanderung wird oft als ein Grund für den Untergang des Römischen Reiches genannt. Sicherlich war sie ein Anlass, aber letztlich haben die eindringenden Völker die vorhandene Schwäche des Reiches nur für sich ausgenutzt.
Nach der Niederlage gegen die in das Reich eindringenden Goten mussten die Römer dulden, dass sich zum ersten Mal ein geschlossener Stamm im Reich ansiedelte. Mit dem Tode des Kaisers Theodosius wurde die schon bestehende Verwaltungsteilung in zwei Hälften vertieft, sodass sich ein Oströmisches und ein Weströmisches Reich herausbildeten (395 n. Chr.). Den weströmischen Herrschern gelang es nicht mehr, die Volksstämme durch Verträge dem Reich anzugliedern. Die „Eindringlinge" gründeten mit kriegerischen Mitteln eigene Reiche.

Ursachen der Völkerwanderung

Die Ursachen der Wanderungsbewegungen waren vielfältig. Im weiteren Sinne begannen die Wanderungen schon vor Christi Geburt mit Bewegungen asiatischer Steppenvölker vom Osten nach dem Westen. Diese setzten vor ihnen ansässige Völker – Kelten, Germanen, Slawen – in Bewegung. Als wesentliche Ursachen dieser Bewegungen werden in der Geschichtsforschung genannt:

- Landnot und Ernährungsprobleme,
- Klimaschwankungen,
- gewaltsame Verdrängung durch kriegerische Nachbarvölker,
- Nachrichten über günstige Lebensbedingungen im Römischen Reich.

14 Beschreibe anhand von M8 die Wanderungsbewegungen. Lege eine Tabelle an und trage ein: Wanderzüge der Stämme, Gründung der Machtbereiche, Entwicklung des Römischen Reiches.

15 Erläutere die Ursachen der Wanderungsbewegungen und erkläre, warum das Römische Reich eine starke Anziehungskraft auf andere Völker ausübte.

16 Fasse deine Ergebnisse über die Völkerwanderung zusammen und berichte.

Römische Antike und europäische Gegenwart

M1 **Römische Goldmünze** mit Kaiser Konstantin, Prägung von 336/37 n. Chr. Der Schriftzug lautet: D(ominus) N(oster) Constantinus Max(imus) Aug(ustus).

M2 **Euro-Münze,** Prägung von 1999. Seit dem 1. Januar 1999 ist der Euro die Währung etlicher Mitgliedsstaaten der Europäischen Union; als Bargeld ist er ab 1. Januar 2002 im Umlauf.

Der römische Denar war ein Vorläufer

Der Euro hat einen erfolgreichen Vorläufer: Bereits vor rund 2000 Jahren bestand im weit gespannten Römischen Reich ein einheitlicher Wirtschaftsraum, in dem vor allem mit dem Silberdenar ein allgemein anerkanntes Zahlungsmittel kursierte. Über Jahrhunderte hinweg konnten die Völker der Antike im Schutz des Reichsfriedens zwischen Mittelmeer und Nordsee, Atlantik und Schwarzem Meer praktisch ungehindert Handel treiben und bei stabilen Preisen allerorten mit einer Währung zahlen ... „Es war vielleicht die erfolgreichste Währung der Welt", meint der Numismatiker[1] Wolfram Weiser von der Universität Köln zu der römischen Devise[2] ... Die hohe Zeit der einheitlichen Wirtschaftszone mit ungehindertem Warenverkehr und weitgehender Freiheit vor staatlichen Eingriffen ins Erwerbsleben begann dann um Christi Geburt im römischen Kaiserreich unter Augustus: Ein Friedens-Imperium mit hervorragender Infrastruktur[3] wie den zum Teil bis heute zurückzuverfolgenden Römerstraßen gestattete die Einfuhr von Zinn aus Britannien und Bernstein von der Ostsee, von Gold aus Sudan und Seide aus China ... „Zweihundert Jahre lang hat das System hervorragend funktioniert", sagt Weiser. Nicht zuletzt ein außerordentlich stabiles Preisniveau habe der römischen Welt einen erheblichen wirtschaftlichen Aufschwung beschert.

Einheitswährung war in der gesamten antiken Welt begehrt

Bericht der französischen Nachrichtenagentur „Agence France Presse" in der Braunschweiger Zeitung vom 29. 12. 1998. Gekürzt v. Verf.

1 Münzkundler
2 Ausländisches Zahlungsmittel
3 Wörtlich „Unterbau": Sammelbegriff für die Grundlagen der Wirtschaft, z. B. Verkehrs- und Informationseinrichtungen, Anlagen zur Energieversorgung.

M3 **Die römische Währung und der Euro**

1. Beschreibe die Münzen M1 und M2 und vergleiche.
2. Untersuche, wie die römische Währung in dem Zeitungsartikel M3 beurteilt wird.
3. Nimm Stellung zu den Behauptungen, die in M3 zur Wirtschaft im Römischen Kaiserreich gemacht werden (Hilfe bietet dir S. 186 f.).

Auflösung und Erbe des Römischen Reiches

M4 **Das Haus Europa,** Karikatur von Karl-Gerd Striepecke, 1992

Das „Haus Europa" – auf „Rom" gebaut?

In diesem Kapitel hast du Überreste aus der römischen Geschichte kennen gelernt, die bis in unsere Zeit überliefert sind: Kunstgegenstände wie zum Beispiel die Augustus-Statue aus Rom, Gebäude wie das Amphitheater in Xanten, Bauwerke wie die Aquäduktbrücke im spanischen Segovia oder das gut ausgebaute Straßennetz der Römer. Zum römischen „Erbe" gehören aber auch Traditionen, die man nicht sofort erkennt: die lateinische Sprache, die Eingang in moderne Sprachen gefunden hat; lateinische Literatur wie zum Beispiel die Reden von Cicero oder die Geschichtsschreibung des Tacitus; oder das römische Recht. Auch die christliche Religion hat sich zuerst im Römischen Reich verbreitet, wenngleich vom östlichen Rand des Reiches kommend und nicht aus dem „Zentrum" Rom.

Wenn sich Politiker und Politikerinnen heute um eine europäische Einigung bemühen, so wird meist unter zwei Aspekten auf das Römische Reich verwiesen. Zum einen werden die Leistungen römischer Zivilisation hervorgehoben: vor allem die hohe Schriftkultur und das städtische Leben mit seiner geordneten Verwaltung (Polizei, Feuerwehr, Getreideversorgung, Wasserleitungsbau, schriftliches Recht usw.) und seinen angenehmen Lebensbedingungen, auf die die meisten Menschen als Bürger (= lat. civis) Anspruch zu haben glauben. Zum anderen wird das Römische Reich als Beispiel dafür herangezogen, wie man einen großen Raum mit verschiedenen Völkern und Sprachen politisch organisiert, und zwar so, dass sich alle zugehörig fühlen, das heißt: dass sich trotz aller nationalen und regionalen Unterschiede Franzosen und Tschechen, Schweden und Italiener, Friesen und Basken in den Gemeinsamkeiten Europas wiedererkennen können.

Zivilisation

Der Begriff Zivilisation ist eng mit der Entstehung und Entwicklung von Städten verbunden, denn er meinte ursprünglich die verfeinerte Lebensweise in den Städten gegenüber dem einfachen bäuerlichen Leben auf dem Lande. Man spricht von „zivilisierten" Verhältnissen, wenn sich eine Gesellschaft so organisiert, dass jeder ein freies, geschütztes und sicheres Leben führen kann. Im Einzelnen werden dazu gezählt: Schul- und Berufsausbildung, ärztliche Versorgung, Sicherheitseinrichtungen (Polizei, Feuerwehr), Kunst, Wissenschaft und Technik, wirtschaftliche Einrichtungen wie Handel, Handwerk und Industrie, eine öffentliche Verwaltung, aber auch bestimmte Umgangsformen.

Europäische Union/EU

Zusammenschluss von 15 europäischen Staaten (Stand: 1999) mit unterschiedlichen Sprachen und kulturellen Traditionen zu einer politischen und wirtschaftlichen Gemeinschaft. Die Mitgliedsstaaten bilden einen gemeinsamen großen „Markt", in dem Menschen und Waren frei zirkulieren können, das heißt ohne Zölle und Kontrollen.

4 Zeige mithilfe des Darstellungstextes S. 196, inwieweit sich Politiker, die sich für die Einigung Europas einsetzen, auf die Geschichte des Römischen Reiches beziehen. Nimm zu den Argumenten Stellung.

M5 **Handelsschiff im Hafen von Ostia,** Relief, 2. Jh. n. Chr. Links ein Schutzgeist und der römische Adler, vorn rechts Neptun und oben Bonus Eventus, der Gott des glücklichen Ausgangs.

M6 **Warenverkehr in einem heutigen Containerhafen,** Foto, 1997

Ein Streitgespräch

Johanna und Robin sind über die Frage, wie modern die römische Zivilisation war, in einen Streit geraten:

Robin: „Ich finde, dass die Römer überhaupt nicht modern waren. Wenn ich mir die Familien anschaue, dann konnte dort der Vater herrschen wie ein Tyrann. Das ist doch nicht zivilisiert!"

Johanna: „Aber schau doch mal auf die tollen Bauwerke, die die Römer nicht nur in Rom und Italien, sondern überall in ihrem Herrschaftsgebiet errichtet haben. Das war doch sehr modern ..."

Führt das Gespräch in der Klasse fort.

5 Die Materialien S. 195 bis 197 zeigen Gemeinsamkeiten und Unterschiede zwischen dem Römischen Reich und dem heutigen Europa. Arbeite sie heraus.

6 Sammle Informationen über europäische Partnerschulen deiner Schule oder Städtepartnerschaften deines Heimatortes. Berichte über Aktivitäten und Erfahrungen.

Lesetipp

Freya Stephan-Kühn, Was in den Höhlen begann ... Die Geschichte Europas in Geschichten, 2. Aufl., Würzburg (Arena) 1992.

In Geschichten und Sachtexten wird von den europäischen „Baumeisterinnen und Baumeistern" erzählt, die seit Jahrtausenden an „unserem europäischen Haus" mitgebaut haben.

Der Islam – eine neue Religion

Mohammed – Prophet des Islams

Als Mohammed, der spätere Prophet des Islams, 570 n. Chr. in der arabischen Handelsstadt Mekka geboren wurde, verehrten die Gläubigen dieser Stadt 300 Götter. Zu dem weithin bekannten Heiligtum, der Kaaba, pilgerten alljährlich viele Beduinen. Die Besucher hatten Mekka und seinen Bewohnern Wohlstand gebracht. Mohammed wuchs bei seinem Großvater und nach dessen Tod bei seinem Onkel Abu Talib auf. Der war ein angesehener Geschäftsmann und Mohammed folgte seinem Beispiel: Er wurde Fernhändler. Auf seinen Reisen durch den Orient begegnete Mohammed Juden und Christen. An deren Religion beeindruckte ihn besonders der Glaube an nur einen einzigen Gott (griech. Monotheismus*).

Im Jahr 610 wurde Mohammed nach seinen Berichten von dem Erzengel Gabriel zum Propheten der neuen Religion, des Islams berufen. Als er mit seiner Glaubenslehre an die Öffentlichkeit trat, fand er zunächst nur wenige Anhänger. Im Gegenteil: Er zog sich die Feindschaft einflussreicher mekkanischer Kaufmannsfamilien zu, denn er kritisierte, dass die meisten Menschen nur auf ihren eigenen Vorteil bedacht seien.

622 n. Chr. musste er nach Medina flüchten. Diese Auswanderung (arab. hidschra) wurde später das Anfangsdatum der islamischen Zeitrechnung. In Medina sammelte Mohammed seine Anhänger und zog als religiöser, politischer und militärischer Führer 630 n. Chr. in Mekka ein. Bis zu seinem Tod 632 n. Chr. hatte Mohammed ganz Arabien für den Islam gewonnen.

M1 Innenhof der Großen Moschee mit der Kaaba (= „Haus Gottes“, das bedeutendste Heiligtum des Islam) in Mekka, Foto, 1995

Islam

(arab. islam = Hingabe an Gott, Ergebung in Gottes Willen). Ein Gläubiger wird Muslim genannt, das heißt übersetzt „Der sich Gott unterwirft“. Der Islam bekennt sich wie Judentum und Christentum zu einem Gott. Grundlage des Islams ist der Koran („Verkündigung“), der in 114 Suren (= Abschnitte) geteilt ist und Erzählungen, Lobpreisungen und Gleichnisse enthält. Wer fromm leben will, hat die fünf Grundpflichten des Islams zu erfüllen:

1. das Glaubensbekenntnis: „Es ist kein Gott außer Allah, und Mohammed ist sein Prophet!“,
2. die täglichen Pflichtgebete: am Morgen, Mittag, Nachmittag, bei Sonnenuntergang und in der Nacht mit Blick gen Mekka,
3. das gesetzliche Almosen-Geben für die Armen,
4. das Fasten im Monat Ramadan – von Sonnenaufgang bis Sonnenuntergang,
5. die Pilgerfahrt nach Mekka, die jeder Muslim einmal im Leben zur Kaaba unternehmen soll, sofern er sie sich finanziell leisten kann.

M2 Mohammed diskutiert mit christlichen Mönchen, arabische Buchmalerei, um 1594

1 Beschreibe anhand des Darstellungstextes die Entstehung des Islams als Religion und erkläre, von welchen Ideen er beeinflusst wurde. Nimm den Begriffskasten, M1 und M2 zu Hilfe.

2 Erläutere die fünf Grundpflichten. Welche ähnlichen Grundsätze des Christentums gibt es?

Auflösung und Erbe des Römischen Reiches

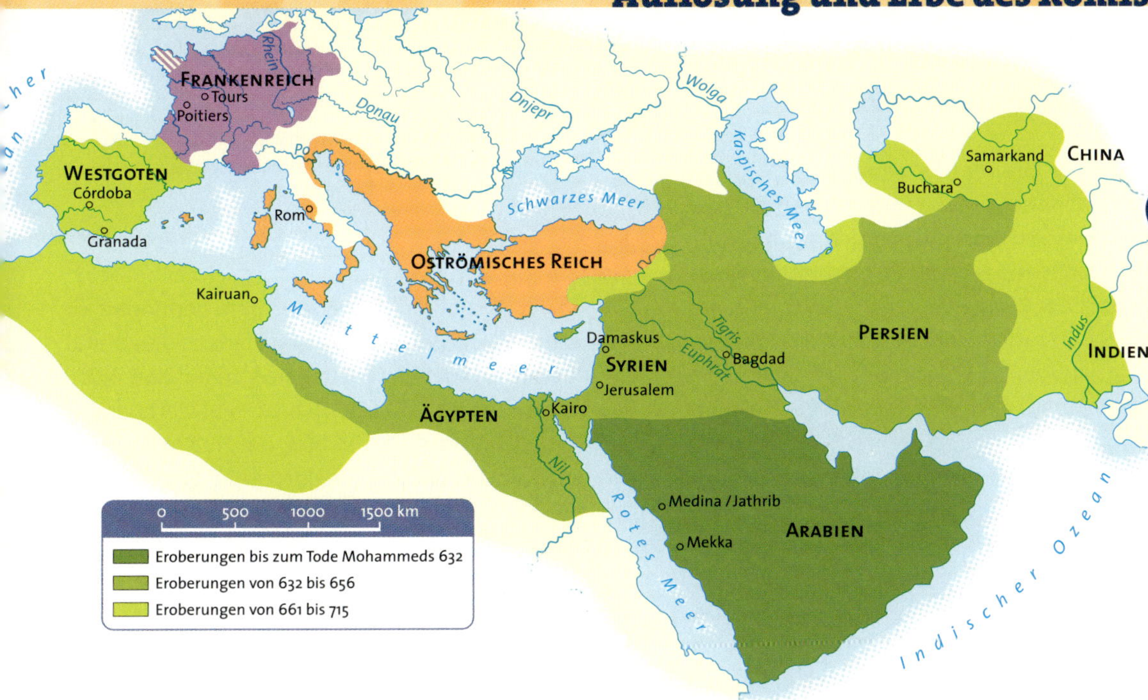

M3 Die Ausbreitung des Islams bis zum 8. Jahrhundert

Islamisches Reich und islamische Weltkultur

Die schnelle Ausweitung der islamischen Gemeinde (arab. umma) setzte sich nach dem Tod Mohammeds fort. Sie beruhte im Wesentlichen auf militärischen Eroberungen. Angeführt wurden die Kämpfenden von Kalifen, „Stellvertretern Gottes", wie sich die Nachfolger des Propheten nannten. Viele Muslime glaubten in der raschen Ausbreitung des Islams den Beweis dafür zu sehen, dass der Islam als „jüngste" Religion den älteren Religionen Judentum und Christentum überlegen sei. Erst 100 Jahre nach Mohammeds Tod kam die arabisch-islamische Eroberung im Westen am Frankenreich und im Osten an den Grenzen Chinas zum Stehen.

Die muslimischen Araber verlangten in ihren Herrschaftsgebieten eine besondere Steuer von den Nicht-Muslimen, stellten sie aber auch unter ihren Schutz und garantierten ihnen die Ausübung ihrer eigenen Religionen. Die Herrschaftszeit des islamischen Reiches war auch eine Phase des kulturellen Austausches mit den besiegten Völkern, besonders im mittelalterlichen Spanien.

Seit dem 9. Jahrhundert zerfiel das Reich der Kalifen in eine Vielzahl von Teilreichen. Nachfolgekämpfe innerhalb der muslimischen Religionsgemeinschaft und neue Herrschaftszentren nicht-arabischer Völker, wie Berber, Türken, Iraner, führten schließlich das Ende der politischen Einheit herbei. Die kulturelle Einheit der Länder, die Sprache und Glauben gemeinsam hatten, blieb jedoch bis heute bestehen.

Religion und Politik im Islam

Der Islam war von Anfang an nicht nur eine Glaubensrichtung, sondern er war auch von politischen Ideen geprägt: Mohammed vertrat die Auffassung, dass im Islam Religion und Staat, also die geistliche und die weltliche Macht, nicht getrennt sein sollten. So wurden die militärischen Erfolge bei der Eroberung des islamischen Weltreichs im 8. Jahrhundert als Glaubenssiege im so genannten Dschihad* gefeiert. Das Wort Dschihad bedeutet „heiliger Krieg" und bezeichnet, auch heute noch, für Muslime den Kampf für ihren Glauben. Anders als das Christentum, das die Einheit zwischen Religion und Staat nicht fordert, erkennen strenggläubige Vertreter des Islams bis heute eine Trennung der Macht zwischen Kirche und Staat nicht an. In westlichen demokratischen Staaten, aber z. B. auch in der Türkei, ist die Trennung von Staat und Religion in der Verfassung festgelegt.

3 Schildere mithilfe von M3, wie sich der Islam zu einer Weltreligion entwickelte.

4 Nenne mithilfe des ersten Darstellungstextes die Ursachen für den Aufstieg und Zerfall des islamischen Reiches.

Männer und Frauen in der Lebenswelt des Islams

Verglichen mit der Zeit vor Mohammed wurde die Stellung der arabischen Frauen durch den Islam wesentlich verbessert. Waren sie vorher rechtlich und wirtschaftlich nicht abgesichert, so gehörte nun zur Ehe ein Vertrag, der Rechte, Pflichten, Besitzverhältnisse und Erbrecht regelte. Die Vorschrift für Frauen, den Schleier zu tragen, die Mehrehe und die Abschirmung der Ehefrauen in einem abgetrennten Teil des Hauses (arab. harem) waren dagegen keine Erfindungen des Islams. Sie hatten im arabischen und oströmischen Raum schon lange Tradition.

Für Menschen in der westlichen Lebenswelt gibt vor allem die Stellung der Frau im Islam und das Verhältnis zwischen Mann und Frau Anlass zu Diskussionen. Der Koran enthält dazu viele Aussagen. Ihre Auslegung ist jedoch nicht eindeutig, was immer wieder am Beispiel des Schleiers oder Kopftuches erörtert wird. Kritiker sehen in ihm ein Symbol dafür, dass die Frau im Islam dem Mann gegenüber nicht gleichberechtigt ist. Verteidiger des Schleiers behaupten, er sei „ein Bekenntnis zu Gott und gottesfürchtigem Verhalten" und ein „praktischer Schutz vor der Begehrlichkeit der Männer in der Öffentlichkeit". Heute gibt es viele Vertreter des Islams, die aus dem Koran kein Gebot herauslesen, dass Frauen den Schleier tragen müssen.

M4 **Frauen auf der Galerie einer Moschee,** arabische Buchmalerei, 13. Jh.

M5 Der Koran über Frauen

Der Koran wurde im 7. Jahrhundert n. Chr. aufgezeichnet. Über die Beziehung zwischen Eheleuten und über die Kleidung der Frau ist darin Folgendes zu lesen:

Sure 4, 34: Die Männer stehen über den Frauen, weil Gott sie von Natur vor diesen ausgezeichnet hat und wegen der Ausgaben, die sie von ihrem Vermögen gemacht haben. Und die rechtschaffenen Frauen sind Gott demütig ergeben und geben Acht auf das, was den Außenstehenden verborgen ist, weil Gott darauf Acht gibt. Und wenn ihr fürchtet, dass Frauen sich auflehnen, dann ermahnt sie, meidet sie im Ehebett und schlagt sie! Wenn sie euch gehorchen, dann unternehmt nichts gegen sie!
Sure 24, 3: Und sage den gläubigen Frauen, sie sollen statt jemanden anzustarren, lieber ihre Augen niederschlagen und sie sollen ihre Scham bewahren und ihren Schmuck (Reize) nicht offen zeigen …
Sure 33, 59: Prophet! Sage deinen Gattinnen und Töchtern und den Frauen der Gläubigen, sie sollen, wenn sie ausgehen, sich etwas von ihrem Gewand über den Kopf herunterziehen. So ist am ehesten gewährleistet, dass sie als ehrbare Frauen erkannt und darauf hin nicht belästigt werden.

Zit. nach Der Koran, hg. und übers. von Rudi Paret, Stuttgart (Kohlhammer), 1996. Sure 4, 24, 33. Bearb. d. Verf.

M6 Aus dem Neuen Testament der Bibel

Aus einem Brief an die Bewohner der Stadt Ephesos (1. Jh. n. Chr.):

Die Frauen sollen ihren Männern untertänig sein wie dem Herrn. Denn der Mann ist das Haupt der Frau, wie Christus das Haupt der Kirche ist … So wie die Kirche Christus unterworfen ist, so seien es auch die Frauen ihren Männern in allen Dingen. Ihr Männer, liebet eure Frauen, so wie Christus die Kirche geliebt und sich selbst für sie hingegeben hat.

Brief des Apostels Paulus an die Epheser, 5, 22–25.

5 Erarbeite anhand von M5 die Aussagen des Korans über die Beziehung von Mann und Frau. Vergleiche mit den hier abgedruckten Aussagen des Neuen Testaments (M6).

6 Besprecht in der Klasse, wie sich das Verhältnis zwischen Mann und Frau bei Muslimen und Christen inzwischen verändert hat. Bezieht auch M3 auf S. 201 mit ein.

M1 **Schülerin mit ihren Eltern in Deutschland,** Foto, 1998

M2 **Junge Geschäftsfrauen mit ihrem Vater,** Foto, 1998

Junge Muslime in Deutschland – Leben in zwei Welten

Das Kopftuch allein zeigt nicht den Glauben

Wie der Islam entstand und sich ausbreitete, welche Bedeutung der Islam in der Lebenswelt muslimischer Menschen bis heute hat, konntest du auf den vergangenen Seiten erarbeiten. Welche Einstellung zu ihrer Religion haben junge Muslime in Deutschland heute? Einige äußern sich dazu auf dieser Seite. Sicherlich kennst du auch andere Meinungen. Abgedruckt sind Meinungen von Jugendlichen, die sich die Frage gestellt haben, wie wichtig ihr Glauben für ihre Lebensplanung ist.

1 Erarbeite anhand von M1 bis M3 die Einstellungen der Jugendlichen zu ihrer Religion und vergleiche.

2 Informiere dich in Lexikon und Internet: Wie viele Muslime gibt es weltweit? In welchen Ländern ist der Islam eine von mehreren Religionen? Wo ist er Staatsreligion? Inwiefern beeinflusst er dort Kultur und Politik?

M3 Äußerungen zum Thema „Kopftuch"

Aus Interviews, die die Journalistin Herlinde Koelbl mit jungen Türken führte (1998):

Feliz A., 19, Schülerin: Seit sieben Monaten trage ich Kopftuch. Mein Vater wollte, dass ich es trage, aber ich konnte es zuerst nicht. Er hat mit Geduld gewartet und mich immer lieb darauf aufmerksam gemacht. In Deutschland fühle ich mich freier und wohler, hier kann jeder machen, was er will. In Istanbul wird man angestarrt, wenn man Kopftuch trägt.
Nalan Ü., 22, Studentin: Mir würde es schwer fallen, ein Kopftuch zu tragen. Je länger man hier in der westlichen Kultur lebt, desto mehr ist man beeinflusst davon. Ich möchte hier bleiben und einen Beruf haben.
Hadan Ü., 18, Schülerin: Vor drei Jahren habe ich mich entschieden, das Kopftuch zu tragen … Später möchte ich in der Türkei leben, dort heiraten und ein traditionelles Leben führen. Wegen der Schule kann ich nicht immer beten, ich hoffe aber, dass ich es machen kann, wenn ich erst geheiratet habe.
Fatih B., 21, Schüler: Mein Vater hat darauf bestanden, dass ich aufs Gymnasium gehe. Ich habe viel Sport gemacht und spiele auch Theater, das gibt Selbstbewusstsein. Ich habe den Koran gelesen, gehe auch in die Moschee und trinke keinen Alkohol. Mein Glaube gibt mir das Gefühl, am Leben zu bleiben.

Zit. nach Herlinde Koelbl, Gegen-Sätze; in: Spiegel special, Nr. 1 (1998), S. 95 ff.

Das Römische Reich – ein Überblick

Vom Dorf zum Weltreich

Im Gegensatz zum sagenhaften Gründungsdatum Roms (753 v. Chr.) zeigen die historischen Befunde, dass schon um 1000 v. Chr. Sabiner und Latiner in das Gebiet des heutigen Rom eingewandert waren. Später kamen die Etrusker, übernahmen als Könige die Herrschaft und bauten das Dorf zur Stadt aus.

Mit der Vertreibung der etruskischen Könige um 510 v. Chr. wurde Rom eine Republik, die von adeligen Patrizierfamilien regiert wurde. In diesen Familien besaß der Vater als „pater familias" eine große Macht über Ehefrau, Kinder, Sklaven und Klientel.

Die Plebejer konnten sich erst im Laufe der Ständekämpfe (ca. 490 bis 287 v. Chr.) Mitspracherechte im Staat erkämpfen – unter anderem, weil die Patrizier in dieser Zeit zahlreiche Kriege führten, für die sie die Plebejer als Soldaten benötigten.

Die Kriege, die Rom bis 272 v. Chr. die Vorherrschaft in Italien brachten, sowie die Ständekämpfe veränderten die altrömische Gesellschaft. Es entstand eine neue Oberschicht aus patrizischen und reichen plebejischen Familien: die Nobilität. Sie bestimmte vom Senat aus die Entscheidungen der Magistrate und Volksversammlungen.

In drei Kriegen gegen Karthago erlangten die Römer im 3. und 2. Jahrhundert v. Chr. die Herrschaft über das westliche Mittelmeer – und bis zum 1. Jahrhundert v. Chr. die Vorherrschaft im Osten.

Wandel durch Expansion

Der Aufstieg Roms zur Weltmacht hatte tief greifende Folgen:

- Die langen Kriege entwurzelten die Masse der Kleinbauern und machte sie zu landlosen Bettlern und Tagelöhnern.
- Die Oberschicht hingegen wurde durch Beute und Tribute immer reicher.
- Sklaven kamen durch die vielen Gefangenen massenhaft nach Rom und verdrängten als billige Arbeitskräfte die römischen Tagelöhner.
- Weil die Zahl der Kleinbauern sank, fehlten zunehmend Soldaten. Die militärische Stärke Roms war gefährdet.

Mehrere Politiker versuchten die Krise zu lösen: die Landreformer Tiberius und Gaius Gracchus, der Heerführer Marius, die Diktatoren Sulla und Caesar. Caesar hatte schließlich die republikanischen Traditionen außer Kraft gesetzt. Strittig ist, ob er die Königswürde anstrebte. Nach seiner Ermordung 44 v. Chr. sicherte sich Octavian, der spätere Augustus, die Alleinherrschaft (27 v. Chr.).

Die Kaiserzeit: Leben im Zentrum und in der Peripherie

Unter Augustus begannn die römische Kaiserzeit, obwohl Augustus sich selbst nur als „Princeps", d. h. als ersten Bürger des Staates, bezeichnete. Mit ihm begann eine Friedenszeit von fast 200 Jahren, in der Rom ein zusammenhängendes Reich wurde. Die Kaiser regierten das Reich mit seinen 40 Provinzen und zahlreichen Völkern und Sprachen von der Millionenstadt Rom aus. Die Sicherung der Reichsgrenzen lag in den Händen eines gewaltigen Berufsheeres, das überall in den Grenzgebieten stationiert war (Xanten, Bonn, Mainz, Straßburg). Durch die Grenzlegionen und den Bau zahlreicher Provinzstädte fanden Recht und Sprache, Lebensart und Technik der Römer überall im Reich Verbreitung (lateinische Sprache, römische Götter, Theaterbauten, Wasserleitungen, gepflasterte Straßen, Gladiatorenspiele usw.).

Das Aufkommen des Christentums war in den ersten Jahrhunderten mit Verfolgungen verbunden. Aber seit dem Toleranzedikt von Kaiser Konstantin 311 n. Chr. verdrängte es allmählich die römischen Götter. Der Papst als Oberhaupt der christlichen Kirche trat nun neben den Kaiser des Römischen Reiches.

Mit den Überfällen angrenzender Stämme und der Völkerwanderung begann im 3. und 4. Jahrhundert n. Chr. die Teilung und dann die Auflösung des Reiches.

Europa heute – Erbe Roms?

Bis heute beeinflusst die Geschichte Roms unser Leben in Europa: Latein wird heute noch gelehrt; unser Recht basiert auf römischen Grundlagen; städtische Kultur und Verwaltung haben römische Vorläufer; das Christentum ist eine verbreitete Religion. Und Befürworter der europäischen Einigung stellen sich heute die Frage: Könnte das Römische Reich mit seinen vielen Völkern und Sprachen ein Vorbild für ein vereintes Europa sein?

Wir wiederholen zentrale Begriffe und Methoden

Wahrzeichen S. 132

Klientel S. 133

Republik S. 139

Annuität und Kollegialität S. 145

Provinz S. 148

Expansion S. 150

Imperium S. 150

Ritter S. 154

Prinzipat S. 165

Urbanisierung S. 183

Romanisierung S. 188

Zivilisation S. 196

Europäische Union/EU S. 196

Schriftliche Quellen vergleichen S. 162 f.

1 Dem Drucker sind die Erklärungen der Zahlen in dem Bild verloren gegangen. Schreibe auf, wie du die einzelnen Zahlen erläutern würdest. Lies dir zur Information noch einmal S. 146 bis 152, S. 159 bis 161 und S. 178 bis 181 durch.

Im Lexikon werden Fremdwörter, historische Begriffe und Ereignisse erläutert, die in den Darstellungstexten dieses Buches auftauchen. Die „zentralen Begriffe" aus den kleinen Kästen erscheinen hier mit Seitenverweisen.

Adel ist eine in der Gesellschaft hervorgehobene Gruppe, die sich durch Reichtum, Bildung und eigenen Lebensstil auszeichnet. Zugehörigkeit zum Adel kann, wie in Griechenland und beim Patriziat in Rom, erblich, d. h. an hohe Geburt geknüpft sein oder, wie bei der römischen Nobilität, durch Bekleidung eines Amtes erlangt werden.

Ädil. Die Ädilen hatten in der römischen Republik die Aufsicht über Ordnung und Sauberkeit auf Straßen und Märkten und richteten Spiele wie z. B. Gladiatorenkämpfe und Wagenrennen aus.

Annuität: siehe S. 145

Arbeitsteilung: siehe S. 51

Archäologe/Archäologin: siehe S. 16.

Archonten. Die jährlich neu gewählten neun Archonten waren in Athen die leitenden Beamten. Zunächst entstammten sie dem Adel, später konnten auch reichere Bürger gewählt werden. Nach der Reform des Kleisthenes verringerte sich ihr Einfluss zunehmend. Seit dem 5. Jahrhundert v. Chr. bekleideten die Archonten nur noch ein Ehrenamt.

Areopag (= griech. „der Areshügel"). Bezeichnung für die Versammlung, die in der griechischen Adelszeit alle Staatsgeschäfte leitete und das höchste Gericht war. Seit der Einführung der Demokratie und des → Volksgerichts verlor der Areopag an Einfluss und behielt nur noch die Entscheidung bei Mord. Noch heute heißt der höchste Gerichtshof in Athen so.

Aristokratie: siehe S. 82

Berufsheer. Ein Heer ist die Streitmacht eines Staates. Die Mitglieder eines Berufsheeres üben ihre Tätigkeit hauptberuflich aus.

Bürger/Bürgerrecht. Bürger waren in der Antike alle Personen, die am politischen Leben aktiv teilnahmen und das Bürgerrecht besaßen. Das Bürgerrecht in Griechenland war erblich; es konnte aber auch an auswärtige Personen verliehen werden. Außer diesen Vollbürgern (in Sparta z. B. den → Spartiaten) gab es in den griechischen Staaten minderberechtigte Personen, z. B. Frauen oder Metöken, die keine Ämter bekleiden durften. Pflichten der Bürger waren der Schutz des Staates gegen äußere und innere Feinde und die Teilnahme an Kult und Religion. Römischer Bürger konnte man durch Geburt werden, d. h. wenn beide Eltern römische Bürger waren, durch Verleihung des Bürgerrechts oder Freilassung. Zunächst waren nur die Bewohner Roms römische Bürger, später wurde das Bürgerrecht auch anderen Bewohnern des Reiches verliehen. Römische Bürger trugen die Toga, waren zu Wehrdienst und Steuern verpflichtet, hatten Stimmrecht in der Volksversammlung, konnten gewählt werden und gegen Strafen Berufung einlegen. Nur römische Bürger konnten nach römischem Recht anerkannte Geschäftsverträge und gültige Ehen schließen.

Bundesgenossen waren mit Rom durch einen Vertrag (Bündnis) verbunden. Darin versprachen sich die Bündnispartner gegenseitige Waffenhilfe bei Angriffen und Frieden für ewige Zeit. Die Bundesgenossen Roms gaben ihre militärische und außenpolitische Selbstständigkeit auf, waren in der inneren Verwaltung aber selbstständig. Viele Gemeinden schlossen gegen äußere Bedrohung freiwillig mit Rom Bündnisse und erkannten dessen Vormachtstellung an.

Censor. In der römischen Republik wurden alle fünf Jahre zwei Censoren mit eineinhalbjähriger Amtszeit gewählt. Sie hatten das Vermögen der Bürger zu schätzen und damit die Höhe ihrer Steuerschuld festzusetzen. Sie mussten auch überwachen, ob die Bürger die geltenden Sitten beachteten.

Demagogen. Bezeichnung für die Redner in der Athener Volksversammlung. Bereits in der Antike wurde das Wort Demagoge in der Bedeutung „Volksverführer" benutzt.

Demokratie: siehe S. 107

Diktator. In der römischen Republik konnte für besondere Krisensituationen auf Vorschlag des Senats einer der beiden Konsuln einen Diktator als außerordentlichen Beamten ernennen. Dieser bekam große Vollmachten. Seine Amtszeit (die Diktatur) war auf höchstens sechs Monate beschränkt. Die übrigen Magistrate (Beamten) blieben während dieser Zeit im Amt, waren jedoch dem Diktator untergeordnet. Die Diktatoren der späten Republik, z. B. Sulla und Caesar, haben nichts mehr mit dem ursprünglichen Amt zu tun; denn Amtsdauer und Machtfülle waren nicht mehr beschränkt, sie waren Alleinherrscher.

Dschihad. Arab. Bezeichnung für „Heiliger Krieg". Nach muslimischem Glauben ist es die Pflicht der Gläubigen, für die Vergrößerung des Bereichs, in dem Allah als Gott anerkannt wird, zu kämpfen.

Enteignung. Entziehung oder Begrenzung von privatem Eigentum.

Ephoren (= griech. Aufseher). In der spartanischen Verfassung hatten fünf jährlich neu gewählte Ephoren als Inhaber der höchsten Staatsämter nach den Königen über die Einhaltung der Gesetze zu achten.

Epos. In einem Epos werden sagenhafte oder geschichtliche Ereignisse in dichterisch überhöhter Sprache, z. B. in Versen, dargestellt. Ältere Epen schildern häufig das Leben in adligen Gesellschaftsschichten, verbunden mit Götter- und Heldensagen. Die ältesten europäischen Epen sind die „Ilias“ und die „Odyssee“ (Ende des 8. Jh. v. Chr.), die dem griechischen Dichter Homer zugeschrieben werden.

Europäische Union/EU: siehe S. 196

Expansion: siehe S. 149

Expedition. Eine Expedition ist eine (Forschungs-)Reise in ein unbekanntes Gebiet.

Export. Die Lieferung von im Inland hergestellten Waren in andere Länder.

Germanen. Sammelname für viele einzelne Völker und Stämme in Nord- und Mitteleuropa, die der → indogermanischen Sprachfamilie angehören. Besonders in den letzten beiden Jahrhunderten v. Chr. versuchten germanische Stämme sich nach Westen und Süden auszubreiten. Sie wurden jedoch von den Römern an Rhein und Donau aufgehalten. Von den Römern wurden die Germanen wegen ihres Aussehens bewundert. Im Rom der Kaiserzeit war es sogar Mode, blonde Perücken aus Germanenhaar zu tragen.

Gerusia (= griech. Rat der Ältesten). Neben den zwei Königen und den fünf → Ephoren bildete die Gerusia in Sparta die dritte Regierungsgewalt. 28 Geronten – über 60 Jahre alt und auf Lebenszeit gewählt – berieten bei allen wichtigen politischen Ereignissen mit.

Heeresfolge bedeutete für einen römischen Soldaten, dass er nach Aufforderung durch den Staat in den Krieg ziehen musste.

Hegemonie: siehe S. 103

Hellenismus: siehe S. 123

Heloten. Während der Eroberung Lakoniens durch die Dorier wurde die dort lebende Bevölkerung unterworfen und versklavt. Diese Heloten unterschieden sich von Sklaven in anderen antiken Staaten dadurch, dass sie dem spartanischen Staat gehörten, in Familien weiterleben und auch ihren alten Bräuchen und ihrer Religion nachgehen konnten. Sie bearbeiteten das Land für die spartanische Oberschicht, die → Spartiaten.

Herrschaft: siehe S. 52

Hierarchie: siehe S. 53

Hochkultur: siehe S. 71

Hopliten: siehe S. 89

Imperium: siehe S. 149

Import. Einfuhr von im Ausland hergestellten Waren.

Indoeuropäer. Eine vorgeschichtliche Bevölkerungsgruppe, die in der Jungsteinzeit Ackerbau und Viehzucht betrieb. Sie lebten in Großfamilien, die zu kleinen Dorfgemeinschaften verbunden waren. Wahrscheinlich siedelten sie zuerst im osteuropäischen Raum, wanderten von hier aus mit größeren Teilen nach Westen und verteilten sich dann in verschiedene Richtungen.

Islam: siehe S. 198

Kaufkraft. Die Menge an Geld, die eine Person in einer bestimmten Zeit zum Ausgeben zur Verfügung hat. Die Menge an Gütern, die man für dieses Geld kaufen kann, wird als Kaufkraft bezeichnet. Die Kaufkraft ist abhängig von der Höhe der Güterpreise: Werden die Güter teurer, kann man sich für sein Geld weniger leisten, werden sie billiger, reicht das Geld für eine größere Gütermenge aus.

Kelten. In Europa lebende vorgeschichtliche Völkergruppe. Die Urheimat der Kelten lag im Gebiet des heutigen Bayern und Böhmen. Dort wurden die Kelten im 7. Jahrhundert v. Chr. zum ersten Mal geschichtlich fassbar. In den folgenden Jahrhunderten breiteten sie sich besonders nach Nordwesten und Südwesten aus. Bis zum 3. Jahrhundert v. Chr. hatten die Kelten in Mittel- und Westeuropa einen großen Kulturraum geschaffen. Die Kelten lebten in kleinen, befestigten Städten oder in burgähnlichen Siedlungen vorwiegend auf Hügeln. Ihre Kultur, insbesondere ihre künstlerischen Fertigkeiten waren sehr stark entwickelt. Seit dem 2. Jahrhundert v. Chr. wurden die Kelten von den Germanen aus den Gebieten östlich des Rheins verdrängt. Im Zuge der Ausdehnung des Römischen Reiches in Westeuropa seit dem 1. Jahrhundert v. Chr. wurde die keltische Kultur von der römischen weitgehend überlagert.

Klientel: siehe S. 133

Kollegialität: siehe S. 145

Kolonie bezeichnet eine städtische Neugründung. Griechen und Römer haben Kolonien gegründet. Landmangel und Überbevölkerung führten zur Ausbreitung der Griechen an den Küsten des Mittel- und des Schwarzen Meeres (8.–6. Jahrhundert v. Chr.). Diese Kolonien, die ihrerseits auch wieder Koloniegründungen vornahmen, waren unabhängig von der Mutterstadt; sie blieben ihrer Heimat u. a. durch die Olympischen Spiele und die Götterwelt verbunden. Seit

Alexander dem Großen wurden vor allem in den östlichen Teilen des Reiches neue Kolonien gegründet, die der militärischen Sicherung, aber auch der Versorgung der Soldaten dienten. Seit dem 4. Jahrhundert v. Chr. legten die Römer zur Sicherung ihrer Herrschaft in Italien Kolonien an, in denen entweder römische oder Bürger mit latinischem Recht angesiedelt wurden. Rom übte die Oberherrschaft aus.

Komödie. Die Komödie ist ein Bühnenstück mit komischen Handlungselementen. Oft wird ein typisches Alltagsproblem aufgegriffen. Die Komödie stellt menschliche Fehler mit Witz bloß und hat einen heiteren Ausgang.

Konkurrenten. Wettbewerb zweier Personen, Parteien oder Länder um einen politischen oder wirtschaftlichen Vorteil.

Kooperation: siehe S. 51

Kulturen. Menschliche Gruppen (Völker) unterscheiden sich in ihren Lebensformen. Es gibt bei ihnen z. B. ganz unterschiedliche Geräte, Werkzeuge, Waffen, Häuser und Siedlungen, Kleidung, Schmuckstücke, Kunstwerke, Musik und Tänze, Ernährungsweisen, Religionen und Ordnungen des Zusammenlebens. Sie haben damit unterschiedliche Kulturen. Bei schriftlosen Kulturen erkennen wir nur die Eigenarten der Lebensbereiche, die Spuren im Boden hinterlassen konnten. Bei schriftlicher Überlieferung wissen wir auch etwas darüber, was die Menschen gedacht und geglaubt haben.

Latinerbund. Latiner waren die Bewohner Latiums, einer Landschaft im westlichen Mittelitalien. Der Städtebund der Latiner wurde 338 v. Chr. von Rom besiegt. Die Bürger dieser Städte hatten in Rom kein Wahlrecht, ansonsten waren sie den römischen Bürgern weitgehend gleichgestellt. Das latinische Bürgerrecht konnten auch andere Reichsbewohner oder ganze Gemeinden erhalten.

Metöken (= griech. „Mitbewohner"). Die Metöken lebten als Freie in Athen ohne attische Bürger zu sein. Sie durften kein Land in Attika besitzen und waren vor allem in Handwerk und Handel tätig. Ähnliche Gruppen gab es in vielen antiken Städten.

Monarch. Ein durch Vorrechte der Geburt wie z. B. Abstammung aus dem Adel ausgezeichnete Person, die an der Spitze eines Staates steht (König, Kaiser).

Monotheismus. Nach den griechischen Wörtern monos (= einzig) und theos (= Gott) Bezeichnung für den Glauben an einen einzigen Gott. Nach dem Judentum entstanden zwei weitere monotheistische Religionen: das Christentum und der Islam. Der Gegensatz zum Monotheismus ist der Polytheismus (griech. polys = viel). Polytheistische Religionen wie die der alten Ägypter, Griechen oder der Hochkulturen der Inka und Azteken hatten viele Götter.

Neolithische Revolution: siehe S. 34

Nomadentum: siehe S. 29

Oikos (= griech. Haus). Der Oikos umfasste in Griechenland nicht nur das Haus als Gebäude, sondern die ganze Hausgemeinschaft: die Familie, Gäste und Sklaven, das dazugehörige Land und das Vieh. Alles dies stand unter der Gewalt des Herrn des Oikos („Kyrios"). Von dem Wort Oikos ist auch der Begriff Ökonomie = Hauswirtschaft abgeleitet. In Rom entsprach dem Oikos die familia, die ebenfalls alle Personen und Güter umfasste, die unter der Gewalt des pater familias standen.

Opferherr. Der Opferherr wachte über die häuslichen Kulte innerhalb der römischen „familia".

Periöken (= griech. „Umwohnende"), d. h. die Bewohner der Städte, die auf spartanischem Staatsgebiet „um Sparta herum" lagen. Deren Einwohner waren nicht → Sklaven, aber auch nicht spartanische Bürger. Sie waren meist Handwerker und stellten die Dinge her, welche die Spartaner brauchten. Den spartanischen Bürgern war jegliche Arbeit verboten.

Phalanx (= griech. Walze). Seit dem 7. Jahrhundert v. Chr. kämpften die schwer bewaffneten griechischen Fußsoldaten → Hopliten in dieser geschlossenen, aus mehreren Gliedern bestehenden Schlachtordnung.

Philosophie: siehe S. 115

Polis: siehe S. 76

Prinzipat: siehe S. 165

Provinz: siehe S. 148

Quellen: siehe S. 11

Rat der Fünfhundert. Bezeichnung für die zentrale politische Versammlung der attischen Demokratie, die von Kleisthenes geschaffen worden war. Der Rat der Fünfhundert bereitete die Volksversammmlung vor und legte die Vorlagen fest, über die abgestimmt werden sollte. Er kontrollierte die Beamten. Außerdem bildete der Rat Ausschüsse (zu je 50 Mann), die nacheinander für jeweils ein Zehntel des Jahres die Geschäfte führten. Bürger aus ganz Attika konnten in diesen Rat gelost werden.

Republik: siehe S. 139

Ritter: siehe S. 154

Romanisierung: siehe S. 188

Satiriker. Ein Schriftsteller, der durch Übertreibung und Spott Kritik an den Zuständen und Personen seiner Zeit übt.

Schöpfung: siehe S. 14

Schuldknechtschaft. Im frühen Griechenland (8. und 7. Jahrhundert v. Chr.) und im frühen Rom (bis 326 v. Chr.) konnte sich jemand, der von einem anderen etwas lieh, in die Schuldknechtschaft des Gläubigers begeben. Das heißt, dass der Gläubiger dann, wenn der Schuldner seine Schuld nicht zurückzahlen konnte, nicht nur Zugriff auf das Land und den Besitz, sondern auch auf die Person des Schuldners nehmen konnte. Der Schuldknecht verlor einen Teil seiner persönlichen Freiheit und musste seine Schulden abarbeiten, was praktisch nie gelang. Für den Gläubiger war die Schuldknechtschaft ein Mittel Arbeitskräfte zu bekommen.

Senat. Der Begriff ist von lat. „senex" = Greis abgeleitet und bedeutet „Rat der Alten". In Rom gab es schon während der Königszeit einen Senat. Er hatte in der Republik praktisch die Leitung des Staates in der Hand, obwohl er rechtlich kaum Befugnisse hatte. Er verkörperte die gesammelte politische Erfahrung, da in ihm die ehemaligen Magistrate saßen. Der Begriff Senat lebt bis heute weiter.

Sklaven. Nach griechischem und römischem Recht waren Sklaven eine Sache, über die der Besitzer frei verfügen konnte. Sklaven wurden im Bergbau und in der Landwirtschaft eingesetzt, sie waren im Haushalt, im Handwerk und in der Verwaltung tätig. Ihre tatsächliche Lage hing sehr von den Tätigkeitsbereichen ab. Man konnte Sklaven durch Kauf erwerben (Sklavenhandel) oder dadurch, dass man Kriegsgefangene versklavte. Kinder von Sklaven blieben Sklaven. Das Sklavendasein war aber im Römischen Reich nicht unabänderlich: Viele Sklaven wurden von ihren Herren freigelassen. Im Römischen Reich erhielten die Kinder der Freigelassenen das römische Bürgerrecht.

Spartiaten. Bezeichnung für die wenigen tausend Bürger Spartas, deren Leben nur dem Krieg und dem Staat gewidmet war. Für den Unterhalt der Familien der Spartiaten mussten die → Heloten sorgen.

Staat: siehe S. 52

Staatsform: siehe S. 93

Staatsland war im Besitz des römischen Staates. Zur Zeit der Gracchen hatten sich viele Grundbesitzer Staatsland, das durch die Eroberungen in römischen Besitz gekommen war, privat angeeignet.

Stadtstaat → Polis: siehe S. 76

Statthalter. Vertreter eines politisch Höhergestellten, zum Beispiel Vorsteher einer römischen Provinz als Vertreter eines Konsuls, Prätors oder Kaisers.

Theten. Bei Homer sind Theten diejenigen, die keinen eigenen → Oikos haben und deshalb um Lohn für andere arbeiten müssen. Seit Solon bilden die Theten in Athen die unterste Vermögensklasse. Sie haben zwar Zugang zur → Volksversammlung und zum Volksgericht, dürfen aber nicht als → Hopliten dienen und können keine höheren Ämter bekleiden. Nach der Gründung des Delisch-Attischen Seebundes (478/77 v. Chr.) gewannen die Theten als Ruderer auf der Flotte politisches Gewicht und waren mitentscheidend für die Entstehung der attischen Demokratie.

Traditionen: siehe S. 11

Tragödie. Die antike Tragödie ist ein Bühnenstück, das einen unlösbaren Konflikt zwischen dem Helden und den göttlichen Gesetzen zum Thema hat. Die Zuschauer sollen während des Stückes schaudern und erschrecken um danach ihr Handeln zu ändern und ein besseres Leben zu führen.

Tribute. Als „tributum" kann fast jede Abgabe bezeichnet werden, die an den römischen Staat geleistet werden musste. Bis 167 v. Chr. bezahlten römische Bürger Tribute (= Steuern), später nicht mehr. Dafür leisteten dann die Provinzen Tribute, die entweder aus festen Abgaben oder aus einem Anteil am Ernteertrag bestanden.

Tyrannis. Der Begriff bezeichnet ursprünglich eine Herrschaftsform der Griechen, die dadurch gekennzeichnet war, dass ein Adliger die alleinige Machtausübung in einer Polis erlangt hatte. Heute versteht man darunter eine uneingeschränkte Gewaltherrschaft von einzelnen Machthabern ohne eine gesetzliche Grundlage.

Überreste: siehe S. 11

Urbanisierung: siehe S. 183

Verfassung: siehe S. 93

Verwaltung: siehe S. 52

Volksgericht. In Athen führte der Politiker Solon 594 v. Chr. das Volksgericht ein. Jeder attische Bürger über 30 Jahre konnte Richter werden. In der attischen → Demokratie wurden 6000 Richter ausgelost. Für ihre Tätigkeit bekamen sie Tagegelder („Diäten"). Vor ihrer Richtertätigkeit mussten sie einen Eid leisten, in dem sie sich zur Wahrung der Gesetze verpflichteten.

Volkstribun. Seit dem 5. Jahrhundert v. Chr. wählten in der Römischen Republik die Plebejer Volkstribunen. Diese Beamten schützten die plebejischen Bürger vor ungerechtfertigt erscheinenden Maßnahmen der

Patrizier. Senatsbeschlüsse, die sie als schädlich ansahen, konnten sie durch ihr Veto aufheben.

Volksversammlung. Wenn alle stimmberechtigten → Bürger eines Staatswesens zusammentreten um ihre politischen Rechte wahrzunehmen, spricht man von einer Volksversammlung. In Griechenland gab es eine solche schon in der archaischen Zeit; sie hatte aber noch keine Mitbestimmungsrechte. Im demokratischen Athen war die Volksversammlung das Zentrum des politischen Lebens: Sie allein entschied in allen wichtigen politischen Fragen. Durch das Scherbengericht konnte sie mit Mehrheitsbeschluss jeden Bürger, in dem sie eine Gefahr für die Demokratie sah, für eine bestimmte Zeit aus der Polis verbannen. Auch in Sparta hatte die Volksversammlung wichtige Rechte. In Rom unterschied man zur Zeit der Republik verschiedene Formen der Volksversammlunmg. In ihnen wurden die Beamten gewählt, Gesetze beschlossen und über Krieg und Frieden entschieden. In der Kaiserzeit verlor die Volksversammlung ihren politischen Einfluss.

Wahrzeichen: siehe S. 132

Zivilisation: siehe S. 196

Zoll. Der Zoll ist eine Steuer, die im Zusammenhang mit einer Ware steht. Sie muss entrichtet werden, wenn bestimmte Waren über eine Zollgrenze – meistens eine Landesgrenze – gebracht werden.

Orte erkunden

Ausgrabung (S. 20 f.)

1. Schritt: Suchen und Finden
Zunächst muss die Fundstelle festgestellt und beschrieben werden. Häufig geben Zufallsfunde beim Haus- oder Straßenbau erste Hinweise. Eine Ausgrabung wird dann systematisch vorbereitet (Personal, Werkzeuge usw.).

2. Schritt: Graben
Die Durchführung der Ausgrabung muss sehr vorsichtig erfolgen: Grabungsgelände vermessen, Schicht für Schicht des Bodens abtragen, vermessen, fotografieren, genaue Lage von Gegenständen eintragen (Grabungstagebuch, Fundprotokoll führen).

3. Schritt: Auswerten
Beschreiben, Datieren, Funktion der Funde klären; eventuell Biologen, Geologen, Kunsthistoriker heranziehen.

4. Schritt: Bewahren, Ausstellen
Funde reinigen, restaurieren, ergänzen; für Besichtigung (Ausstellung) vorbereiten.

Eine Exkursion durchführen (S. 184 f.)

1. Schritt: Informationen besorgen
Beschafft euch zunächst Übersichtspläne und Informationsmaterial von der Verwaltung des Museums
Saalburg-Museum • Saalburg-Kastell
61350 Bad Homburg v. d. H.
Telefon (0 61 75) 93 74–10 (Zentrale)
Internet-Adresse: www.Saalburgmuseum.de/home.htm

2. Schritt: Organisation
Klärt, welcher Termin infrage kommt und ermittelt Fahrzeiten und Fahrpreise der günstigsten Verkehrsmittel.
Stellt vor der endgültigen Entscheidung fest, was die Fahrt wohl insgesamt kosten wird.

3. Schritt: Themen in der Schule vorbereiten
Sichtet das Informationsmaterial, entscheidet über die Arbeitsschwerpunkte, teilt euch in Gruppen ein. Jede Gruppe bereitet ein Teilthema vor und bearbeitet es im Museumspark.
Formuliert Einzelfragen, die ihr bearbeiten wollt. Bleibt aber auch offen für Unbekanntes.

4. Schritt: Orientierung und Entdeckungen im Museum
Verschafft euch vor Ort gemeinsam bei einem Rundgang einen ersten Überblick. Die einzelnen Gruppen können als Experten schon Informationen geben.
Anschließend gehen die Gruppen an die Arbeit: Notizen, Skizzen, Fotos (Video?) anfertigen.

5. Schritt: Befunde auswerten und dokumentieren
Wertet eure Arbeitsergebnisse in der Schule aus. Jede Gruppe berichtet. Entscheidet, wie ihr eure Ergebnisse dokumentieren wollt. Einige Anregungen:
- ein Exkursionsbuch anlegen,
- eine Wandzeitung erstellen,
- Spielszenen/Hörspiel produzieren,
- eine Reportage für die Schülerzeitung erstellen.

Informationen beschaffen

Eine Bibliothek benutzen (S. 32 f.)

1. Schritt: Besuch vorbereiten
Erkundigt euch nach den Öffnungszeiten. Fragt nach Leseausweis und Leihgebühr.

2. Schritt: Titel suchen
Alle Bücher einer Bibliothek sind in einem „Katalog" verzeichnet. Der Katalog ist entweder in einem Schubladenschrank untergebracht oder über einen Computer zugänglich. Erkundigt euch bei eurem ersten Besuch, wie man die Kataloge benutzt. Der Katalog enthält Titel und Signatur (Buchstaben/Zahlenkombination), die nötig sind, um die Bücher im Regal zu finden. Häufig gibt es einen Extrakatalog für CD's, Videos und Kassetten.

3. Schritt: Verschiedene Kataloge benutzen
Es gibt immer einen Autoren- und einen Schlagwortkatalog. Der Autorenkatalog hilft, wenn euch der Autor des Buches oder der CD bekannt ist. Der Schlagwortkatalog erleichtert den Einstieg in ein Thema, z. B. Steinzeit, Ritter, Hexen. Wenn ihr die gewünschten Bücher oder anderen Medien im Katalog gefunden habt, notiert euch die Signaturen.

4. Schritt: Buch ausleihen
Entnehmt die Bücher oder andere Medien dem Regal, wo ihr häufig weitere Bücher/Medien zum selben Thema findet.

Tipp: Informationen festhalten
Bücher und andere Medien müsst ihr nach einer bestimmten Zeit zurückgeben. Notizen aus den Büchern, Fotokopien, Skizzen usw. solltet ihr deshalb nach Stichwörtern ordnen und z. B. in einem Hefter oder auf Karteikarten sammeln.

Sich mit anderen auseinandersetzen

Ein Rollenspiel organisieren (S. 38 f.)

1. Schritt: Die Ausgangslage auf eine Situationskarte schreiben
Auf der Situationskarte wird festgehalten, welche Situation nachgespielt werden soll. Die Ausgangssituation wird kurz beschrieben. Welche Personen sind an dem Spiel beteiligt? Welche Probleme gibt es?

2. Schritt: Rollen verteilen
Auf den Rollenkarten werden die spielenden Personen beschrieben: Beruf, Eigenschaften, Verhalten und ihre Ziele. Diejenigen, die eine Rolle übernehmen, müssen sich an die Vorgaben ihrer Rollenkarten halten. Sie dürfen aber auch eigene Vorstellungen von der darzustellenden Person einbringen, sofern sie den Vorgaben nicht widersprechen.

3. Schritt: Spiel vorbereiten
Die Spielerinnen und Spieler hängen sich ein Schild mit ihrer Rollenkennzeichnung um. Sie besprechen die Situation (Situationskarte) und die Rollen (Rollenkarten) untereinander.

4. Schritt: Spiel beobachten und auswerten
Sinnvoll ist der Einsatz von Spielbeobachtern, die sich während des Spiels Notizen zu den einzelnen Rollen machen. Sie sollen das Spiel bewerten und ihre Meinung begründen. Wurden die Rollen glaubhaft gespielt? Welche Argumente wurden genannt? Passten sie in die Situation und die Zeit? Was war gut, was könnte verbessert werden?

Texte, Bilder, Karten, Kunstwerke untersuchen

Entschlüsselung eines Bildes (S. 56 f.)

1. Schritt: Die Einzelheiten des Bildes erfassen
Beschreibe die Einzelheiten des Bildes, indem du folgende Fragen beantwortest:
- Welche Personen sind dargestellt?
- Wie sind sie gekleidet?
- Welche weiteren Gegenstände oder Tiere sind zu sehen?
- Wo befinden sich die Personen und Gegenstände?

2. Schritt: Die Zusammenhänge erklären
Überlege, in welcher Beziehung die abgebildeten Personen, Tiere oder Gegenstände zueinander stehen. Findest du Merkmale, die auf bestimmte Eigenschaften, Beruf, gesellschaftliche Stellung der dargestellten Personen hinweisen?

3. Schritt: Zusätzliche Informationen über das Bild heranziehen
In der Bildlegende findest du wichtige Hinweise. Sie gibt dir Auskunft darüber, wer wann, für wen, warum ein Bild gemalt hat. Manchmal hat das Bild auch einen Titel. Weitere Fragen lassen sich oft durch eine zusätzliche Textquelle klären.

Auswertung einer Geschichtskarte (S. 78 f.)

1. Schritt: Das Thema einer Karte ermitteln
In der Regel haben Karten eine Überschrift, die das Thema der Karte angibt. Die Überschrift enthält fast immer eine Angabe über den dargestellten Zeitpunkt oder Zeitraum. Manche Karten zeigen zum Beispiel, wie die Landschaft ausgesehen hat, andere geben Auskunft über Städtegründungen, die Landwirtschaft oder die Bevölkerung eines Gebietes.
Wenn du dich über das Thema und die Zeitangabe orientiert hast, stellst du eine Frage, die du mit der Karte beantworten möchtest. Zum Beispiel: Wie haben die Griechen in dieser Landschaft gelebt?

2. Schritt: Die Kartenlegende erschließen
In der Kartenlegende werden alle Farben, Schattierungen und Zeichen erklärt, die auf der Karte zu sehen sind. Kartenlegenden sind nicht immer gleich ausführlich. Einige erklären sämtliche Kartenelemente, andere nur die Besonderheiten der gerade abgebildeten Karte.

3. Schritt: Den Maßstab feststellen
Wichtig für den Umgang mit Karten ist eine genaue Vorstellung von den dargestellten Entfernungen. Hier hilft die Maßstabsleiste weiter. Mit diesem Kartenelement kannst du zum Beispiel ermitteln, wie groß die Entfernung zwischen zwei Städten ist. Bei Geschichtskarten ist der Maßstab oft in Form einer Entfernungsleiste mit Kilometerangaben dargestellt.

4. Schritt: Die Aussagen der Karte zusammenfassen
Beschreibe die Zeichen und die Farbgebung der Karte. Damit erhältst du eine Vorstellung von den Bedingungen in dem abgebildeten Gebiet.
Überlege, wie die Geschichtskarte deine Frage aus dem 1. Schritt beantwortet. In unserem Beispiel kannst du Aussagen über die

Wohnmöglichkeiten und Verkehrsverbindungen in Griechenland machen.

5. Schritt: Weitere Informationen beschaffen

Am Ende der Kartenarbeit solltest du kritisch prüfen, ob deine Frage ausreichend beantwortet ist. Um beispielsweise genaueres Wissen über das Leben in der griechischen Landschaft zu erhalten kannst du dich in Reiseführern aus deiner Stadtbibliothek und im Internet informieren.

Entschlüsselung eines Kunstwerkes (S. 98 f.)

1. Schritt: Künstlerische Auswertung

a) Was ist dargestellt? Aus welchem Material wurde es geschaffen?

b) Wie wirkt das Dargestellte auf mich? Warum gefällt es mir (nicht)? Was wirkt fremd, was kommt mir bekannt vor?

c) Wie bildet der Künstler die Natur ab? Achte auf Einzelheiten des menschlichen Körpers und der abgebildeten Gegenstände.

2. Schritt: Historische Auswertung

d) Wann, wo und für welchen Zweck ist das Kunstwerk entstanden? Beachte die Bildlegende.

e) Welche Informationen vermittelt das Dargestellte über den Allltag, die Wirtschaft oder die Politik der damaligen Zeit? Beachte die Kleidung, Frisur, Einrichtungsgegenstände, Waffen, Tiere usw.

f) In welcher Beziehung stehen die dargestellten Personen zueinander?

Schriftliche Quellen entschlüsseln (S. 119)

1. Schritt: Aufbau und Inhalt des Textes

a) Wovon berichtet der Text? Stelle „W-Fragen“: Wer? Wo? Wann? Was? Wie? Warum? An wen?

b) Gibt es unbekannte Wörter? Schlage im Lexikon nach.

c) Wie ist der Text gegliedert? Finde Überschriften für die einzelnen Abschnitte.

2. Schritt: Verfasser/Verfasserin

d) Welche Informationen besitzen wir über die Verfasserin oder den Verfasser?

e) Hat der Verfasser selbst erlebt, was er aufgeschrieben hat, oder hat er das Geschilderte später erfahren?

f) Wird erkennbar, welche Einstellung der Verfasser zum Geschehen und zu den dargestellten Personen hat?

g) Ergreift der Verfasser Partei für bestimmte Personen?

h) Welche Absicht verfolgte der Verfasser mit dem Text? Wollte er zum Beispiel etwas bewusst für die Nachwelt festhalten?

Schriftliche Quellen vergleichen (S. 162 f.)

Zunächst musst du auch beim Vergleich von zwei oder mehreren Textquellen immer mit den beiden oben genannten Arbeitsschritten 1 und 2 beginnen und jede Quelle erst einmal einzeln entschlüsseln. Dann folgen weitere Schritte:

1. und **2. Schritt** siehe S. 119

3. Schritt: Glaubwürdigkeit der Autoren

– Mit welchem zeitlichen Abstand zum Geschehen schreiben die Autoren? Wer war möglicherweise Augenzeuge?

– Aus welchem Blickwinkel schreiben die Autoren?

– Geben sie persönliche Werturteile ab?

4. Schritt: Vergleich der Inhalte

– Welche Informationen stimmen überein, welche sind unterschiedlich?

5. Schritt: Weitere Informationen einholen

Gegebenenfalls weitere Quellen und Informationen heranziehen (Lexika, Bücher von Geschichtsforschern, Quellensammlungen).

6. Schritt: Ergebnisse formulieren

Zusammentragen der Einzelbefunde, Deuten der Ergebnisse und sein eigenes Urteil begründen.

Die mit * versehenen Begriffe werden im Lexikon erklärt.

ANTHONY: S. 77; Archaeological Receipts Fund, Athen: S. 98/M1, 116; © Archiv für Kunst und Geschichte: Titelbild, S. 11, 15, 31, 61, 74, 94, 98/M2, 112/M3, 116, 117, 122, 128/129, 148, 161, 168, 173/M5, 192, 195/M1; Archivio e Servicio Fotografico dei Musei Vaticani: S. 96/M5, 117 (u. r.); Artothek: S. 10/M1; Ashmolean Museum, Oxford: S. 110/M5; Bavaria: S. 69; Bergakademie Freiberg: S. 154; Berten, Christoph, Berlin: S. 42 (l.); Bildarchiv Foto Marburg: S. 70; Bildarchiv Preußischer Kulturbesitz: S. 14, 19/M1, 46/47, 49/M2, 50, 55/M4, 57, 64/M6, 65, 75, 83, 85, 92 (o.), 99/M4, 106, 110/M7/M8, 111/M9, 115 (M3A, B, C), 116, 117, 120, 131, 153, 163, 169, 172/M1, 190; Bilderberg: S. 25 (Thomas Ernsting); Burda Verlag, Offenburg: S. 23; Cartoon-Caricature-Contor: S. 43/M4, 43/M5 (© Horst Haitzinger), 196 (© Karl Gerd Striepecke); Christoph & Friends, Foto: M. Maetzel: S. 22/M3; Corel Library: S. 80/M2; Cornelsen Verlag: S. 34/M3; Foto dpa: S. 43/M6, 74/75, 116 (o. l.), 152; Deutsches Archäologisches Institut, Rom: S. 172/M3, 178 (Foto: Faraglia, Negativ-Nr. 37.329); Deutsches Institut für Filmkunde, Frankfurt/M.: S. 170; Deutsches Technik Museum, Berlin, Archiv: S. 41/M2; Fa. Dr. Busso Peus Nachf., Frankf./M.: S. 141/M2; FOCUS/John Reader/Science Photo Library: S. 8/9, Foto und Copyright Urs F. Kluyve/FOCUS: S. 87/M2; Fototeca Unione, Rom: S. 143/M6; Photo H. R. Goette: S. 80/M1, 102/103; Hafen, Hamburg: S. 197/M6; Hirmer Verlag, München: S. 81, 89, 99/M3, 112/M1, 116 (u. l.); IFA Bilderteam: S. 32/M2; Fred Ihrt/STERN: S. 49/M4; Institut für Ur- und Frühgeschichte, Tübingen: S. 20/M2; Interfoto: S. 37/M8; Keitz, Christine, Berlin: S. 12/M2, 165, 177/M4; KONTAR: S. 9 (u.); Kunsthistorisches Museum, Wien: S. 166; Helga Lade Bildagentur: S. 42 (o.); Sonia Halliday Photographs, Photo by Jane Taylor: S. 123; Länderpress, Düsseldorf: S. 47; Landesinstitut für Medien, Saarbrücken: S. 175/M11; Landesmuseum für Vorgeschichte, Dresden: S. 40/M2; Landesmuseum Mainz: S. 16; Lotos-Film, Kaufbeuren: S. 193; Louvre © Photo RMN-Chuzeville: S. 137; Mania, Dietrich, Jena: S. 28; Mauritius: S. 114/M2, 176; Medienzentrum der TI Bergakademie Freiberg: S. 154; Metropolitan Museum of arts, New York: S. 96/M7, 109/M4, 116; Museo Archeologico, Florenz: S. 174/M7; Museo della Civita Romana, Rom: S. 141/M1; Museo Nazionale di Villa Giulia: S. 132; Museo Torlonia, Rom: 197/M5; Neanderthal-Museum, Mettmann: S. 19/M2; Österreichische Nationalbibliothek, Wien: S. 13/M3; Photo Archive Jürgen Liepe: S. 52, 54/M1, 55/M2; Photographie Giraudon, Paris: S. 82/M5, 100/M1, 136; © Photo RMN - Hervé Lewandowski: S. 67, 82; Picture Press: S. 59/M4; Rheinisches Landesmuseum, Bonn: S. 180/M4 (Schafgans); Copyright by Rheinisches Bildarchiv: S. 183/M4; Reinisches Landesmuseum, Trier: S. 173/M4 (Foto: H. Thöring), 175/M10, 188, 191; Roemer- und Pelizaeus-Museum, Hildesheim: S. 51/M3; Römisch-Germanisches Museum, Köln: S. 133; Saalburgmuseum: S. 184, 185; Sächsische Landesbibliothek, Staats- und Universitätsbibliothek, Dresden, Dezernat Deutsche Fotothek: S. 174/M9; SCALA, Florenz: S. 114/M1, 117, 135/M8, 149/M4, 173/M6; Schulz, Thomas, Berlin: S. 107; Foto Sessner, Dachau: S. 162; Shedid, Abdel Ghaffar, München: S. 31/M4, 56, 59/M3, 60/61; Soffer, Olga, University of Illinois: S. 29/M7; Staatliche Antikensammlungen und Glyptothek München, Aufnahme: CHRISTA KOPPERMANN: S. 83/M2; Staatliche Münzsammlung, München: S. 157/M1, 159; © Stadt Dortmund: S. 13/M5; Stadtmuseum Erfurt: S. 30/2; Alle Rechte bei Severin Stille, Frankfurt am Main: S. 10/M2; Studio X, Images de Presse: S. 63/M4; Süddeutscher Verlag Bilderdienst: S. 41/M1; © Sven Simon/Essen: S. 97; The British Museum London: S. 20/M1, 111/M12; Thüringer Landesamt für Archäologische Denkmalpflege Weimar: S. 12/M1; Time-Life, Amsterdam: S. 100/M2; Ullsteinbild: S. 195/M2; Vatikanische Museen, Rom: S. 164; © VG Wort, 1999: S. 177, 199 (Les Editions, Albert René, Paris); Vogel, Norbert: 42 (r.); Westfälisches Museum für Archäologie, Münster: S. 21/M3; Wirtz, Peter, Dormagen: S. 42 (u.); Württembergisches Landesmuseum Stuttgart: S. 9 (o.); Zwölfer, Norbert, Freiburg-Munzingen: S. 138/M2; aus: Colors 4/93/United Colors of Benetton, Foto: Todd Eberle: S. 24; aus: Das waren Zeiten, Buchner: S. 84/M4; aus: DIE ZEIT 15/1996: S. 62/63/M1; aus: Praxis Geschichte, Heft 4/1995: Andrew Langley und Philip de Souza, Die Römische Zeitung, Text © 1996 by Andrew Langley, © 996 by Walker Books, London. © 1998 der deutschsprachigen Ausgabe by Kinderbuchverlag Luzern: S. 138/M1; aus: Die römische Münze, Hirmer Verlag, München 1973: S. 157/M2

Nicht in allen Fällen war es uns möglich, den Rechteinhaber der Abbildungen ausfindig zu machen. Berechtigte Ansprüche werden selbstverständlich im Rahmen der üblichen Vereinbarungen abgegolten.